文化创新发展实践丛书

刘洪一 主编

荔园师说

研究生导师文化解读

汪永成 李科浪 主编

中国社会科学出版社

南开大学出版社

图书在版编目（CIP）数据

荔园师说：研究生导师文化解读／汪永成，李科浪主编．
—天津：南开大学出版社；北京：中国社会科学出版社，2020.12
（文化创新发展实践丛书／刘洪一主编）
ISBN 978-7-310-06095-5

Ⅰ．①荔… Ⅱ．①汪…②李… Ⅲ．①研究生—导师—
文化素质教育 Ⅳ．①G451.6

中国版本图书馆 CIP 数据核字（2021）第 013830 号

荔园师说
研究生导师文化解读
LI YUAN SHI SHUO
YAN JIU SHENG DAO SHI WEN HUA JIE DU

南开大学 出版社
中国社会科学出版社 出版发行

出版人：陈　敬　赵剑英
地址：天津市南开区卫津路 94 号　　邮政编码：300071
营销部电话：(022)23508339　营销部传真：(022)23508542
http://www.nkup.com.cn

北京君升印刷有限公司　全国各地新华书店经销
2020 年 12 月第 1 版　　2020 年 12 月第 1 次印刷
240×170 毫米　16 开本　26 印张　321 千字
定价：108.00 元

如遇图书印装质量问题，请与本社营销部联系调换，电话：(022)23508339

新时代大学文化建设的问题背景与实施路径（代序）

刘洪一

习近平总书记在党的十九大报告中提出，文化自信是一个国家、一个民族发展中更基本、更深沉、更持久的力量。大学文化也是一所大学最本质的标识和最深层的内核。缺乏文化自信的民族难以立足于世界民族之林，缺乏鲜明文化标识的大学也必然难以成为世人尊敬的好大学。在推进新时代中国高等教育的快速发展过程中，必须高度重视大学文化建设。

一　新时代要强调大学文化建设

进入新时代以来，伴随"双一流大学"的建设进程，中国高等教育也取得快速进步。不论是高校数量及在校生规模、高校科研人员数量及学术论文发表篇数，还是中国高校的国际排名，都得到显著提升。据统计显示，中国高等教育毛入学率超过世界平均水平，高校毕业生位居世界第一；高校承担国家自然科学基金面上项目接近80%，产生哲学社会科学成果占全国80%以上。

中国已经从高等教育的小国成长为高等教育的大国，也正在向高等教育的强国迈进。然而，在看到这些成绩的同时，我们也必须清醒地认识当前中国高等教育所面临的深层次问题。在有的高校，存在竞技化、功利化、碎片化等现象，教师队伍底线意识缺失。有的高校，在发展中重数量轻质量、重科研轻教学、重规模轻内涵、重智育轻德育、重业务轻党建。

大学文化建设不仅有助于塑造一所大学独特的气质和灵魂，还有助于矫治当前高等教育领域出现的诸多问题。通过大学精神、立德树人、师德师风、学术文化以及政治文化建设等具体文化建设，有助于纠正当前高校发展中的急功近利、追求速度规模忽视质量效益等现象，推动新时代高等教育的健康发展。基于上述认识，深圳大学于 2017 年 9 月出台《深圳大学文化创新发展纲要》，提出大学文化建设的"十大工程"，致力于将深圳大学建成文化自信的"排头兵"、文化立校的典范、城市文化的风标和先进文化的策源地，努力打造一所"有灵魂的大学"。深圳大学于 2018 年 7 月的第五次党代会又提出"文化引领、创新驱动、内涵发展"发展理念，努力争取在大学文化创新发展方面作出特区高校的探索。

二 以大学文化建设为动力 落实立德树人根本任务

习近平总书记指出："要把立德树人的成效作为检验学校一切工作的根本标准，真正做到以文化人、以德育人。"以文化人与以德育人是相互融通和协同互促的关系。通过大学精神的传承和弘扬，大学育人氛围的培育和塑造进而实现以文化人、以文育人的目标任务。

大学文化是一所大学的深层内核，而大学精神又是大学文化的深层内核。大学精神是一所大学经过历史积淀而形成的独特气质，是一所大学的灵魂所在，对于广大师生具有强烈的感召能力和潜移默化的教育效果。深圳大学把凝练和践行大学精神作为立德树人的重要途径。通过开展"深大精神"系列主题辩论赛，让"自立自律自强"的校训精神深入广大师生；将"脚踏实地、自强不息"的办学理念与学院办学育人特色相结合凝练学院精神。通过创设独具特色的典礼制度来更好地传承大学精神，在学校重要活动的仪式和程序体现大学精神内涵，增加活动的庄重感和荣誉感。通过开展践行大学精神的系列活动，组织多层次主题讨论、学科竞赛、文艺展演、学术沙龙、座谈研讨、名师访谈和校史梳理等活动，让深大精神内化于心外化于形，增进师生的归属感和认同感。

构建全方位的育人环境是高校立德树人的重要途径。构建全方位的育人环境需要发挥课堂教学、典型示范、社会实践、志愿服务、社会协同的综合效应，需要将核心价值、思政教学、素质教育有机结合起来。深圳大学实施"荔园树人"工程、"青年马克思主义者"培养工程，开展"我的中国梦——立志修身博学报国"主题教育系列活动、"自立、自律、自强"主题升旗仪式等活动来践行社会主义核心价值观。将思政课教学与校园文化活动、社区建设等校园实践紧密结合，与双休日及暑期社会实践、志愿者服务等社会实践无缝对接，将思政小课堂拓展到社会大课堂。作为"全国深化创新创业教育改革示范高校"，深圳大学将创新创业教育全面纳入人才培养计划，牵头组建"中国地方高校深创联盟"、深港大学生创新创业基地等协同育人平台，常态化开展创新创业主旋律活动，为社会培养创新创业人才。

三 以大学文化建设为路径 推进内涵式发展

内涵式发展要求高等教育领域摒弃片面追求速度、规模，乃至急功近利的发展模式，聚焦高等教育立德树人的初心本位。内涵式发展既要求中国高等教育发展理念及时转变，也要求各高校及时调整发展路径模式。推动高校朝向内涵式发展的路径转变，尤其需要突出师德师风、学术文化和高校党建等项工作的建设。

良好的师德师风要求教师具有高尚的情怀、清正的节操、卓越的学识，要关心学生热爱讲台，让讲台成为教师人生出彩的大舞台，也要求引导广大教师以德立身、以德立学、以德施教。深圳大学构建师德师风档案、行师德师风一票否决制；同时，把师德规范要求融入人才引进、课题申报、职称评审、考核晋升等各环节。密切师生关系，通过"书记下午茶"、"校长午餐会"、"每月一席谈"、学生顾问团等制度渠道，不断提升广大同学参与学校民主管理的积极性。升级"聚徒＋"教育模式，通过"聚徒＋创研"、"聚徒＋实践"、"聚徒＋创客"和"聚徒＋悦读"四大模块，以"师带徒"模式提供师生直接交流的平台，实现学术经验传承。

学术文化的导向决定着学术创新的方向和结果。破除当前高校科研出现的泡沫化、竞技化和功利化取向，需要倡导顶天立地育人的学术文化，即以服务国家战略和社会需求为宗旨，突出源头创新，强化经世致用，注重科学研究与人才培养紧密结合。鼓励原创性研究，摒弃跟班式、无病呻吟式研究；鼓励研以致用，摒弃沽名钓誉式、学术泡沫式研究；鼓励潜心治学，反对急功近利型、唯利是图型研究。深圳大学围绕大数据、光电工程、脑科学等形成重大科研团队，组织协同集成攻关，力求基础原创突破。学校还与八个地方政府建立集约型科技成果孵化平台，将高校科研成果第一时间集中投放到产业发展的最前端，着力发挥对区域产业创新驱动的引擎作用；与腾讯、华为等顶尖企业签订合作协议，开展前沿项目攻关、共建重点实验室，设立研究生校外实践基地等，形成在技术创新、项目开发、人才培养等领域的全方位深度合作。深圳大学提倡将科研成果转化成教学内容，要求所有教授为本科生上课，各级各类实验室都必须向本科教学开放，促进科研与教学的深度融合。

政治文化建设是大学文化建设的重要组成，也是高校内涵式发展的保障。习近平总书记在全国教育大会上指出，"各级各类学校党组织要把抓好学校党建工作作为办学治校的基本功，把党的教育方针全面贯彻到学校工作各方面"。社会主义的办学方向要求高校必须贯彻党委领导下的校长负责制，明确党委管党治党、办学治校主体责任。深圳大学着力加强政治文化建设，以制度建设为中心，健全校党委校行政议事规则，健全学院（部）党政联席会议规则；推动党建工作常态化制度化，认真开展党委常委会、理论中心组学习、基层党组织书记例会、基层党建书记项目、基层党建工作述职评议等各项党建工作。健全学院（部）集体领导、党政分工合作、协调运行的工作机制，强化学院（部）党政领导班子"党政同责"和"一岗双责"意识，把党建工作责任制落实落细。扎实推进"双带头人"培育工程，设立"双带头人"教师党支部书记工作室；做好基层党组织书记党建述职评议考核，开展"书记项目"和党建研究课题，把高校党建工作做实做细。

四　突出虚功实做，扎实推进大学文化建设落地生根

大学文化内涵的积淀、传承与创新非一日之功。与高校的科研、教学、招生等工作相比，大学文化建设往往被视为相对软性和虚空的工作。在具体推进大学文化建设过程当中，需要关注具体的策略和路径，否则极易流于形式和口号，难以取得切实的成果。

突出系统设计，把大学文化建设融入办学治校的全过程整体推进。大学文化不等同于大学精神，它有着更为宽泛的内涵，是管党治党、办学治校的顶层设计与宏观规划，应当渗透大学治理的各个层面。深圳大学将大学文化建设作为一条主线，贯穿于大学精神与立德树人、师德师风与学术文化、校友文化与环境文化、社科与艺术、党建工作与思政工作等具体文化建设内容，成为指导各项工作的核心理念。大学文化建设统筹教师与学生、教学与科研、文科与理科，让广大师生和各院系广泛参与到文化建设当中来。

细化项目实施，扎实推进大学文化建设。大学文化建设必须有虚有实，有理念有规划，有措施有结果，需要虚功实做，把"软指标"变成"硬约束"。要善于把大学文化建设通过项目化的方式加以分解实施，要广泛动员机关处室、各个学院和广大师生共同参与，努力营造浓厚的文化建设氛围。自 2017 年 9 月《深圳大学文化创新发展纲要》出台以来，全校各部门、各学院凝心聚力，紧抓落实，协同推进。学校将大学精神、立德树人、师德师风、学术文化、人文社科、艺术体育、校友文化、环境平台、文化传播、政治文化等"十大文化工程"分解为 35 项基本任务、191 项具体任务，落实到全校 50 家文化建设单位。每项工

程都沿着"出发点/着眼点—路径/方略—目标/愿景—举措抓手"的逻辑次序演进和实际工作部署，从"虚"（理念）出发，以"实"落地，以项目化管理方式驱动达成任务目标。此外，深圳大学还加强对文化建设项目明确的考核要求和绩效评价，年初签订建设责任书，年中、年末分别进行项目建设评估，将文化建设的战略目标、任务和动力传导到各承建单位；将各单位文化创新绩效评估结果与年终绩效、资源配置和领导班子任职考核挂钩，强化责任意识和执行力，确保文化建设的成果实实在在。

进入新时代，党和国家对高等教育发展提出新的更高要求。作为"特区大学、窗口大学、实验大学"，深圳大学应不负使命，在发展的过程中始终坚持立足特区、放眼全国、面向世界。当前，深圳大学迎来了粤港澳大湾区建设和深圳建设中国特色社会主义先行示范区的历史发展契机，正朝着建设与"双区"相匹配的高水平大学迈进。深圳大学将坚持文化引领、创新驱动、内涵发展，以一流的大学文化引领和贯穿建设人民满意的高水平特区大学建设发展全过程。

深圳大学《文化创新发展实践丛书》是对《深圳大学文化创新发展纲要》实施两年来的成果回顾和理论总结。其中，《荔园记忆：深圳大学建设者访谈录》是对深大建校历史的追根溯源，《荔园红旗：高校党的全面领导实践探索》着眼于高校党建的薪火相传；《以文化人：学生思想政治工作成果集萃》反映立德树人的初心坚守，《荔园师说：研究生导师文化解读》展开师德师风价值对话；《立德树人：德育课情境模拟实验创新研究》是对思政课主渠道的鲜活创新，《双创领航：创新创业教育改革路径探析》是对创新创业教育的崭新探索，《让梦起飞：学生辅导文化剪影》是为青年学子搭建梦想舞台。深圳大学《文化创新发展实践丛书》对落实立德树人、推进内涵发展、巩固党对高校领导等重要问题做了深入调研和理性思考，对于推动新时代大学文化建设、矫治高等教育发展深层问题，具有较强的现实意义和理论价值，希望能为广大读者提供一定的启发和借鉴。

2020 年 6 月

序　言

　　《深圳大学文化创新发展纲要》指出："文化是大学的灵魂，建设中国特色社会主义特区大学文化，是深圳大学担负立德树人根本任务的必然要求。"

　　以贯彻《纲要》精神为契机，为倡导深圳大学导师以高尚的情怀、清正的节操、卓越的学识敬畏讲台、站稳讲台、热爱讲台，让讲台成为教师人生出彩的大舞台的职业精神。深圳大学研究生院先后围绕"师德师风工程"举行了一系列文化活动，包括面向导师开展的以"我是导师，我的学生"为主题、面向学生开展的以"荔园学子，我的导师"为主题的系列调研活动，面向导师进行的师德师风与导学关系等研究成果的征集与咨询活动，以研究生会、《中国研究生》通联站的研究生记者为主体进行的优秀导师访谈活动，面向师生进行的优秀导师征文活动，等等。这些活动开展得有声有色，逐渐将近年来我们关于导师队伍建设所做的思考与实践串联起来，"建设富有特区大学气质的导师文化"的想法自然而生。这个想法，让我们既兴奋又忐忑，兴奋的是从文化的高度俯瞰导师队伍建设，感觉非常必要，忐忑的是唯恐水平有限，驾驭不了这一宏大主题。抱着试一试的想法，我们申报了"深圳大学文化创新发展实践丛书"项目，得到了学校的高度肯定。

本书第一章为"理论研究：深圳大学导师文化建设的理论探索"，汇集了学校2018年首次进行的以师德师风与导学关系为主题的系列调研成果和近年来部分导师研究探索的学术成果。第二章为"学生视角：研究生心中的好导师"，主要由研究生推荐、发掘、采访了一批学校立德树人的导师典型，也包括学校老师撰写的同类题材的投稿。第三章为"导师观点：导师眼中的好导师"，系编者对学校一批资深导师的访谈，节选了受访导师关于师德师风、导学关系、指导方法等方面的观点和看法。第四章为"制度创新：深圳大学导师文化建设的制度成果"，汇集了近两年来学校出台的与关于研究生导师文化建设相关的制度措施。

"始生之物，其形必丑。"关于导师文化建设，国内相关研究较少，本书的编写只是该领域一种粗浅的尝试，水平有限，疏漏之处在所难免，但愿抛砖引玉，引起同行和各界关于该问题的关注和讨论，此书足矣。

是为序言。

目　录

第一章
理论研究：深圳大学导师文化建设的理论探索

　　本章汇集了近年来深圳大学研究生导师文化建设理论研究的系列成果，包括深圳大学研究生教育发展中心 2018 年组织开展的"师德师风工程"之"我是导师，我的学生""我是学生，我的导师"系列研究的成果，近年来深圳大学教师针对导师文化建设、师德师风、研究生师生关系撰写的研究论文等。这些研究成果大都针对深圳大学研究生教育的实际情况做了大量实证研究和理论探索，对新时期建设富有深大特色的导师文化深有启迪。

深圳大学研究生与导师师生关系研究报告

易松国　　方文清　　王丽雯　　周洁

编者按：由易松国教授带领团队进行的深圳大学研究生与导师师生关系研究课题组，通过问卷调查和深度访谈的方式，对学校研究生与导师师生关系进行了实证研究。研究显示，学校研究生对与导师的关系总体上比较满意，研究生对导师总体评价较高。学校导师大都能做到爱岗敬业，立德树人，主动指导，积极作为，关注研究生思想、关心研究生生活、指导研究生科研。研究生选择导师时多能主动联系，最为看重导师的研究方向、人品、性格和学术水平，理想导师的特质可概括为"学术能力""开放沟通""认真尽责""亲和友善"与"公平正直"五个方面。研究有一些有趣的方向，例如，理工科导师对学生的指导多于文科导师；低年级导师对学生的指导多于高年级；讲师层次的导师对研究生的指导多于副教授和教授；女生对师生关系的评价高于男生；文史哲艺类研究生对师生关系的评价高于理工农医类研究生；一年级研究生对师生关系的评价高于二、三年级研究生；导师为讲师及助教的研究生对师生关系的评价高于导师为副教授和教授的学生。同时，研究也发现研究生师生关系的一些问题，如有些导师对研究生"缺乏具体明确指导和帮助""用于指导学生的时间精力太少""对学生约束限制太多、不够灵活"

"安排给学生的任务太多或太困难，压力过大"等。

第一部分 研究目的和方法

一 研究目的和内容

本研究主要从研究生角度全面深入了解深圳大学研究生和导师关系的现状和问题，以及研究生对导师的期望，以此为学校管理和决策提供科学依据和决策借鉴。

二 研究方法

本研究采取问卷调查法和深度访谈法。

（一）问卷调查法

1. 调查对象。问卷调查的对象是目前在深圳大学就读的全日制硕士研究生和博士研究生。

2. 调查内容。问卷内容主要根据文献研究和深度访谈内容而设计。该问卷主要由以下部分组成：（1）被访者一般信息，包括年龄、性别、年级、专业类型和学位性质等，以及被访者导师相关信息，包括导师的性别、职称、被访者确定导师的方式与选择依据等；（2）"导师教育功能量表"，该部分主要集中在教学指导层面，评估研究生本段学业经历中导师的指导作用；（3）"研究生师生关系量表"，该部分主要集中在人际层面，评估研究生对导师及二者关系的主观感受。（4）研究生对导师可能存在的问题与不足的评估；（5）"研究生理想导师量表"，该部分旨在从研究生的视角出发表达对导师的期望，描述其理想状况下的导师所具有的特质；（6）研究生对当前师生关系的总体评价与对导师指导情况满意度的总体评价。

3. 调查时间和方式。问卷调查于 2018 年 10—11 月展开。调查问卷通过网络调查平台"问卷星"进行发放与回收。深圳大学研究生院对问卷调查高度重视和支持，院领导亲自布置和督促各学院安排研究生填写问卷。

4. 调查样本基本情况。本次调查共收回有效问卷 2413 份。被访者的基本分布情况见表 1。

表 1   被访者基本分布情况

变量名	变量水平	样本数	有效百分比（%）
性别	男性	1171	48.5
	女性	1242	51.5
年龄	20 岁以下	4	0.2
	20—24 岁	1712	70.9
	25—29 岁	628	26.0
	30 岁及其他	69	2.9
学位类型	专业型硕士	1082	44.8
	学术型硕士	1269	52.6
	博士	62	2.6
专业学科门类	理工农医类	1720	71.3
	文史哲艺类	693	28.7
年级	一年级	1010	41.9
	二年级	886	36.7
	三年级及以上	517	21.4
导师性别	男性	1785	74.0
	女性	628	26.0

续表

变量名	变量水平	样本数	有效百分比（%）
导师职称	教授	1026	42.5
	副教授	849	35.2
	讲师及助教	538	22.3
合计		2413	100

注："理工农医类"包括：⑥理学；⑦工学；⑧农学、医学；"文史哲艺类"包括：①哲学；②经济学；③法学；④教育学；⑤管理学；⑨文学、历史学；⑩军事学、艺术学和其他。

（二）深度访谈法

1. 访谈对象。深圳大学在读全日制硕士研究生。

2. 访谈内容和方法。我们采取结构式访谈法由课题组成员和部分深圳大学社会工作专业研究生对被访者进行深入访谈。访谈内容包括五大部分42个具体问题。其中，第一部分为"选择导师"，涉及学生选择导师的方式、动机以及对现行方式的评价等问题；第二部分为"师生互动"，主要考察师生互动频率、方式和效果等问题；第三部分为"导师指导方式"，包括指导内容、指导计划、利益分配、指导效果等方面；第四部分为"学生对导师的评价"，包含学生对导师的评价、意见和建议等方面；第五部分为"学生对导师的期望"，包括学生对导师各个方面的期望，以及对学校师生关系制度方面的期望。

3. 抽样方法及被访者基本情况。我们采取方便抽样法，共访谈了13位同学，其中男生5位、女生8位；二年级11位；三年级2位；涉及8个学院，其中文科7位、理工科6位；应用型硕士2位、研究型硕士11位。

第二部分　研究生与导师关系文献综述

我们通过知网搜索近 10 年研究生和导师关系的学术文献。通过文献分析，我们将学界对研究生和导师师生关系的研究内容概况为以下方面。

1. 关于研究生师生关系内涵及本质研究

张静（2007）基于四个角度认识研究生与导师关系内涵。关于研究生师生关系的本质研究主要有三种观点：一是传统的研究生师生关系，即导学关系（柴俊青，2004）。薛天祥（2001）通过分析研究生教育的四个特殊性证实了导师的重要性。二是导学关系与合作关系（朱莉，2011）。三是最基本的关系即人与人之间的交往关系。李凤兰、张俊（2008）提出研究生师生关系具有的四种特征，也有学者提出更为本质的师生关系是："不同角色的社会关系。"本课题主要研究深圳大学全日制硕士研究生、博士研究生与导师之间的关系及态度。

2. 关于研究生与导师的关系模式的研究

纵观当前有关研究生与导师的关系类型的研究，我们可以把研究生的师生关系类型分为老板雇员型（陈世海、宋辉、滕继果，2003）、指导与被指导、亦师亦友型（朱莉，2011）、父母子女型。陈世海将研究生的师生关系分为"父母子女型"、"老板雇员型"、"纯学术研究型"、"平等朋友型"和"其他类型"（转引自刘平，2013）。朱莉（2011）提出了松散型师生关系，许克毅（2000）等人进一步提出权威型的师生关系类型。

在国外的研究成果中，国外学者提出了"满不在乎型"与"隐形教学型"的师生关系类型。毕鹤霞（2005）提出了"平等型"的师生关系、"理解型"的师生关系、"'我—你'新型"的师生关系类型。指出学生与导师之间的关系不是一成不变的，可以随着时间、情境的发展而变化。

罗云（2010）对美国导师与研究生关系的突出特点进行了研究。周文辉（2010）对我国27所高校的研究生导师指导制度开展了调查。刘影（2017）通过对国内外学者对导师与研究生关系本质进行梳理，发现国外部分学者认为导师与研究生关系的本质是项目合作关系，美国学者唐纳德·肯尼迪（2002）强调师生关系的本质是指导和合作；国内学者则认为导师与研究生关系的本质是教与学的关系，也有部分学者强调师生之间是合作伙伴关系。

许克毅、叶城、唐玲（2000），陈桂生（2004），郭欣（2012），楚永全（2011），肖德武（2014），严艳（2016）对师生关系进行了分类。王根顺、陈蕾（2006）对德国和美国的导师与研究生之间的关系进行了研究。谢超林、郝海燕（2013）提出了建立关怀性师生关系的原则。周文辉、张爱秀、刘俊起、赵清华、周玉清（2014）在27所高校中调查了研究生与导师的交流情况。

3. 导师对研究生的指导方式研究

许克毅（2000）等指出了导师的指导方法的重要性。赵丽、韩延明（2002），瞿海东、黄争舸（2003）提出了导师的不同指导方式。汪纪锋（2000）等论述了导师指导的国际差异。

也有学者将导师指导方式等同于指导形式，认为指导方式分为单一导师指导制和非单一导师制两种。很多研究者提出导师指导方式会在很大程度上影响师生关系，进而影响指导质量和研究生培养的水平。古继宝（2013）等借鉴 Oldman 和 Cummings 提出支持型和控制型的导师指导风格。张东海（2011）、范皑皑（2013）研究了导师不同的指导方式对研究生产生的各种影响。

4. 导师对研究生指导作用的研究

曾金容（2000）、薛天祥（2001）、Wrech（2004）、李晶（2009）、刘希山（2010）、Anthony（2012）、全芬莲（2012）在研究中指出导师的指导作用及在指导过程中扮演的角色对研究生的重要影响。佟福锁（2005）、张玮（2005）提出了导师对研究生实行德育教育的重要性。

周晓芳（2010）对现代中外研究生导师制度进行了比较。包红燕（2008）通过对导师和硕士生的问卷调查得出导师与研究生关于教与学的不同期待。黄学（2004）提出，导师应该积极引导研究生走向学科的前沿，注意提升研究生的开拓创新精神。

5. 导师队伍建设的相关研究

张健和林伟连（2005）、郭文娟（2006）、刘彦彦（2009）提出了导师队伍建设的要求和考核标准，提出要根据学科特点制定不同的考核指标。工素月（2009）认为高校应关注导师的指导能力和指导技巧。熊新、周冀英、罗元友（2007）提出加大导师师德建设，指出导师应具备高尚的情操和奉献精神。

6. 导师角色定位研究

Kathryn（1994）、骆兴山（2001）、陈亚芬（2002）、王庆东（2004）、周巧玲和柳铎（2009）、樊军和蒋新（2009）、Lechuga（2011）、张军和韩佳彤和郭振（2012）、辛丽（2013）、席海峰（2014）对导师在研究生教育中扮演的角色进行了研究。朱诚（2006）指出研究生导师应该努力做到对研究生的个性化培养。

余红（2012）提出，学校要不断完善导师的评选与考核制度，建立研究生与导师的定期沟通机制、完善导师评价并做好激励工作。

7. 理想导师角色研究

王白石（1998）、L. Rose（2005）、郑杰（2006）、李慧敏、胡成功和刘浩（2009）提出了学生心中理想导师的各项要素。柳礼泉、张红明（2008）指出了导师人格魅力的重要作用。王俐、邱曙东（2005）对比了在理想导师的性别期望上，男生与女生的差异。

8. 关于研究生对导师的角色期望的研究

目前的研究中，研究生对导师的期望研究较多，导师对研究生的期望研究较少。导师对研究生的期望集中体现在学生的学术能力、创新能力及非智力能力方面。学生不仅期望导师是一个好的管理者、指导者、教授者，也期望导师能够是学生的支持者与朋友。

李毅弘（2008）提出在研究生德育工作中理想的师生关系的实现途径。林伟连（2003）、郑杰（2006）、陈玉婷（2010）指出了良好的师生关系所具备的特点。何作井、李林、周震（2007），陈俊珂（2010），周蕾（2011）等学者提出构建研究生新型师生关系，耿力伟（2012）指出了学生对教师的角色期望。

9. 师生关系影响因素的研究

根据国内外学者的观点，把影响师生关系的因素分为主观因素和客观因素。楼成礼和孟现志（2004）把影响因素分为权力影响力与非权力影响力。张静（2007）认同研究生师生关系的影响是双向的。高鹏（2007）、周文辉（2010）分析了影响师生关系的因素。楚永全（2011）、刘恒坤（2012）、蔡茂华（2013）、曾雅丽（2013）分析了导致研究生与导师之间师生关系恶化的原因。

Chory 和 Bloom（1999）等从情感方面出发，认为学生对导师的态度会影响整个教育培养过程，师生之间积极的情感关系对研究生无论是学习、科研还是生活上都起着正面的促进作用。Rawlins（2000）提出了友情教学。此外，在研究中还发现，学生的种族、地域、年龄也影响着师生关系。

王青（2009）从研究生的角度，借鉴"学生满意度"的研究方法，以问卷形式对导师指导行为的状况进行了调查。王俐（2005）、陈巧云（2007）、李慧敏（2009）等采用问卷的方式对硕士研究生导师指导方式满意度、研究生心中理想的导师开展问卷调查。

10. 研究生与导师关系问题的研究

国内学者在对师生关系的研究中，一方面着重探讨研究生与导师之间所存在的问题，另一方面侧重探讨研究生师生关系存在的问题对研究生培养造成的影响。

周谊和叶锋（2006）、何作井（2007）、朱成康（2007）、符新伟（2013）指出了研究生与导师之间出现的关系问题及问题的特点。

王建军（2014）从导师的问题出发梳理了师生关系紧张的具体表现形式。周利秋（2016）指出了研究生与导师关系异化的本质。龚丽（2009），金永东、李侠（2010），周文辉、张爱秀、刘俊起、赵清华、周玉清（2010）指出了研究生与导师沟通交流存在的问题、特点及带来的影响。高鹏（2007）等借鉴管理学中的领导权变理论提出建设师生关系的建议。

11. 对于优化研究生师生关系的对策研究

全芬连（2012）、符新伟（2014）、王长青（2015）、李全喜（2016）、周利秋（2016）提出改善师生关系需国家、学校、导师和研究生多方面的共同努力。陈世海（2003）从主观方面提出优化研究生师生关系的对策。翟文艳、赵海琳（2010）从客观方面提出改善研究生与导师之间关系的措施。

从研究方法来看。目前的研究中既有定性研究也有定量研究。定性研究主要是采取经验归纳、思辨和理论分析的方法去研究导师与研究生之间的关系，以及导师与研究生关系的影响因素、对策和建议研究；定量方面的研究主要是通过问卷和访谈的方法进行，有的研究也利用到满意度的方法，但是这些研究对于问卷的数据分析不够，更没有形成一个理论模型。

从研究的学科视角上看。采用教育学、心理学、伦理学等单一学科视角的研究较多，运用管理学、社会学等视角或将其与其他学科视角相结合进行的研究少。

从研究者的视角来看。当前的研究主要是从导师和管理者的角度来探讨导师与研究生关系或与此相关的问题，较少涉及从研究生的视角来分析该问题，特别是从研究生的角度来探讨他们对所经历的导师指导的评价和体验的研究则更少。

从研究的样本的选取来看。当前对于导师与研究生的关系研究大都集中于学术学位的研究生，把专业学位的研究生作为研究样本的研究非常少。

第三部分　研究生与导师关系及态度调查结果与分析

一　研究生确定导师方式及选择导师时的考虑因素

调查发现，被访者关于确定导师的方式，87.8%的被访者表示是按照自己的意愿主动选择导师；4.7%的被访者表示目前的导师是由学院指定；另有 7.5% 的被访者属于其他情况，如更换了导师，或挂名到其他导师名下等。

我们在调查中了解学生选择导师时最看重哪种因素。分析结果显示（见表 2），在所有因素中，看重导师研究方向的比例最高。有 896 名被访者表示选择导师时最看重该因素，占全部被访者的 37.1%；其次受到重视的因素包括导师的人品、性格，再次是导师的学术水平。选择该两项因素的分别有 690 人（28.6%）和 383 人（15.9%）。导师的指导风格、导师所在研究团队综合实力以及导师的知名度或影响力等因素对于学生来说并不是很重要。

表2　　　　　　　研究生选择导师时最看重的因素（单选题）

考虑因素	频次	百分比（%）
导师的研究方向	896	37.1
导师的学术水平	383	15.9
导师的知名度或影响力	127	5.3
导师的指导风格	140	5.8
导师的人品、性格	690	28.6
导师研究团体的综合实力	138	5.7
其他因素	39	1.6

二　导师对研究生的学业指导情况分析

1. 导师指导情况及学生满意度

本次调查通过导师教育功能量表测量导师对被访者的指导、交流及互动情况。导师教育功能量表得分情况如表 3 所示，被访者在引导性分量表上得分均值为 35.97，在密切性分量表上得分均值为 19.05，在主动性分量表上得分均值为 21.20。这一结果表明，导师对研究生引导作用较大，二者交流较为密切，导师较主动地与研究生互动。被访者在总量表上得分均值为79.14，即总体上，导师在研究生学业指导方面所起的作用较大。

表3　　　　　导师教育功能量表及其分量表得分情况

量表名称	分数范围	最小值	最大值	均值	标准差	标准误
导师教育功能量表	20—100	24	100	79.14	13.483	0.274
引导性分量表	9—45	9	45	35.97	6.556	0.133
密切性分量表	6—30	6	28	19.05	2.755	0.056
主动性分量表	5—25	5	25	21.20	3.571	0.073

分析发现，大部分被访研究生对导师的学业指导情况表示满意，其中32.0%的被访者对导师的学业指导情况很满意；40.9%被访者对导师的学业指导情况表示比较满意。当然，也有部分被访者对导师学业指导情况不太满意或很不满意（见图1）。被访者对导师指导情况满意度的总体评价与导师教育功能量表得分呈高度显著正相关（$r = 0.725$，$p < 0.01$），表明两种测量结果相互吻合。

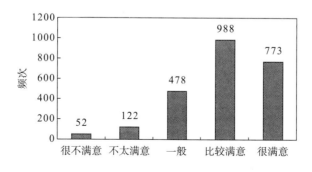

图1　研究生对导师学业指导情况的满意程度

2. 不同学位类型的导师指导情况

表4显示了不同学位类型（专业型硕士、学术型硕士和博士）被访者的导师教育功能量表得分情况。学位类型为专业型硕士的被访者量表得分均值为79.12，学位类型为学术型硕士的被访者量表得分均值为79.05，学位类型为博士的被访者量表得分均值为81.23。单因素方差分析结果表明，专业型硕士研究生、学术型硕士研究生和博士研究生的导师教育功能量表得分差异不显著（$F = 0.772$，$p > 0.05$）。将三组被访者得分由LSD事后多重检验进行两两比较，结果亦无显著差异。这说明，不同学位类型的研究生所反映的导师学业指导情况无显著性差异。

表4　　　　　　　　　　学位类型与导师教育功能量表得分情况

学位类型	样本数	均值	标准差	F 值	事后比较
专业型硕士	1082	79.12	13.671		
学术型硕士	1269	79.05	13.349	0.772	不显著
博士	62	81.23	12.932		

3. 不同学科门类的导师指导情况

不同专业学科门类被访者的导师教育功能量表分析结果见表5。单因素方差分析结果表明，不同专业类型被访者的导师教育功能量表得分差异不显著（$F = 1.338$，$p > 0.05$）。将各专业类型被访者得分由LSD事后多重检验进行两两比较，结果表明文学、历史学专业被访者与理学、工学专业被访者的导师教育功能量表得分差异显著，均值差异分别为 -3.606（$p < 0.01$）、-2.562（$p < 0.05$），即相比理学、工学专业研究生而言，文学、

历史学专业研究生导师的教育指导作用相对较弱；其他专业被访者得分两两比较结果无显著差异。

表5 专业学科门类与导师教育功能量表得分情况

专业学科门类	样本数	均值	标准差	F值	事后比较
哲学	20	82.50	9.139		
经济学	133	79.02	13.345		
法学	95	78.47	13.628		不显著
教育学	104	77.75	13.377		
管理学	83	79.47	16.022		
理学	299	80.23	14.170	1.338	与文学、历史学被访者得分差异显著
工学	1374	79.19	13.117		
农学、医学	47	76.28	15.960		
文学、历史学	120	76.63	12.615		与理学、工学被访者得分差异显著
军事学、艺术学和其他	138	80.36	14.178		不显著

4. 不同年级研究生导师指导情况

表6显示了不同年级被访者的导师教育功能量表得分情况。一年级被访者量表得分均值为80.29，二年级被访者量表得分均值为78.43，三年级及以上被访者量表得分均值为78.09。单因素方差分析结果发现，不同年级被访者的导师教育功能量表得分差异显著（$F = 6.516$，$p < 0.05$）。将各年级被访者得分由LSD事后多重检验进行两两比较，结果发现，一年级被访者与二年级和三年级及以上被访者的导师教育功能量表得分差异显著，均值差异分别为1.859（$p < 0.05$）、2.207（$p < 0.05$），即相比二年

级、三年级及以上研究生而言，一年级研究生相对更多地受到导师的教育指导；二年级和三年级及以上被访者得分比较结果则无显著差异。

表6 年级与导师教育功能量表得分情况

年级	样本数	均值	标准差	F 值	事后比较
一年级	1010	80.29	12.426		一年级与二年级、三年级及以上被访者得分差异显著
二年级	886	78.43	13.895	6.516*	
三年级及以上	517	78.09	14.565		

注：* 为 $p < 0.05$，** 为 $p < 0.01$，*** 为 $p < 0.001$。

5. 导师不同职称与学生学业指导情况

不同导师职称（教授、副教授和讲师及助教）被访者的导师教育功能量表得分情况见表7。分析结果显示，导师职称为教授的被访者量表得分均值为78.26，导师职称为副教授的被访者量表得分均值为78.80，导师职称为讲师或助教的被访者量表得分均值为81.34。单因素方差分析结果发现，导师职称不同的被访者的导师教育功能量表得分差异显著（$F = 9.689$，$p < 0.001$）。将不同导师级别被访者得分由 LSD 事后多重检验进行两两比较，结果发现，导师为讲师及助教的被访者与导师为教授、副教授的被访者的导师教育功能量表得分差异显著，均值差异分别为3.081（$p < 0.001$）、2.539（$p < 0.01$），即相比导师为教授、副教授的研究生而言，导师为讲师及助教的研究生相对更多地受到导师的教育指导；导师为教授的被访者与导师为副教授的被访者得分比较结果则无显著差异。

表7 导师职称与导师教育功能量表得分情况

导师职称	样本数	均值	标准差	F 值	事后比较
教授	1026	78.26	14.231		导师为讲师及助教
副教授	849	78.80	12.960	9.689***	的被访者与导师为
讲师及助教	538	81.34	12.579		教授、副教授的被访者得分差异显著

注：＊为 p < 0.05，＊＊为 p < 0.01，＊＊＊为 p < 0.001。

三 研究生与导师师生关系分析

1. 研究生师生关系情况及被访者的总体评价

本调查通过研究生与导师的师生关系量表测量了被访者对导师及双方关系的感受。研究生师生关系量表得分情况如表8所示，被访者在认同感分量表上得分均值为63.11，在和谐度分量表上得分均值为25.84，这一结果表明，研究生对导师的看法是比较正面的，二者的师生关系是比较和谐、愉悦的。被访者在总量表上得分均值为88.95，即在总体上，研究生对导师本人及双方关系的态度与感受非常正面、积极。

表8 研究生师生关系量表及其分量表得分情况

量表名称	分数范围	最小值	最大值	均值	标准差	标准误
研究生师生关系量表	22—110	22	110	88.95	16.187	0.330
认同感分量表	15—75	15	75	63.11	11.164	0.227
和谐度分量表	7—35	7	35	25.84	6.038	0.123

研究生师生关系量表的测量结果可与被访者对当前师生关系的总体评价（即"总的说来，你与你目前导师的师生关系怎

样?"）作对照比较。如图 2 所示，大部分被访者对与导师的师生关系评价是正面的。其中有 812 名被访者认为与导师的师生关系很好，占全部被访者的 33.7%；有 1016 名被访者认为与导师的师生关系比较好，占全部被访者的 42.1%。另外，部分被访者认为与导师的师生关系比较差或很差，认为师生关系情况不良的被访者共占总样本的 3.2%。被访者对当前师生关系的总体评价与研究生师生关系量表得分呈高度显著正相关（$r = 0.788$，$p < 0.01$），表明两种结果是一致的。

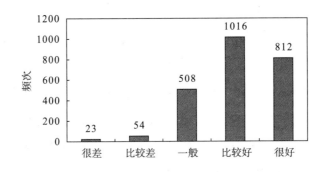

图 2　被访者对师生关系的总体评价

2. 师生性别与师生关系

表 9 显示了不同性别被访者以及导师性别不同的被访者研究生师生关系量表得分情况。男性被访者量表得分均值为 87.20，女性被访者量表得分均值为 90.60；单因素方差分析结果发现，不同性别被访者的研究生师生关系量表得分差异显著（$F = 26.928$，$p < 0.001$）。另一方面，导师为男性的被访者量表得分均值为 88.67，导师为女性的被访者量表得分均值为 89.74；单因素方差分析结果发现，不同导师性别被访者的研究生师生关系量表得分无显著差异（$F = 2.005$，$p > 0.05$）。

表9　　　　　　　师生性别与研究生师生关系量表得分情况

师生身份	性别	样本数	均值	标准差	F 值
学生	男性	1171	87.20	16.510	26.928***
	女性	1242	90.60	15.706	
导师	男性	1785	88.67	16.046	2.005
	女性	628	89.74	16.569	

注：* 为 $p < 0.05$，** 为 $p < 0.01$，*** 为 $p < 0.001$。

3. 不同学科门类研究生的师生关系

表 10 显示了不同专业学科门类（理工农医类与文史哲艺类）被访者的研究生师生关系量表得分情况。单因素方差分析结果发现，不同专业类型被访者研究生师生关系量表得分差异显著（$F = 17.530$，$p < 0.001$），即相比理工农医类研究生而言，文史哲艺类研究生与导师的师生关系相对较好。

表 10　　　　　专业学科门类与研究生师生关系量表得分情况

年级	样本数	均值	标准差	F 值
理工农医类	1720	88.08	16.173	17.530***
文史哲艺类	693	91.12	16.030	

注：* 为 $p < 0.05$，** 为 $p < 0.01$，*** 为 $p < 0.001$。

4. 不同年级研究生的师生关系

不同年级被访者的研究生师生关系量表得分情况见表11。一年级被访者量表得分均值为91.94，二年级被访者量表得分均值为87.02，三年级及其他被访者量表得分均值为86.43。单因素方差分析结果发现，不同年级被访者的研究生师生关系量表得分差异显著（$F = 30.519$，$p < 0.001$）。将各年级被访者得分由 LSD

事后多重检验进行两两比较，结果发现，一年级被访者与二年级、三年级及其他被访者得分差异显著，均值差异分别为4.920（$p < 0.05$）、5.510（$p < 0.05$），即相比二年级、三年级及其他研究生而言，一年级研究生对导师以及师生关系的评价更高；二年级与三年级及其他被访者得分比较结果则无显著差异。

表11 年级与研究生师生关系量表得分情况

年级	样本数	均值	标准差	F 值	事后比较
一年级	1010	91.94	13.058		一年级与二年级、三年级及以上被访者得分差异显著
二年级	886	87.02	17.631	30.519***	
三年级及其他	517	86.43	18.111		

注：* 为 $p < 0.05$，** 为 $p < 0.01$，*** 为 $p < 0.001$

5. 不同导师职称的师生关系

表12显示了不同导师职称（教授、副教授和讲师及助教）被访者的研究生师生关系量表得分情况。导师职称为教授的被访者量表得分均值为88.31，导师职称为副教授的被访者量表得分均值为88.69，导师职称为讲师或助教的被访者量表得分均值为90.59。单因素方差分析结果发现，导师职称不同的被访者的研究生师生关系量表得分差异显著（$F = 3.710$，$p < 0.05$）。将各年级被访者得分由 LSD 事后多重检验进行两两比较，结果发现，导师为讲师及助教的被访者与导师为教授、副教授的被访者研究生师生关系量表得分差异显著，均值差异分别为2.290（$p < 0.05$）、1.906（$p < 0.05$），即相比导师为教授、副教授的研究生而言，导师为讲师及助教的研究生与导师师生关系相对较好；导师为教授的被访者与导师为副教授的被访者得分比较结果则无显著差异。

表 12　　　　　　　导师职称与研究生师生关系量表得分情况

导师职称	样本数	均值	标准差	F 值	事后比较
教授	1026	88.31	16.768	3.710*	导师为讲师及助教的被访者与导师为教授、副教授的被访者得分差异显著
副教授	849	88.69	15.976		
讲师及助教	538	90.59	15.284		

注：*为 $p < 0.05$，**为 $p < 0.01$，***为 $p < 0.001$。

四　研究生导师存在的主要问题

本调查询问了被访者对现阶段导师存在问题的看法（分析结果见表13）。对于调查中所列举的 12 种问题情形，23.7% 的被访者认为所有表中列举的问题均不存在。在调查所列举的各种问题中，被访者反映导师问题较大的主要是"缺乏具体指导"与"指导时间少"两项，其次是"限制过多"和"任务过多"。

表 13　　　　　　　研究生导师主要问题与不足

问题概述	符合程度				
	完全不符合	比较不符合	说不清是否符合	比较符合	完全符合
学术表现不足	1134 (47.0%)	676 (28.0%)	390 (16.2%)	162 (6.7%)	51 (2.1%)
沟通交流能力不足	1162 (48.2%)	746 (30.9%)	314 (13.0%)	143 (5.9%)	48 (2.0%)
倾听能力不足	1199 (49.7%)	676 (28.0%)	322 (13.3%)	157 (6.5%)	59 (2.4%)
指导时间少	928 (38.5%)	681 (28.2%)	420 (17.4%)	281 (11.6%)	103 (4.3%)

续表

问题概述	符合程度				
	完全不符合	比较不符合	说不清是否符合	比较符合	完全符合
缺乏具体指导	911 (37.8%)	663 (27.5%)	406 (16.8%)	313 (13.0%)	120 (5.0%)
限制过多	1093 (45.3%)	705 (29.2%)	342 (14.2%)	177 (7.3%)	96 (4.0%)
任务过多	985 (40.8%)	735 (30.5%)	432 (17.9%)	188 (7.8%)	73 (3.0%)
缺少必要任务	985 (40.8%)	877 (36.3%)	406 (16.8%)	105 (4.4%)	40 (1.7%)
权益相关问题	1461 (60.5%)	559 (23.2%)	254 (10.5%)	86 (3.6%)	53 (2.2%)
道德素质问题	1592 (66.0%)	503 (20.8%)	207 (8.6%)	65 (2.7%)	46 (1.9%)
性格不合	1329 (55.1%)	607 (25.2%)	311 (12.9%)	110 (4.6%)	56 (2.3%)
关系变更	1763 (73.1%)	403 16.7%)	175 (7.3%)	47 (1.9%)	25 (1.0%)

五 研究生心目中理想导师的特质

本调查通过研究生理想导师量表测量了被访者认为"理想型导师"所应当具备的特质。量表列举了导师在专业能力、教育风格、道德品行、性格个性、交往方式等方面的 38 种表现，且均使用正面描述。调查结果显示，研究生心目中理想导师的最重要特质是"尊重学生的尊严与权利"（58.3%）；其次依次是"处理问题公平、公正"（56.3%）、"公私分明，恪守权力边界"（55.3%）和"对我的工作汇报能够给予建设性的反馈意见"（54.9%）。研究生不太看重导师的经济支持。只有 28.8% 的被访者把"能够为学生提供适当经济资助"看作理想导师的特质。

我们通过因子分析方法从 38 种表现中提取出 5 个公因子，并分别命名为"学术能力"、"开放沟通"、"认真尽责"、"亲和友善"与"公平正直"。也就是说，研究生心目中的理想导师大致可以概括为以上五个方面。

六　研究小结

本次调查结果主要有以下几个方面。

第一，深圳大学大多数研究生是自主选择导师。研究生选择导师时主要看重导师的研究方向、人品、性格及其学术水平。

第二，总体上看，导师对研究生的学术指导比较主动，所起作用较大，研究生也比较满意。相比较而言，理工科导师对学生的指导多于文科导师；研一（博一）导师对学生的指导多于研二（博二）和研三（博三）；讲师职称的导师对研究生的指导多于副教授和教授。

第三，研究生对师生关系的总体评价较高，对与导师的关系比较满意。其中，女生对师生关系的评价高于男生；文史哲艺类研究生对师生关系的评价高于理工农医类学生；一年级研究生对师生关系的评价高于二年级、三年级及以上学生；导师为讲师及助教的研究生对师生关系的评价高于导师为副教授和教授的学生。

第四，研究生反映导师存在的主要问题是"缺乏具体明确指导和帮助"与"用于指导学生的时间精力太少"，其次是"对学生约束限制太多、不够灵活""安排给学生的任务太多或太困难，压力过大"。

第五，研究生心目中理想导师的特质可以概括为"学术能力""开放沟通""认真尽责""亲和友善""公平正直"等五个方面。其中，理想导师的最重要特质依次是尊重学生的尊严与权利、处理问题公平公正、公私分明，恪守权力边界以及对学生的工作汇报能够给予建设性的反馈意见。

第四部分　深度访谈结果分析

一　关于选择导师的分析

从选导师的方式来看，本次访谈涉及的学生选导师的途径大多和学院规定的选导师方式不同，有以下几种：第一，选了导师A，但被导师A推荐给导师B，其中有A、B在一个课题组共同带学生的情况，也有A挂名让B带的情况，还有推荐后A不再插手管理学生的情况；第二，本科就是深圳大学学生，本科阶段就选定了熟悉的导师；第三，老师主动给学生发邮件，所以选了该导师；第四，和多个老师交流后选定导师；第五，提前和老师发邮件确定导师。获取导师信息的途径有：通过本科学校老师推荐；本科就是深大学生比较了解老师；和师兄师姐了解导师；通过新生见面会了解老师；通过主动和多个老师交流了解信息；通过网上公开信息了解老师。

目前，各学院规定选导师的方式各有不同，学生对其评价也参差不齐。第一种是学院设有新生见面会，老师同学互相自我介绍，两个月后最终确定。学生认为这种方式不好，因为实际执行过程中，很多学生们都是提前在假期就联系好导师，还有学生认为见面会就是走流程并没有多大作用。第二种是学院会公开所有老师各方面信息，然后在一个月的了解之后再选，学生认为这种方式比较好，有利于选到真正满意的老师。第三种是学院没有硬性规定，学生都是提前选，先到先得。学生认为这种方式会让学生更加盲目，唯恐自己不提前选就会没有导师。第四种是学院规定学生自己联系导师，一学期还没选到，则学院分配导师，学生认为这种方式让学生比较有自主性。第五种是学院规定老师学生双向选择，学生认为这种方式不好的理由是双方都不了解，信息不够充分，认为这种方式好的理由是可以互相匹配，师生双方都有自主权，此外双选制还因为导师回复不明确、导师不了解学生的情况下就预定了名额等问题给学生选导师带来困扰。学生希望学院能提前安排新老生见面会，从师兄师姐角度了解老师可能会更客观；希望不要因为名额的限制，导致学生选不到自己喜欢的导师；希望在正式确定前，老师不要答应任何学生，给所有学生一个公平的机会，而不是先到先得；希望在开学前能对学生有一个调查表，学生提供充分的信息，让老师提前有个筛选；希望选导师的时间不要太短，给师生充分互相了解的过程。

在选择导师的依据方面，学生以前（入学前）看重导师学术能力、知名度（导师资历）、文笔深厚程度、是否做实事、研究方向等方面。学生现在（入学后）大多最看重导师的人品，因为能做硕导能力上都能指导学生，人品决定了三年是否能够过得顺心，是否尊重学生、给学生机会；还有同学认为要选年轻的导师，因为经费多、项目多，管理比较宽松，因为给学生更多自由的时间。被访者根据自身经验建议在选导师依据方面，给了新生一些建议。一是，新生应多和师兄师姐了解导师的为人等信息或是通过导师的论文了解导师；二是，要多了解导师研究方向，注意有些老师的研究方向和简历或网上公布的不符；三是，建议新生要根据自己的未来规划（读博或工作）匹配相应导师；四是，多联系几个老师，要注重导师的管理方式，要多了解实验室的情况，了解导师有没有项目；五是，谨慎选择职位很多的导师，可能会很忙无暇顾及自己。

二 关于师生互动的分析

师生互动的频率因导师习惯不同，不同师生之间大有不同，大多数学生会和自己的导师经常见面，基本是一周两次、一周一次、一学期十次左右，有些是固定见面时间，比如定期召开组会，也有些见面时间不固定，有事随时联系的。一般以面对面沟通为主，微信、邮件、电话等只用作收发资料，约定时间、地点等用途。见面目的主要是讨论学习（论文、开题报告等）的相关问题、课题组的问题、项目的进展等，还有学生自己去旁听老师的课程，个别学生会涉及生活方面，大多数学生不会和导师聊生活。此外，个别老师会向学生引见国外的朋友、开读书分享会，还有个别学生是帮老师担任课程助教。

在主动性方面，大多数同学和导师互相主动，老师找学生布置任务，学生找老师汇报学习进度，通常都是有事才会联系；有些师生关系中是老师主动，可能与学生自身性格有关；个别是学生自己主动，但发现老师和预期不同，所以就不主动了。一般与老师沟通后的感受取决于汇报的内容，如果是好消息就很开心，如果是坏消息就很紧张；有些同学与老师沟通后产生消极感受，因为老师主要是布置任务，任务比较紧急给自己带来压力，还有学生紧张是因为怕老师对自己不满意；有些同学与老师沟通后产生积极的感受，认为老师的指点让自己很受启发。

三 关于指导方式的分析

在指导内容上，大多数老师有向学生传授学习方法，主要是查阅文献、英文文献的阅读方式、寻找研究问题、看书、论文的书写格式、调研过程、理论知识、文献综述的撰写方式等。有些老师结合切身经历，向学生传授学习科研经验，但也存在个别老师从未给学生传授学习方法。在论文指导方面，有的老师会推荐几个方向让学生选择，然后进一步进行讨论和指导，布置相应收集资料的任务；有的老师会将师兄师姐的开题报告或论文拿给学生做参考，老师会在大致方向（如选题）上给建议；有的老师在论文撰写过程中的每一步都会亲自指导、给出修改意见；有的需要学生主动向老师汇报自己选的题目，老师会在尊重学生选择的基础上，给一定的指导；个别学生的开题报告到论文全是自己完成，老师从不给指导意见，甚至答辩时老师都不知道学生写的内容。在共同学习方面，大多数老师会和学生对热点话题进行讨论，会和师门的学生一起讨论分享，或一对一讨论；个别老师不仅不和学生讨论，学生主动找老师讨论学术上的问题，老师都不讨论。

在学习计划和人生规划方面，有的老师开学的时候就为学生制定了学习计划，主要是三年每个阶段大概应该完成什么事情，包括课程、发表论文、小论文；有的老师会要求学生写安排和计划；有些老师会制定阅读计划；有些老师会根据学生是否读博，布置不同的学习内容，会有针对性地给建议；也存在个别老师从来不和学生讨论学习计划。从长远角度来说，有的老师建议学生读博，并帮学生分析读博的利弊；有的老师会帮学生分析就业前景建议先工作再创业，建议学生留在深圳的企业；有的老师有很多资源愿意给学生推荐，建议学生先学好英语和锻炼交际能力；但也有老师只是开学的时候询问过，没有具体的建议和规划，老师更关注学生在校三年的情况；有些学生自己向导师说过未来的打算，但老师没有给出回应或相应的建议。

老师对学生的严厉程度各有不同，大多数学生认为老师不严格，有些学生认为老师比较严格，比如草稿文件的格式都要求很严格，论文撰写的节奏安排得很紧。有些学生认为老师不需要太严格，因为太严格会给学生带来压力，并且学生已经是成年人，有自己的安排，也有学生希望老师严格一些，能对自己有所督促，这主要取决于学生是否自主自律。因此，大多数老师对学生的要求比较少，主要是查阅文献、学习某些技能等，个别老师对学生有赶项目的要求。与之相对的，有些老师很少督促学生，因为学生很积极自觉，会提前完成老师交给的任务；有的老师只是在任务开头、中间和结束时进行"三段式"的查看；有的老师会要求学生定期来汇报近期的学习情况，基本不会催促；但个别老师会催，比如催促学生第二天就要交某材料，交后却又对学生没有反馈。虽然老师对学生的严厉程度不同，但大多数学生认为老师认真负责，会不断启发学生，认真看学生写的东西，给学生提供锻炼机会，相比其他老师只给学生看论文，自己的老师还会讲解一些自己的想法，有些学生认为老师即使特别忙，身体不好，也会尽力指导自己；个别学生认为老师不是很认真负责，因为自己是挂名在别的老师那里，可能不算是指导老师真正的学生，还有学生认为，老师的眼里只有钱，从来不和自己交流学习的事情。此外，绝大部分同学认为自己的导师注重衣着谈吐、仪式感很强，个别老师还要求自己的学生注重衣着谈吐，个别学生认为这挺重要，但不是最重要的。

在物质和资源提供方面，如果老师带学生参与课题，通常会给一定的劳务费，不过有些老师课题较少甚至没有课题，有些老师课题较多；有些老师给 500 元/月劳务费，学生觉得有点少；

有些老师将稿费、项目经费等全给学生；个别老师不给劳务费，但会报销书费、交通费等；有些老师不带学生做课题，只让学生做项目，学生认为这只是"帮老师赚钱"，只能得到象征性的一些报酬。除此之外，老师基本不会给学生生活补贴，可能与学习制度有关。不过，通常导师会请学生吃饭，一般调研后或每学期师门聚餐，有些比较频繁，一学期两三次，或四五次；有些比较少，两年只吃过一次，也有个别老师从来没有和学生一起吃过饭的情况。在学习交流方面，绝大多数学生几乎没有外出学习交流机会；个别老师会资助学生参与高端体育赛事，全程会有报销资助；个别学生有外出参会的机会，老师全程资助，这主要取决于导师的资源。

除了学习，在生活方面个别老师会主动了解学生的家庭经济情况、情感问题等，会主动关心学生的生活细节，如果学生生病会格外关注，会在聚餐等场合了解学生的情感问题，会在恶劣天气时提醒同学注意安全；多数老师，偶尔问过，但不干涉，但要是如果学生主动去找老师说，老师会给予帮助；个别老师从来没问过学生的生活情况，个别老师只是象征性的问一下，学生认为其初衷是怕学生出事自己担责，而不是真正的关心学生。

学习和工作过程中，学生和老师难免会产生分歧，比如在研究范围上，这时老师会认真听取学生的意见，并陈述自己的观点，双方会积极沟通交流彼此的想法；个别老师从来不会考虑学生的意见，自己想到什么就是什么，学生有意见反馈了，老师也不予理会；当然也存在一些学生凡事都听老师的，有些认为自己能力不够所以没有别的想法，有些认为如果老师的办法行不通老师自己会改，有些认为老师的建议很好，让自己少走弯路。

在利益方面，绝大部分同学从未面临和老师产生利益冲突的情况。有些老师会为学生争取利益，比如帮学生争取更高的劳务费或补助，但也有老师只是口头答应学生，并没有实际的行动。此外，大多数被访者没有帮老师做过私人事情，个别学生偶尔会帮老师一个小忙，比如偶尔看一下孩子、取个快递、开车、修改论文格式等，认为还可以接受。也有个别学生认为如果老师自己公司的项目（和课题无关的、对学习没有任何帮助、对科研能力也没有任何帮助）算私人事情的话，特别多，很累很耗费时间，可能能够赚点特别少的生活补贴，但报酬不如兼职。

从老师的指导效果来看，大多数学生研究风格和研究方向会受老师的影响，因为就是和老师学习的，做事风格、公关能力等也有受老师潜移默化的影响。个别学生认为没有受老师影响，因为老师并没有给过指导；有些学生认为自己可塑期已过，所以没受老师影响；有个别学生有自己的风格，老师只给意见不会干预。

四　关于学生对老师评价的分析

大多数学生对导师的感觉是正面积极的：崇拜和感恩，因为老师对自己特别好；觉得导师很有潜力，40多岁就是储备干部；有绅士风度，是一个特别注重细节的人；比较完美主义，对自己的要求很严格；属于比较勤俭的类型；就像男女关系一样，很合眼；觉得导师比较厉害，因为导师智商很高；自豪，其他的学生都来找我的老师改论文；有魅力，老师传授知识，我有收获，是一个良性循环；导师帅、很聪明、很有想法、很刻苦敬业的一个人；认真负责，比较善于交流的人，老师为人低调，虽然导师有很多成就，但是在我们面前，比较少夸耀；尽职尽责，比较幽默的人；钦佩，导师是一位好丈夫，好父亲，好老师。个别学生不喜欢导师，老师做事讲话前后反差太大，会触碰到自己的底线，价值观受不了。

从学生和老师的相处过程来看，大多数学生和老师相处很自然，有些是因为老师性格随和，有些是因为学生觉得自己并不亏欠老师什么；个别学生觉得和老师相处很拘谨，因为觉得老师不是很喜欢自己。因此，有些学生希望经常和老师见面，希望得到老师的督促和指导，或是喜欢和老师交谈；有些学生希望交集越少越好，不然老师有事就会给自己安排任务，却没有学习和专业上的指导；多数学生希望正常见面，有事或课题需要讨论时联系，因为平时大家都有自己的工作和生活。

关于老师安排任务的评价，大多数学生听从导师的安排，有些学生认为导师的安排都是对自己有益的；有些学生认为抵抗没有用，先接下来再想办法；还有些学生认为老师的安排没有和自己的安排相冲突；个别学生当老师的安排和自己的时间精力冲突时会反抗，师门中有完全不回老师微信、不理老师的强烈反抗；当然，多数老师很少给学生安排任务。

从老师对学生影响的角度，可以窥见学生对老师的评价。大多数学生认为老师对自己人生态度有影响，比如以前自己随遇而安现在想要拼搏，因为导师很正能量、很上进、很乐观、有毅力的品格影响了自己，由于老师的引见认识了更多优秀的人，所以激励自己更加努力，也有老师劝诫学生不要太有功利心等，甚至个别学生认为，老师会影响自己的择偶观；同时也有个别学生认为有消极的影响，接触了老师后，很负能量觉得世上没好人，对大学老师挺失望的。因此，大多数学生希望成为老师那样的人，原因包括：一是导师受学生爱戴，社会地位很高，大家对他的评价也都很好；二是老师的学术和仕途都很顺利；三是老师做一件很主要事情的同时，可以兼顾到很多，能力很强；四是导师的行动力很强，知识面也特别广，学术方面总是可以知道最前沿的东西，她最大的特点就是领域很广，什么领域都可以做。也有学生不希望成为老师那样的人，原因同样很多，因为太累了，压力大；不喜欢搞科研；觉得导师这样的人生没有意义；不想成为老师；觉得现在学术圈氛围变了，和导师当年的时代不同；自己喜欢安逸；等等。

直观评价老师的优缺点方面，大多数学生认为导师没有缺点；有些学生认为老师有小缺点，比如不爱锻炼身体，招的都是男生，补助有点少，对待学生不是一视同仁，做事比较慢，有的学生认为老师很固执，老师出访太久不能当面交流等；个别学生认为在导师心里可能一直觉得学生和老师权力上是不平等的，导师用权力命令学生，当学生反抗的时候，导师会用自己的权力限制学生。当然，谈及老师的优点，大多数学生认为老师的优点包括，老师对学生公正、性格亲和真实，可以和导师讲任何事情，包括情感方面；老师尊重学生，导师给学生安排任务会第一考虑是否对学生学习生活有益，第二会征求学生的意见，而不是直接命令；锻炼学生的综合能力方面，老师给的学习机会特别多；老师的交际能力很强，和各个层面的人都能聊到一起；导师的学术功底非常深厚；老师公关文字报告撰写能力很强。

学生认为目前的师生关系中，学生也存在很多的问题，一是有些学生自身素养不高，本身就不想学习所以和导师有隔阂；二是现在好多学生不主动，怕和导师交流，缺乏沟通；三是有些研究生过度盲目地听从，就是导师说什么做什么，没有自己的思考，从来不反驳；四是遇事只想尽快毕业而不是维权；五是学生不重视学术方面，不知道怎么和导师交流；六是有些学生不喜欢自己的老师，与导师合不来；七是师生关系不是一个平等的关系，研究生很被动，这很不公平，资源等都在老师手里；八是研究生不能静下心来搞科研，爱玩；九是有些学生希望老师做好所有安排和计划，"伸手党"；十是学生期待值比较高，会将老师美化，但当发现现实反差很大，就会觉得接受不了；十一是学生的想法跟老师的想法不同，比如说老师想要学生做项目，学生想做科研；十二是有些学生太固执，不听老师的指导；十三是有些学生有事情不敢找导师，怕被拒绝。

五　关于学生对老师期望的分析

学生心目中的好导师应该包含以下特征：第一师德最重要，导师在为人上应当光明磊落、靠谱、善良；第二导师应当学术能力强，本身要有一定的学术成就，要敬业，持续做研究；第三以学生为中心，花时间在学生身上，对学生要宽容，大家互相之间多点空间；第四指导学生时有引导性，对学生有一定的启发；第五导师能够做到亦师亦友，尊重学生，能与学生沟通，不希望是上下级和利益关系；第六不要只让学生干活，一味压榨学生的时间和精力；第七应该要全方面培养学生，学生有困难的时候能给予帮助；第八导师不仅关心学生的学术，还要会关心学生的生活还有各个方面；第九导师应该让学生变得更加开阔，让研究生压力小一些；第十因材施教，每个人都有自己的特质，根据每个人具体情况进行教导，不要强行分配项目和任务，认真辅导学生毕业；第十一给学生适当的劳务补贴。

当然，学生认为良好的师生关系需要学生和老师共同维系，合格的研究生应该要主动一点，对自己的选择负起责任来，要自觉性高一点；定位不同，要求不同，至少是能毕业；多放心思在学习上；要明确自己的兴趣；明确自己的规划；有自己的见解；德智体美都要发展，能参加很多实践活动，把理论和实践结合起来；不要盲目羡慕别的同学，对自己有信心；要认真完成老师布置的任务，不能投机取巧；在研究生阶段尽量去培养一个优势出来。

从学生角度来说，目前的师生关系存在以下问题。一是沟通太少，有些导师一学期最多和学生见一两次，更不用说导师会在学业上给他提供很多帮助；二是有些研究生老师硬性要求待在实验室，机械性地规定学生什么时间干什么；三是让学生打杂，当苦力，比如有些学生反映身边就有完全上下级的师生关系，导师无限压榨，新给的任务必须做，根本没有学习时间；四是导师没有对学生讲他们自己的一些真实情况，对学生一味欺骗；五是太过严格，就像上班打卡一样；六是有的老师招学生太多，却不能悉心指导；七是导师命令式任务，不听取学生意见；八是权利不对等，导师要是存心给学生穿小鞋，学生也没办法；九是遇到导师调离的情况，对学生影响很大；十是有些老师会让学生做很多私事。究其原因，学生认为是不同老师的个人素质差异导致，有些老师不想把心思放在学生上，有些老师自私自利。

对深圳大学现行研究生管理制度上，学生们的意见和建议包括：第一，应该规范选导师制度，选导师前，导师应该把自己意愿选怎样的学生有个提前的说明，在向新生介绍老师时，希望能有匿名的学长学姐评价老师的信息，因为从学生的角度看老师，可能更客观并且能让学生有机会和导师深入交流，让学生在开始选导师时就慎重，尽量不要出现换导师的情况，或者实行双导师制，因为如果只选一个导师，就会有风险，选到自己不喜欢的老师，学习过程就会很痛苦，或者实行导师组指导学生，可以避免单一老师指导学生出现二者分歧太大的风险，学生希望学校能够推迟确定导师的时间；第二，导师之间也因职位高低有压迫的情况（比如有些老师会把自己带不了的学生扔给别的老师带），希望学校对这种现象予以重视；第三，课程老师会有考核，但是对导师没有考核，应该让导师能受到监督，希望给学生一个反馈机制，例如匿名投诉机制，能让学校加强对导师的管理，研究生院相关负责部门应该对导师指导研究生的过程进行严格考核；第四，希望在研究生毕业这个问题上，有硬性的条件来约束老师的权力；第五，希望能够有规定不要让学生做免费的劳动力；第六，一定要取消"挂名"的这种机制，能带就带，不能带也不要挂个名，把学生推给别人，耽误了学生；第七，专门成立一个学生可以倾诉的部门，有心理学院的老师来开导，以缓解师生关系不和带来的压力；第八，如果实在不满意现在的导师，可以申请换老师。

六　研究小结

从访谈结果来看，深圳大学各学院选导师方式各有不同，主要方式是双向选择，充分尊重学生的意愿，但在具体操作过程中存在信息不充分、选择时间短的情况，由此导致个别学生选不到心仪的导师，为师生关系埋下隐患。学生选导师的依据在入学前后也有所变化，入学前更看重导师学术方面的特征，如研究方向、知名度等；入学后更看重导师品德方面的特征，如培养学生的方式、是否尊重学生等，可见学生入学前对研究生培养模式不够了解，对自身研究生阶段的学习生活没有长远的预见性的规划，导致后期自身目标与老师的培养风格产生差异。

从学生角度来看，深圳大学绝大部分导师认真负责，能够给学生充分的指导，指导的频率和内容都能让学生满意，老师的要求基本符合学生的能力，绝大部分学生在与老师产生分歧时，自己的观点能够得到老师的重视。在生活上，绝大部分学生能够接受老师提供的劳务报酬，也能接受老师对自己生活方面的关心程度。学生对老师评价总体上正面积极，认为导师对自己学术、为人处事等方面都有正向影响。

通过此次访谈得到的一个结论是，深圳大学绝大部分老师在学生心目中，各方面都比较优秀，但也存在个别导师各方面的表现均不能让学生满意的情况。一方面是学生主观因素，即对导师某一方面不满意就全盘否定；另一方面个别老师的确需要注意自己对学生的指导方式。总之，学生呼吁学校能在导师的选择方式和导师的权力监督方面有所改善。

立德树人背景下研究生学习获得感
与导师指导方式质性研究

李臣之　　纪海吉　　阮沁汐　　黄芸芸

编者按： 本研究为李臣之教授主持的广东省研究生教育创新计划项目"立德树人政策背景下研究生学习获得感与导师指导创新研究"阶段性成果。研究选取了深圳大学 9 名不同学科的全日制二、三年级研究生进行深度访谈和质性分析。研究发现：学习获得感具有多维性、过程性和复杂性的特点，影响学习获得感的四个核心编码紧密相连，相互影响，互为因果，其中导师指导方式与资源支持对其他三个维度的获得影响最为强烈。研究指出，在立德树人背景下，研究生导师要落实岗位责任，提升研究生学习获得感应从优化课程实施、增加师生交流与反馈、加强思想道德教育和科学道德教育、关心和关注学生生活等方面进行改进。

一　问题的提出

2015 年 2 月，习近平总书记在中央全面深化改革领导小组第十次会议上强调，要"把改革方案的含金量充分展示出来，让人民群众有更多获得感"。同年，中央对新时期高等教育重点建设做出新部署，重点推进世界一流大学和一流学科的建设。教育质量的改进成为这一工作的重要任务。习近平总书记多次强调在高等教育中落实立德树人根本任务的重要性，其在与北大师生座谈时提及："一个人只有明大德、守公德、严私德，其才方能用得其所。修德，既要立意高远，又要立足平实。要立志报效祖国、服务人民，这是大德，养大德者方可成大业。同时，还得从做好小事、管好小节开始起步，'见善则迁，有过则改'，踏踏实实修好公德、私德，学会劳动、学会勤俭、学会感恩、学会助人、学会谦让、学会宽容、学会自省、学会自律。"① 在我国学历教育体系中，研究生教育处于"金字塔"的最顶端。研究生群体是国家高质量青年人才培养的关键，其发展状况已成为在校知识青年群体的标杆，越来越受到教育界乃至全社会的高度重视。研究生的发展不仅需要在专业学习上落到实处，也需要从国家、社会和个人三个层面培育和践行社会主义核心价值观，将其作为自己的价值取向，而这两方面的发展都离不开研究生导师的指导与教育。

学生获得感包含学生的学习获得与思想获得，是观测学生学习质量的重要指标。以"学生获得感"在中国知网进行主题词检索，共计85篇文献（截至2019年1月13日），而以"学习获得感"为主题词在中国知网进行检索，仅有8篇文献（截至2019年1月13日），目前关于学生获得感的研究大多集中于概念辨析及生成机制的探索，且主要集中于大学思政课学习这一领域。学习获得感包括学生的专业获得和思想获得，当前研究对于研究生

---

① 习近平：《青年要自觉践行社会主义核心价值观》，2014年5月5日，http://epaper. gmw. cn/gmrb/html/2014 – 05/05/nw. D110000gmrb。

学习质量的研究主要集中于对其影响因素的量化分析及对策研究，对于研究生学习获得感的质性研究仍有待加强。本文拟就此做些质性研究。

二　研究设计

1. 研究目的

调查和了解研究生学习与学习获得感的现状，发现和诊断影响研究生学习获得感的相关因素，从而提出提升研究生学习获得感的对策与建议。

2. 研究对象

本研究采用目的性抽样的方法，从深圳大学的全日制硕士研究生中选取 9 名二年级、三年级硕士研究生进行个别访谈。其中，男生 2 名，女 7 名，男女比例 1∶3.5，专业涵盖文、理、工三个类别的科目，比例为 4∶2∶3。访谈名单来源于学校官网公布的历年校级及以上奖学金获得者名单、各类校级及以上竞赛获奖者名单等及尚未获得这些成果的其他研究生。鉴于一年级学生刚刚迈入研究生生活，尚且未取得较多实质成果，因此本次研究的对象锁定在二、三年级学生当中。

3. 研究方法和研究工具

通过文献研究和逻辑分析，梳理目前学习获得感的研究现状。根据访谈目的，确定访谈问题，拟定访谈提纲。本研究访谈提纲的总目的是了解不同专业研究生学习获得感的现状，通过导师指导与学习资源支持、行为获得、认知获得和情感获得四个维度观测学生的学习获得感。访谈过程中使用录音笔进行录音，并根据实际情况和研究需要，微调访谈问题和内容。访谈录音时长共约 300 分钟，转化后的文本约 6.6 万字。通过梳理文本、建立编码、系统归档和建构核心概念间的联系，形成初步看法。

本文的学习获得感指的是学生在学期间，因个体学习投入和学校所提供的教育资源支持得到实在的教育收获，并由此产生的一种正向心理感受。阿斯汀（A. W. Austin）在其投入—环境—产出模型（I－E－O Model）中阐明了学生产出是由学生投入和大学环境共同作用的结果。[①] Jennifer Fredrick 等学者通过对已有文献的研究进一步提出学生学习投入度是一种包含行为（behavioral）、情感（emotional）和认知（cognitive）三方面投入的元构念（meta－construct）。[②] 基于此，我们将学生的学习获得感分为导师指导与资源支持、行为获得、认知获得和情感获得四个核心编码，分别定义为：学生所能获取的导师指导、校内学习资源和学习支持；学生养成的合作与助人、学术规范与道德的相关行为；学生计划与反思策略的习得及专业知识和能力的提高；学生因学习而获得的理想与信念、身份认同感、成就感与效能感等正向情感反应或情意态度。

此外，基于访谈材料进行纵向编码，涉及研究生导师的指导风格、学生主动学习的能力和意识、学生对自我的规划和期望、学生对自己专业和课程的评价等内容。基于三类核心编码界定，将纵向编码编入三类核心编码，形成表1。

---

① A. W. Astin, "The Methodology of Research on College Impact, Part One", Sociology of Education, 1970, 43（3）, pp. 223－254.

② 汪雅霜：《大学生学习投入度的实证研究——基于2012年"国家大学生学习情况调查"数据分析》，《中国高教研究》2013年第1期，第32—36页。

表1 学习获得感的编码信息

核心编码	关联编码
导师指导与学校资源支持	导师指导方式、导师指导内容、导师榜样作用、导师课题资源、学校学习资源的数量和质量、学习资源的获取便利程度、课程设置、授课方式
行为获得	同伴互助、合作学习的方式和内容、合作学习对象、合作意识和团队意识、专业实践内容、专业实践影响、学习时间投入、行动力、自觉程度、学术规范、学术道德行为
认知获得	学习计划与规划、自我监控与反思、自我调整、专业知识、专业能力
情感获得	理想信念、专业认同感、被认同感、成就感、自我效能感

三 研究结论及其分析

通过上述研究计划的实施，课题组对访谈内容进行了分析归纳，发现：研究生学习获得感从途径上看，主要分外部获得和内部获得，外部获得的途径主要有导师指导和学校学习资源支持；内部获得途径主要有行为获得、认知获得和情感获得。具体情况如下。

（一）研究生学习获得感的获取途径

1. 导师指导

导师指导对研究生学习获得感具有关键影响，这种影响贯穿研究生培养的全过程，不仅表现在知识的传授、研究方向指引、论文的指导与监督，还广泛存在于导师与研究生的交往中，导师自身的价值观、学术素养、人格特性等都会对研究生产生深远的影响。[1] 相关研究表明，导师的自主性支持显著正向影响研究生创造力。[2] 导师指导从指导内容上可划分为：思想建设与价值观

---

① 黄明福、王国玉：《新形势下工科研究生与导师的关系研究——以北京理工大学为例》，《学位与研究生教育》2015 年第 8 期，第 31—35 页。

② 吴剑琳、王茜、古继宝：《导师自主性支持对研究生创造力影响机制研究》，《科研管理》2014 年第 35 卷第 7 期，第 154—160 页。

塑造和学术指导两方面。前者包括导师的生活指导、导师榜样作用、导师价值观等的传递。学术指导包括导师的阅读和写作指导、对学生拓展能力发展的指导、学习规划指导、学习反馈等。

导师直接影响研究生思想观念的形成。

首先，研究生从导师处获得思想观念方面的指引，这集中体现于导师对其的生活指导之中。已有研究表明，导师的指导偏向学术，对学生的生活关心不够，学生对教师的期望不仅有学术上的指导，还希望有生活上的建议指导，关心学生的心理与情感。①对研究生而言，导师亦师亦友。如果导师能够以一种民主和谐的方式与研究生交往，增强情感交流，往往能够达到更好的效果。而在访谈中，课题组发现在其生活方面所获得的导师指导是有显著不足的。导师不仅应是"学术上的导师"，更应该是学生"为人处世的导师"。在生活方面获得导师指导的学生，其师生关系也较为融洽。如，有的导师会组织学生"定期去运动"，学生对此也是"感觉挺好的"（Z－I－O－2018－11－19）；有的导师在与学生的交流中，也会传达"要想做好事，先学做好人"的理念（G－I－C－2018－12－21）；有的导师在日常的指导中将"生活方面关于做人这方面"作为除了学术指导之外的一个主要交流话题（G－I－D－2018－11－05）。但总体而言，学生在这方面的获得还是远远不够的，如有的学生便有一种"我是个孤岛，别人走不进来我也走不出去"的茫然感（Z－I－C－2018－11－12）。这种茫然感对于研究生学习和生活都是不利的，学生可能在学习上缺乏合作与互助的意识，生活上在面对困境时也难以寻求

---

① 龚丽、李志、刁黎：《硕士研究生与导师沟通的现状及对策》，《教育探索》2009 年第 6 期，第 128—129 页。

帮助。

其次，学生在与导师的交流过程中，关注到导师的个人魅力，在其榜样作用的影响下也获得了做人方面的指引。教师的道德榜样作用在中西方文化中皆有所体现。从古至今，我国都强调"为人师表"的重要性。洛克在其著作《教育漫话》中也直言："没有什么事情能像榜样这么能够温和地而又深刻地打进人们的心里，……做导师的人自己便应当具有良好的教养，随人、随时、随地都有适当的举止与礼貌。"① 访谈中，有学生对自己导师的学术精神表示认可，并认为这种榜样作用能够影响到他人。如，"我们出去调研的时候……就我老师一个人拿着平板在那看论文……他这方面对自己要求严，然后也影响到周边人"（Z－I－D－2018－12－14）。也有学生明确表示其导师"是一种榜样性的作用……学识上和人格上都是我的榜样"（W－I－L－2018－11－18）。班杜拉的社会学习理论亦重视榜样的作用，强调观察学习在行为学习中的重要作用。导师对学生的道德影响更多的是一种潜移默化的作用，学生在思想上的获得离不开导师的榜样影响。

导师对研究生学术指导直接影响研究生学术能力的形成。

首先，学生在导师的指导下进行阅读及写作方面的训练。在参与访谈的学生中，大部分学生所获得的是导师的学术指导，生活指导不普遍。学术指导的内容也多集中于文献阅读方面的指导，一般是学生从导师处获得阅读资源，如导师会"专门出一些费用给我们去买书"（Z－I－O－2018－11－19）。部分导师会与学生就阅读中的问题进行答疑解惑，"布置一些书籍或是论文资

① ［英］洛克：《教育漫话》，傅任敢译，教育科学出版社1979年版，第64—72页。

料……然后对汇总的问题进行交流"（W－I－L－2018－11－18）。文献阅读是研究生了解研究领域、把握学术前沿的重要环节，在研究生学术积累中十分重要。而在学生在写作训练方面获得的导师指导却显得普遍不足。论文写作是研究生研究环节中的重中之重，无论是德国导师指导模式还是美国模式，都强调研究生论文的写作，同时，研究生的论文写作是促进其阅读的一种方法，即以写促读。而在实际情况中，导师的指导"到现在为止还是大多数都是集中于读书和读论文上其他的……然后其他的应该就没有了"（W－I－L－2018－11－18）。学生在阅读方面所能获取的导师指导较多，而论文写作上所得到的指导却反而有所不足，这对于研究生发表其学术成果也是不利的。

访谈发现，大部分学生在其导师组织的例会上得到导师的指导。开会频率依导师个人而异，高支持型导师一般是一周到两周定期进行例会指导，中支持型导师两周到三周进行指导，低支持型导师没有定期对学生进行探讨。导师的"严格"与否，与学生的学习状态有紧密联系。导师较为严格的，学生受到外在督促，其学习状态也保持在较为紧张且充实的程度上，而导师较为宽松且与学生交流少的，学生的目标感较弱，在这一类型的导师指导下，学生个人的主动性显得尤为重要。"性格比较爱玩"的学生，基本上都是被动地等导师的指导，学生主动"找他（导师）的机会少"（M－I－T－2018－12－05）。"时间投入少"的学生，也会将注意力放到学习以外的方面，"和导师好像鲜少交流学术方面的……跟同学间交流更偏向抱怨"（Z－I－C－2018－11－12）。学习获得感也较为低下。

其次，除了在阅读和写作方面获得导师的指导，学生在学习规划方面获得的导师指导对于其学习获得感也有积极的促进作用。在刚入学时，有学生"一开始就需要定方向，跟导师交流之后，定下整个研究生阶段的研究方向以及研究课题"，在这之后就能够"一步一步的按时间轴样子去弄"，整个研究生生涯的总体规划非常明确；对于阶段目标，导师也要求"每一两周有一个实验汇总……给导师汇报工作情况及接下来半个月要做什么"。对学生学习规划予以全方位支持的导师，在每日的学习计划上也要求学生"每天九点前把今天要做什么"进行汇报（Z-I-O-2018-11-19）。明确的学习规划对于学生的时间管理非常重要。与导师进行学习规划交流的学生，其学习目标更为明确，在时间管理上也显得更为有条不紊。

再次，导师反馈的获得也对学生的学习获得感有所影响。及时且具有实质性的反馈作为教师指导的一个重要环节，往往对学生具有激励及指导的作用。同时，学生们也认为"老师的肯定是最重要的"（W-I-L-2018-11-18）。经常获取到导师反馈的学生，其学习获得感及对导师的认同感明显较高，学生J认为老师经常性的反馈可以促进师生之间的"互动"，并且因为这种反馈的积极作用，让学生"觉得还挺喜欢老师的"（J-I-D-2018-11-16），这无疑促进了师生关系。此外，学生在获取导师的反馈之后，还能够为其学术发展找到引领方向，"宏观的反馈可能会引领文章的走向"（G-I-D-2018-11-05），这也是学生获得导师写作指导的一个重要表现。

访谈过程中也有个别学生反映，其所获取的导师反馈远远不足，师生之间的相处更倾向于完成任务型，学生"做完之后，可能老师也不会有什么反馈"。即使有反馈，反馈内容也不具体，"可能就微信上说辛苦了"。这类反馈指导作用不明显，给学生带来的获得感较弱，"并不会说哪方面做得好……基本上也没有修改意见"。学生对此有失落感，这也直接影响到其对自己与导师关系的认知，认为和导师之间"不太对等，不太能平等交流"（Z－I－C－2018－11－12）。由此可见，学生能否获得导师的积极反馈及反馈内容是否具有实质性，不仅影响着师生关系的建立，也对学生的学习获得感具有影响。

帕斯卡雷拉在其学生发展综合因果模型中突出了院校结构和组织特征以及院校环境对学生学习产出的重要间接影响。[①] 考虑到影响学生学习获得感的学校资源主要是对学生的学习和研究有帮助的资源，本研究中对学校资源的关注主要集中于学习资源的提供，包括硬件设备及学习机会、电子数据库等软件资源以及学生本专业的课程资源、导师的课题资源等，如图书馆及电子资源，讲座及学术会议，课程及研究课题。

一是图书馆及电子资源。访谈中，部分专业因其学习特点，对于实验室及其设备的使用频率很高。而学生使用频率最高的为图书馆场地资源、馆藏资源及其相关电子资源。其中，场地资源主要用于自习及在馆阅读，馆藏资源主要是图书借阅，在这两个方面学生感觉"资源挺充足的"（Z－I－O－2018－11－19；J－I－D－2018－11－16）。而在电子资源方面，对于学生而言是写作必不可少的资源支持，是"每天必须用到"的（Z－I－D－2018－12－14）。然而电子数据库的充足与否，不同专业的学生对此有不同的看法。部分受访者表示本专业的数据库资源并不充足，且对于其使用缺乏方法层面的指导。有学生表示，"关于我们这个方向的……很少，而且不知道是不是核心的"（G－I－

---

① Ernest T. Pascarella. College Environmental Influences on Learning and Cognitive Development: Higher Education: Handbook of Theory and Research（Vol. 1），New York. Agathon Press，1985，p. 48.

D－2018－11－05），这说明学生不仅觉得电子资源的数量"不是很好"，对于其质量也不甚了解。这一情况并不少见，学生不知道"具体要从哪个数据库去搜比较好……不知道怎么整理……希望开一些这样的指导课"（Z－I－C－2018－11－12）。这些反映了学生在资料搜集与整理方面需要更好的指导，这体现了学生在资料搜集与整理方面希望得到指导的需求。研究资料的搜集与分析对于研究生而言重要性不言而喻，是开展研究必须具备的基本能力，而学校恰好在这方面未能很好地满足这一需求。

二是讲座及学术会议。讲座是研究生获取知识和进行知识交流的另一个重要途径。作为高校里公开的学术资源，学生参与本专业相关的讲座可以了解本专业的最新动向，及时发现新的研究热点。学生也可以根据个人兴趣听取其他专业的讲座，以此充实个人的知识量，拓展学科视野。在讲座及会议资源方面，学生对其充足性反映良好。但在参与讲座及会议的积极性方面，又体现出了个体差异。有学生只要讲座涉及本专业的，"有兴趣的话基本上都会去"（Z－I－D－2018－12－14）。也有学生认为去参加讲座主要是"（学校）要求有讲座次数，应付地去一下……不太感兴趣，不想去"（M－I－T－2018－12－05）。

学生对上述两类资源的反馈基本都是正面、积极的反馈，对学校给予的资源充足性表示了肯定。但个体在获取这些资源的主动性方面，因个人的学习态度及学习兴趣不同又存在着差异。

三是课程及研究课题。高校课程建设是对高校课程蓝图的勾勒与践行过程，是大学整体发展与形成特色的核心，全方位地反映着大学的办学思想。好的大学，就是能够提供更多、更好课程的大学。好的教授，也就是能够提供更高质量课程的教授。[①] 学生对本专业课程的满意程度直接反映学生的学习获得感。在访谈中，课题组请受访者给自己的课程进行评分，1 分为最低分，5 分为最高分。最终得出平均分为 3.1 分。值得注意的是，有受访者对本专业课程十分不满意，仅给了 1 分，原因是对老师的授课方式认可度低，课堂过程"参与性没有那么高"。同时，评价制度较为宽松，"好多课程上课的时候基本上都没有在听……感觉还是跟考试没有那么严格有关系"，而其本人主动性也不强，"问一下上一届考试哪个老师好过，就知道这个课……应该抱着什么样的态度"，综合下来，对本专业的课程设置便表示非常不满意（M - I - T - 2018 - 12 - 05）。

对课程满意度较高的学生分别给课程评分 4.5 分和 4 分。二者均对本专业具有浓厚的学习兴趣，且认同课程内容及学习氛围。他们认为"上课学到的东西跟本科是不一样的。就这方面其实大家都挺满意的"（Z - I - D - 2018 - 12 - 14），"确实是喜欢自己的专业，然后自己的专业刚好又有这样一个很好的氛围"（G - I - D - 2018 - 11 - 05）。此外，师生比及课程的供给充足性也是重要影响因素，"下一届人多，课程需大于供……课程有了限制，但我们这一届的人少一些，大家整体的都还行"（Z - I - D - 2018 - 12 - 14）。

其他学生对于课程的满意程度大多在 3 分左右，普遍反映课程存在的问题包括：课程设置粗略，与本人研究方向不契合，"我们的课并没有这么细……甚至我不得不去上一些和我专业无

---

① 周海银：《普通高校课程建设的向度——基于山东省普通高校毕业生课程满意度的调查》，《教育研究》2015 年第 36 卷第 10 期，第 37—46 页。

关的一些课"（W－I－L－2018－11－18）；课程安排顺序不合理，有些基础课程没有安排到第一学期而是安排到后面开设；课程内容宽泛，基础性有余，精专度不足，"开得比较宏观，不够贴近你的专业"（W－I－L－2018－11－18）；教师授课方式单一，缺乏启发性，学生课程参与感弱，"老师其实是泛讲……更多有点类似于灌输那种感觉，他并没有说很大地去启发你"（Z－I－C－2018－11－12）；教师课堂指导不足，学生知识体系松散，"好像每一节课，你真正收获的东西其实是没有很多的"（Z－I－C－2018－11－12）；课堂考勤管理和评价制度过于宽松，"（四十多人的课）我们也就来了二十几个人……有些老师不会理这些……"（G－I－C－2018－12－21）。

导师所提供的课题资源也直接关系学生所能获取的学习资源。在研究中学习，是研究生的基本学习方式，而在课题中开展研究，也是实践研究方法的重要途径。导师的课题一般研究问题都较为明确，研究价值也较高。在导师的指导下开展研究，对于不同专业的研究生而言均具有良好的学习效果，如做课题可以进行"经验的积累"（G－I－C－2018－12－21），通过课题研究，"对这方面的知识也会有更加深入的理解"（J－I－D－2018－11－16），也可以进行"问卷设计或者翻译"之类的研究实践（Z－I－C－2018－11－12），可以与本科生和博士后等不同层次的人进行合作学习（Z－I－O－2018－11－19）。可见，导师为研究生提供的课题资源对于提高研究生的学习获得感具有一定的促进作用。

2. 行为获得

行为获得指学生在读期间，由于专业特点、学习氛围及个人学习投入等的影响，所形成或习得的广泛投入团队合作、专业实践及主动学习等行为。丁托（Vincent Tinto）在其学生离校纵向模型中将高校环境分为学术环境和社会环境两级机构，认为学生在这两类环境中的经历相互影响。这些经历包括学生的学业表现、师生互动、课外活动及生生互动，学生或积极或消极地进行学术整合和社会整合，这也直接影响到学生是否能够圆满完成其学业。[①] 基于此，本研究将学生行为获得分为：合作与互助行为，包括同伴互助、合作学习方式和内容、合作对象、合作意识和团队意识；专业实践行为，包括专业实践内容和专业实践所带来的影响；学术规范与道德，主要包括研究生的学术行为规范和学术道德。

（1）合作与互助行为。学生之间的互动包括交流课程内容、共同完成项目或作业、互相指导等，对于学生促进学生的领导力、学业成就、问题解决能力、批判思维和文化意识等均具有强有力的积极影响。[②] 学生互动的形式受专业特点影响较大。理工科类学生偏于合作学习，而文科类学生更多的是同伴交流及互助。

合作学习。团队合作在理工科类专业中更为常见。由于经常需要共同做实验或者项目，其合作行为要显著多于文科生，"每个人学的东西都不一样"，而"做实验必须得多找几个人"，因此其合作意识也比较强（M - I - T - 2018 - 12 - 05）。此外，理工科类专业的跨院合作机会也较多，"可以使用其他学院的仪器……学院与学院之间的交流还是蛮好的"（Z - I - O - 2018 -

---

① Vincent Tinto, *Leaving College: Rethinking the Causes and Cures of Student Attrition* (2nd), Chicago: Univercity of Chicago Press, 1993: p. 114.

② A. W. Astin, "What matters in college?", *Liberal Education*, 1993, 79（4）: pp. 4 - 15.

11－19）。值得注意的是，理工科类学生的合作对象也分布于各个层次，包括博士后、博士、本科生等。如有的学生"有师兄师姐和博士后带着……对于整个科研生活有很大帮助"（Z－I－O－2018－11－19），有的学生则认为自己"学院的本科生能力不会比研究生差……可以（帮助）发现自己的不足"（Z－I－D－2018－12－14）。由此可见，理工科类学生的合作学习具有频率高、对象广、意识强的特点。

同伴互助。相比理工科类学生而言，文科类专业的学生学习互动行为多体现为同伴交流的形式，共同完成论文或者进行某一项研究的意识和意愿都较低。主要原因有：合作机会少，因为"导师不一样、方向不同……没有值得共同去写的"（G－I－D－2018－11－05）；合作意识不强，"他没有邀请我……我可能也没有那么多时间去加入"（G－I－D－2018－11－05）；竞争意识强，"可能会觉得其他同学会抢先把你的东西发出去了，就是会有这种小人之心"，"如果对方没有给你看（论文），你会觉得给他看有点亏"（Z－I－C－2018－11－12），彼此之间合作机会极少，竞争明显要多于合作，且缺乏彼此交流的主动性。而同伴互助的形式更为普遍，如以"班聚"的形式对某一主题进行探讨（Y－I－O－2018－11－08）；或者是同届同方向的同学"平时经常在一块……蛮多讨论的"（G－I－D－2018－11－05）。乐于助人作为个人良好品德的重要表现，同时也是社会主义核心价值观中个人层面"友善"的具体体现。然而，独生子女政策的推行以及日益激烈的研究生学术成果竞争，对研究生之间互助氛围的形成造成了一定的阻碍。对于研究生而言，培养乐于助人、友善互助的学习氛围十分重要。这样的互助氛围不仅能促进个人良好品德的培养，在学习上也能实现双赢互促。因此，研究生在其整个学习过程中，也应当注意乐于助人优良品质的养成。

访谈发现，不论是哪种形式的学习互动行为，学生对这一行为所带来的收获都持肯定态度。主要表现在三个方面，即提高效率、资源共享和知识互补。学生的表述有"解决问题更快了"（M－I－T－2018－12－05）、"是一种资源的一种分享"和"对自己一种知识盲区的补充"（W－I－L－2018－11－18）。对于需要团队进行实验和开展项目的理工科学生而言，提高效率和知识互补是相辅相成的。团队中的合作能够使其成员发挥自己的知识优势，分工合作，共同促进合作项目的效率。对于以同伴交流为主要学习互动形式的文科生而言，资源共享显得更为重要。由于缺乏共同的研究方向，文科类的学生在知识互补这一方面未产生更多共鸣，而是觉得存在某些壁垒，因此"不会抱着一种'我也想成为里面一员的心态'"（G－I－D－2018－11－05）。

（2）专业实践行为。专业实践是学生运用专业知识和促进理论联系实践的重要途径。通过专业实习，学生可以进一步理解该专业的社会适应范围、适应程度和适应条件，为深化专业学习、弥补专业缺陷奠定基础。[①] 在访谈中，学生参与的专业实践主要是参与导师的项目或者实验，课外专业实践主要是校外实习及在校兼职。大多数受访者均表示很少或没有参与专业实践，"大多数都是在文章上、学术上、理论上的一些交流，而不是实践上的东西"（G－I－D－2018－11－05）。这体现出，当前研究生的学习存在一定程度上理论与实际脱离的严重问题。值得注意的是，学生本人认为自己的专业实践"对研究生学业方面来说，其实可

---

① 时伟：《论大学实践教学体系》，《高等教育研究》2013 年第 34 卷第 7 期，第 61—64 页。

能不会有提升。因为一个是实践，一个是理论，其实还是两个不同的方向"（G－I－C－2018－12－21），这直观体现了部分学生对理论与实践关系看法的误区。而在参与专业实践的学生中，主要存在两种价值取向，一种是为了提升自身能力的回归实践本身价值的取向，觉得最重要的是"人际关系处理"或者"对职场的一个初步认识"（Z－I－D－2018－12－14），另一种则是追求简历"好看一点"（M－I－T－2018－12－05）或者是"赚钱"的相对功利的外在的取向（Z－I－C－2018－11－12）。根据丁托的学生离校纵向模型，学生在社会系统中的经历对其学业的圆满完成具有重要的作用。而实际情况中，研究生专业实践的不足，不仅容易导致理论与实践脱节，对于研究生未来的职业发展也是不利的，毕竟"学会做事"也是面向 21 世纪学生必须学会的四项本领之一。

（3）学术规范与道德。学术规范是保障学术研究活动正常有序进行的一系列规则、制度和行为准则的总称，包括国家有关政策法规、学术界公认的学术道德以及学科专业共同遵守的科学研究、论文写作、学术引文、学术评价等诸多方面的规范。[①] 学术道德是研究生在进行学术研究活动的整个过程及结果中，为了处理好各种关系所应遵循的行为准则和规范的总和。[②] 研究生在学术规范与道德方面的行为学习，关系着研究生在学术领域的可持续发展，更关系着研究生个人的道德问题。而近年来学术不端行为却层出不穷，最普遍的则表现为篡改研究数据、引用他人观点

[①]　王沙骋：《研究生学术道德和学术规范教育长效机制研究》，《思想教育研究》2011 年第 1 期，第 68—71 页。

[②]　马晓辉、黄富峰：《关于研究生学术道德的若干问题》，《教育评论》2011 年第 2 期，第 19—22 页。

而不加以标注、找他人代写论文等。在一项调查中，只有13%—15%的研究生表示对"学术论文规范"和"学术道德规范"完全了解，72%—75%的研究生表示大概了解。同时，约10%—12%的研究生认为他们的同学对以上概念完全了解。[①]

访谈发现，研究生在学术论文规范和学术道德规范方面的习得，主要包括从导师处习得及个人自觉关注。首先，相关实证研究表明，研究生的学术不端行为受环境因素的影响。其中，导师要求越严、学校对研究生学术行为的管理监督越严、导师越是重视学术规范、导师治学越严谨、学术规范教育越充分、对学术不端行为的惩罚越严厉、诚信氛围越好，被调查者的学术不端行为意向就越微弱。[②] 由此可见，研究生受到导师的严格要求及监督，则更能习得学术规范与道德行为。访谈中，在涉及学术论文规范及学术道德规范时，学生表示在"读书报告会、论文开题和结题答辩等会上，导师也会说一下"，主要的内容是"论文引用"方面的注意事项（G–I–W–2019–02–18）；导师在学术规范上，"看到论文中如果出现问题，他会主动提出来……导师这方面要求还挺高、挺多的"（Z1–I–W–2019–02–18）。学生在与导师的交流中，习得了相关的学术论文规范和学术道德规范。值得注意的是，也有学生反映，在这方面得到的导师指导，主要是导师"委婉地说要原创"，而在被问及一般什么情况下导师会有这方面的交流时，学生却表示"不记得了"（Z2–I–W–2019–02–18），可见其所获得的这一方面的指导并不多，且过于笼统，

---

① 刘敏、张欣艺：《硕士研究生学术道德现状及其与成就动机的关系研究》，《学位与研究生教育》2015年第11期，第29—33页。

② 戎华刚：《环境因素对研究生学术不端行为影响的调查分析》，《学位与研究生教育》2017年第11期，第3—48页。

频率不高，以至于学生对此没什么印象。其次，除了从导师处习得相关规范，通过个人的自觉关注，学生也习得了学术论文规范和学术道德规范，如，学生 Z1 表示，在这一方面，"有一些私下的我会自己关注和注意"（Z1 – I – W – 2019 – 02 – 18）。学术规范与学术道德的习得，既有来自外在的收获，也有内在自觉的结果，是一个不容忽视的原则性问题。

3. 认知获得

认知获得既涉及学生采用元认知策略进行自我规划、调控和评价，也涉及了学生通过学习在专业知识和专业能力等方面的进步。认知获得分为：计划与反思能力，包括制订学习计划与规划、及时进行自我监控与反思、根据实际情况进行自我调整；专业知识与能力，包括学生对本专业知识的掌握、学生与专业相关的能力的提升以及学生综合拓展能力的提高。

（1）计划与反思能力。元认知策略是指利用认知过程中获得的知识，通过确立学习目标与计划、监控学习过程和评估学习结果等手段来调节语言行为，对提高学习效果起着最为核心的作用。[①] 在访谈过程中，不同学生在计划与反思方面的习得与运用差异对其学习获得感具有较为明显的影响。计划规划能力较强的学生总体上目标感更为清晰，其时间管理也更加高效，目标的达成或超越情况更为优秀，最终所取得的成果相对其他少做甚至不做计划规划的学生要丰硕。自我监控与反思也存在着较大个体差异。部分学生勤于反思，但其反思的内容及后续自我调整方面不尽人意。部分学生在自我监控及反思之后能够积极进行计划的修

---

① O'Malley, J., M., Chamot, A. U., *Learning Strategies in Second Language Acquisition*, Newyork：Cambridge University Press, 1990, p. 336.

订并进行自我调整，最终达成学习目标。总体而言，计划、规划能力强的学生在自我监控及调整方面的行动力也更强。

制订学习目标与计划。受访者所制订的计划、规划主要分为两类，一类是总体规划，一类是具体计划，这两类又有精细和粗略之分。总体目标、阶段目标和具体目标都清晰的学生较少，其对个人的学习规划和职业生涯规划均有较清晰和成熟的思考，其获得感也是最高的。如学生 Z1 不仅在入学时即明确自己是来"学东西，夯实理论基础"，因此其在对自己的收获进行总结时十分欣慰地说"我学到了呀，真的学到了"，甚至有目标的超越，即"很意外地去参加了项目和竞赛"。并且在具体时间规划中，精确到"一天 24 小时……干什么事都是按小时或者半小时算的"，并对未来的规划也十分清晰，甚至已经有了近几年的职业生涯规划（Z–I–D–2018–12–14）。阶段目标和具体目标较清晰的学生在具体时间管理上也表现得较为优秀，能够更加科学地安排自己的学习任务，如学生 G 会"提前计划一下……写备忘录……写几号到几号要交什么"（G–I–C–2018–12–21）。仅有具体目标的学生在完成计划的过程中仅有一个模糊的方向，缺乏后续的推动力，如学生 M"不是特定去规划，就都是按周规划的……按一年去规划，感觉不太现实"，因此他在平衡未来的职业目标和专业学习时，感觉"还是很有冲突，基本时间都被抢了"（M–I–T–2018–12–05）。目标感和计划意识缺失的学生较为迷茫，会觉得"生活被动地给我目标"，其学习获得感也最低（Z–I–C–2018–11–12）。

自学监控学习过程。监控学习过程，及时了解自己的学习进展和计划完成情况，是达成学习目标必不可少的一个策略。学习主动性较强的学生在自我监控方面具有较强的主动性。他们的行动力较强，对自己有较严格的要求，"假如这个计划被打破了……就一定要强逼自己"（Z－I－D－2018－12－14）。或者是对自己整个学习过程进行可视化管理，"比如说，还有 20 天我要交一篇论文。我可能写 20 个数字，每过一天我画一道杠"（G－I－C－2018－12－21）。自我监控对于学习计划的完成和零学习成果的获得具有全程性的作用。对于自我监控能力比较差的学生，往往在做完计划之后"并没有坚持多久又会被别的东西吸引了"（Z－I－C－2018－11－12）。

反思学习结果。反思作为评估个人学习结果的重要手段，能为自我调整提供一个方向指引。而访谈过程中发现，并非所有学生都会对自己的学习结果和计划完成程度进行反思和调整。反思的形式主要有不成文的思考及成文的反思记录。反思的内容基本上主要包括"今天做了什么事情……大概什么样的效果"。反思形式中不成文的思考"不会写下来……晚上睡觉的时候想"（G－I－D－2018－11－05），而成文的反思记录会"整理成笔记到一些电子软件上"（W－I－L－2018－11－18）。不同学生对反思的效果持有不同态度，有些学生坚持定期反思，也有些学生对反思的作用存疑。因为觉得"累""必须舒服一下"，所以"没有反思过，做完了就算了"，因此也缺乏一个自我的调整和反馈（M－I－T－2018－12－05）。又或者直言"感觉作用不是很大"。这说明如何做好个人反思并使其发挥相应的作用是一个值得关注的问题。相关研究表明，学生对其学习的自我监控是学生学习能力的主要方面，是影响学生学业成绩的关键因素。[1] 学生在计划

---

① 桑标、王小晔：《元认知与学生学习》，《全球教育展望》2001 年第 12 期，第 16—18 页。

与反思方面的习得和运用直接关系着其在整个研究生学习生涯中的投入与获得，对于学生的学习获得感具有重要影响。

（2）专业知识与能力。专业知识与能力的提升是研究生认知获得的重要组成部分，也是检验研究生学习收获的重要因素。学生专业知识与能力的提升与否作为其专业学习的一个结果，直接关系着学校的教学质量及学生的学习质量。在访谈过程中，课题组发现学生对其专业学习的表述主要从三个方面进行，即专业知识、专业能力及其他拓展能力，如外语水平、汇报能力等。

首先，在专业知识的掌握上，研究生学习不同于本科学习，更侧重于个人研究领域的学习。而这一研究领域的选定往往深受其导师的影响，对于专业知识的掌握程度，本科与研究生阶段所学专业不一致（即跨专业）的学生的自我评价要低于本硕专业一致的学生。如学生 J 说："因为我是跨专业的，现在专业的知识，别人已经跑到前面去了，我可能还是在这儿。还是得慢慢一直走、一直走"（J – I – D – 2018 – 11 – 16）。而同为跨专业学生的学生 Z2 认为自己是"很散地学……是不成体系的"（Z – I – C – 2018 – 11 – 12）。跨专业学生对自己专业知识掌握程度的评价主要集中在知识根基不牢固，知识的学习未成体系两个方面。其次，在专业能力的应用方面，因较少参与专业实践，学生对这一方面的认识较为模糊，对其应用更多体现在专业思维"于生活中的应用"（W – I – L – 2018 – 11 – 18），理工科学生较多地是在实验与项目完成过程中对专业能力进行应用。最后，在其他拓展能力的获得上，更多地则表现为外语阅读能力的提升及汇报能力、分析能力的提升。如，分析问题"可能会从全面的、更广的一个角度去分析"（G – I – D – 2018 – 11 – 05）、"这三年收获的可能更多是研究分析这种思维能力"（Z – I – D – 2018 – 12 – 24），而这些都与导师的指导方式和指导内容密切相关。如，有的导师认为"无论（学生）以后是否走科研这条道路，英语的帮助都会很大。所以一到实验室，他会留半个小时到一个小时让我们先学英语"（Z－I－O－2018－11－19）。

值得注意的是，在访谈过程中，访谈对象对于自己专业知识与能力获得情况的表述都不甚清晰。这说明研究生对自身这一方面的认识和思考有所缺乏。课题组认为，学生有必要加强阶段性成果总结及反思，厘清自己的获得并对下一阶段的学习进行规划。

4. 情感获得

情感获得是学生学习获得感的核心要素。学生通过其他方面的获得从而得到某些正面情感，这些综合起来形成了学生的学习获得感。情感获得指学生在学习过程中所产生的一系列正向心理感受。情感获得分为：理想信念，指学生的世界观、人生观和价值观在学习、奋斗目标上的集中体现；身份认同感，包含学生对学生"身份"、所学专业的心理性认同和来自教师、同学等的认同；效能感与成就感，包括学生的自我效能感和成就感两方面，即学生完成某项学习任务的自信心、毅力、定力和其在达成目标、获得成就后产生的自豪感、欣慰感。

（1）理想信念。理想信念作为一种精神现象，是人的心灵世界的核心，是人们的世界观、人生观和价值观在奋斗目标上的集中体现。[①] 理想信念决定一个人前进的方向，因此应该处于研究

① 王易、宋友文：《新形势下大学生理想信念教育的问题与对策》，《思想理论教育导刊》2011 年第 4 期，第 7—60 页。

生教育立德树人的最高层次。① 研究生是思想活跃、自主意识强的高智力群体，更是中华民族实现伟大复兴历史进程中的宝贵人才。因此，研究生的理想信念状况更应当受到关注和重视。深圳是改革开放的高地，经过四十年的发展，不断刷新中国经济发展的新高度。但与此同时，社会意识开始多样化，人们逐渐缺少国家危机意识和对于人类可持续发展问题的思考。通过访谈发现，部分研究生身上出现了对个人利益和理想的偏执，认为学习的目的仅仅是就业、赚钱，导致自身的学习获得感低下。如，有学生表示学习的过程是痛苦的，自己"只是要个学历"（M－I－T－2018－12－05）。也有学生意志薄弱，没有坚定的理想信念，多次提到自己"比较迷茫""没有定性"，同时"对本专业的投入也不太够"（Z－I－C－2018－11－12）。

"志不立，天下无可成之事"，学生应当站在高位考虑学习。分析发现，理想信念更为坚定的学生学习获得感也更高。学生Z1进入研究生学习阶段后，发现自己所学的专业"有一种独特的社会责任感……需要为人去服务……责任感是我们专业的一个初心"（Z－I－D－2018－12－14）。学生Y认为自己从本科到研究生发生了心态上的转变，"以前是为了考级、找工作，现在是为了教育"（Y－I－O－2018－11－08）。"富强""民主""文明""和谐"为国家之大德，"自由""平等"公正""法治"为社会之公德，"爱国""敬业""诚信""友善"为个人之私德。对于社会主义的接班人和建设者而言，要树立三位一体的社会主义道德，要具备坚定的理想信念，才能提升自身的学术追求、唤

---

① 赵立莹、刘晓君：《研究生教育立德树人：目标体系、实施路径、问责改进》，《学位与研究生教育》2018年第8期，第58—63页。

醒家国情怀。"立德树人"需要坚决培育和践行社会主义核心价值观，避免"有才无德"或缺"德"的现象发生。

（2）身份认同感。富特（Nelson N. Foote）认为，身份认同是"对某一特定身份或一系列身份的占有和承诺"（appropriations of and commitment to），认同同时特别强调对立面，也就是重要他者的认可。[①] 对于研究生而言，就包含对研究生这一"身份"、所修读专业的心理性认同和来自教师、同学、其他相关社会人士的认同。在访谈中，访谈对象的专业认同感较为明显地反映出其身份认同感的高低，同时对被认同感有一定的影响。专业认同感和被认同感对于学生的学习具有较为明显的动机作用。身份认同感越高，学习投入和学习动力得到增加，学习获得感也就越高。身份认同感包括专业认同感和被认同感。

专业认同感。专业认同感是学习者对所学专业在认知了解的基础上内心产生的接受和认可程度，是反映研究生专业满意度和投入度的重要指标。[②] 相较于专业认同感较低的学生，对本专业具有高度认同感的学生更具备专业兴趣和学习热情，对于研究生身份和所学专业的认同感更强。身份认同感强烈的学生 W 表示，目前的专业"更加能够实现我曾经学习的初衷"，并因此产生"读书是对自己人格的一种尊重"的专业情怀（W－I－L－2018－11－18）。但发现大部分访谈对象专业认同感较低，导致学习获得感也衰退。如，有学生觉得自己"选理科是个错误"，"学习过程中不会快乐……学习很痛苦"（M－I－T－2018－12－05）。也有保研的学生表示，"我来读这个之前，我不知道是这个

---

① 孙频捷：《身份认同研究浅析》，《前沿》2010 年第 2 期，第 68—70 页。

② 王顶明、刘永存：《硕士研究生专业认同调查》，《中国高教研究》2007 年第 8 期，第 18—22 页。

样子……跟我期盼的东西不太一样"，如果回到保研的当初，"会非常认真地考虑一下，因为我可能有点纠结"（G－I－C－2018－12－21）。对于专业认同感低的学生，还会产生迷茫感，"会对未来职业的选择产生一些怀疑……没有什么专业情怀"（Z－I－C－2018－11－12），或者是认为自己"只是要个学历"（M－I－T－2018－12－05）。可见，研究生群体的专业认同感总体偏低，如何提高专业认同感必须给予关注和重视。

被认同感。被认同感给学生带来了正面、积极的影响，包括学习动力的提高、成就感的获得和自信心的增强等。"导师鼓励的时候……会感觉更有动力往下做"（Z－I－O－2018－11－19）、"得到别人的认可时，自己肯定是有一种成就感"（G－I－D－2018－11－05）。但也有部分学生表示，被他人认同给他们带来较为负面的影响，"可能你有压力，反而做得更不好了"（G－I－D－2018－11－05）。来自导师的认同和鼓励对学生有着更强的作用。学生"很期望老师或者同学们能看到我的闪光点……会让我更加有动力"（G－I－D－2018－11－05）。来自同学的认可带来的鼓励作用相对更弱，只是"同学情"的一种表现（W－I－L－2018－11－18）。导师的认同感主要集中在学术认可和为人认可上，这与资源获得中导师的两方面指导也存在一定联系。"实验成功"时导师的鼓励（Z－I－O－2018－11－19）、对"平常的为人"的认可（M－I－T－2018－12－05）以及在得到某一份非常"难考"的工作时他人的赞叹（Z－I－D－2018－12－14）。但也有学生对他人认同反应平淡，更加注重对自己的要求是否已经达到，可能属于"场独立型"学习者。"认可可能只是一个别人给我的，只要我自己觉得不行，我还是不行的……老师说写得还不错，但是我还是觉得有点一般"（G－I－C－2018－

12－21）。被认同感作为一种正面的心理感受，对大部分学生而言仍然是情感获得中的重要部分。导师对学生学术和为人处事上的认同更具有鼓励作用，而同伴的认同更多地促进了同伴之间的友谊关系。

（3）效能感与成就感。班杜拉曾说，"人在一定程度上是环境的产物；同时，人们也通过自我效能感选择某些特定的活动和环境，并对所处的环境加以改造"。[1] 相关研究表明，自我效能感能较好地预测学习策略的运用。[2] 而当学生的现实收获达到甚至超越了其预定的目标或期望时，其会产生较为强烈的成就感；当学生觉得付出的努力无法达成其期望时，呈现出的成就感会更低。较高的成就感能有效提高学生学习的自信心。可见，效能感与成就感对于学生的学习具有十分重要的影响。通过访谈发现，自我效能感和成就感的低下很大程度上影响了学生的学习获得感。

自我效能感指人们对自身能否利用所拥有的技能去完成某项工作行为的自信程度。[3] 对于研究生而言，则表现为其对完成自己学习规划的实现程度。课题组请学生对实现程度进行五分制评分（5 分最高，1 分最低），访谈对象的平均分约为 3.1 分。可见，研究生的自我效能感处于中等水平，总体情况不甚满意。自我评分最高（4 分）的学生 Z1 在计划、规划和自主学习方面的

① Wood Robert, Bandura Albert, "Social Cogni tive Theory of Organizational Management", *The Academy of Management Review*, 1989, （14）, p. 361.

② Berger, J. L. Karabenick, S. A. , "Motivation and Students' use of Learning Strategies: Evidence of Unidirectional Effects in Mathematics Classrooms", *Learning & Instruction*, 2011, 21（3）, pp. 0 －428.

③ 周文霞、郭桂萍：《自我效能感：概念、理论和应用》，《中国人民大学学报》2006 年第 1 期，第 91—97 页。

表现都更为优越。自我评分最低（2分）的学生 M 在这两方面的意识和能力稍弱，认为"只要能好好顺利毕业就可以"（M – I – T – 2018 – 12 – 05）。影响自我效能感的原因有很多，如，学生 Z2 认为自己"毅力不够……不太能专注一个东西……自我效能感比较低"（Z – I – C – 2018 – 11 – 12）。学生 W 则认为自己的学习动力来自导师，"不想辜负他的期望"（W – I – L – 2018 – 11 – 18）。

一定的成就感能有效激发学生的自信心和学习动力，其主要来源于完成某项任务或取得某项成果。对于研究生而言，论文发表是检验其学术成果的重要指标，也是成就感的重要来源，"当你发表了论文的时候，成就感就出来了"（Z – I – O – 2018 – 11 – 19）。学习主动性较弱的学生在"取得阶段性（成果）的时候"也会"很有成就感"（M – I – T – 2018 – 12 – 05）。值得注意的是，也有学生表现出的成就感较为低下。如有学生感觉"付出时间，你不一定能得到回报"，由此对学习产生了一定的负面情绪，感觉自己"很烦"（G – I – C – 2018 – 12 – 21）。学生在学习中获得的成就感是学习获得感的重要组成部分，但同时也是访谈过程中访谈对象表述较为隐晦的部分。因此，对于学生成就感的观测与评估需要更多地结合学生本人的性格及相关学习成果进行深入的了解。

（二）研究生学习获得感获取途径分析

通过以上研究，我们发现，研究生学习获得感总体上呈现三个特点：多维性、过程性和复杂性。并且获取途径之间具有一定的内在联系。

1. 研究生学习获得感的总体特点

（1）多维性。学习获得感不是由单一获得所产生的情感体验，而是在研究生学习期间多种获得所复合作用而成的一种复杂的心理感受。这体现在各个维度获得感的不均衡性。学生认可导师的"榜样性作用"，肯定了学校学习资源的充足性，认为学习合作与互助行为能为自己带来"资源共享"和"知识盲区的补充"。但在专业知识与能力获得这一维度评价却较低，认为自己"总体还是属于比较浅的"（W－I－L－2018－11－18）。有学生被许多同伴称赞为"大神"，老师在看到她的作品时也"很激动……认为做得比较让他惊喜"，学生自己觉得自己"有天赋"，但是在评价自己计划与反思方面的获得时，却反复提及自己有"拖延症"，觉得"对自己的计划完成度既不满意，对自己的学习状态也不满意"（Y－I－O－2018－11－08）。多个维度的获得感对学生的总体学习获得感具有综合影响的作用。各个维度的获得感不存在线性关系，而是具有多端性。因此，提升学生的总体学习获得感，需要根据实际情况从各个维度着手。具体分析各个维度的获得情况，找出不足，并对此进行积极改进与提升。

（2）过程性。学习获得感的多维性决定了其具有过程性。学习获得感伴随学生整个学习过程的各个维度，而不仅仅是作为一种最终的结果而孤立地呈现和产生。同时，作为一种正向的心理感受，学习获得感在学习过程中也对学生的学习有进一步的促进作用和激励作用。通过某一项与他人合作的竞赛，学生 Z1 认为这一成果"当时对我影响特别大，就是付出的话就有收获，就会成功一点"。事实上，这一学习成果带来的获得感不仅在"当时"对学生有激励作用，在"后来去求职找工作，研究方向就做这个"。由此可以看出，学习获得感存在于学生的整个学习过程，它既是一种结果，也是一种带来更多获得的原因。

（3）复杂性。学习获得感作为一种兼具过程性与结果性的存在，其影响因素包括外在的支持与内在的自我决定。外在支持对学习获得感产生的促进，需要经由内在的自我决定转换成有意义的支持，才有可能实现，这一转换过程极具复杂性。总体看来，对研究生学习获得感具有重要影响的外在因素为导师指导，内在因素为自主学习能力。

导师的课题资源、人脉资源、指导风格等对研究生均有重要的影响。导师支持匹配学生的发展期望时，则能最大限度地促进学生的学习，从而促进学习获得感的产生。学生 Z1 的导师很有"学术含量"，偏向于理论研究，对学生 Z1 的要求非常严格，其指导更多的是"研究上学术能力的指导"。而恰好学生 Z1 本人在入学时即怀揣着明确的目标，想要"夯实理论基础"。因此学生 Z1 虽然觉得"导师给我的学习压力特别大"，但"现在想的话，这两三年的收获特别多"（Z－I－D－2018－12－14）。而当导师支持与学生发展需求不匹配时，则容易造成学习获得感低下。学生 Z2 的导师在外文阅读方面"会经常发一些他认为比较好的外文文献，希望我们阅读"，但学生 Z2 却"没有很认真去读……觉得对我个人没有太大的（帮助）……"（Z－I－C－2018－11－12）。可见，导师与学生之间的沟通在此显得尤为重要，否则学生对导师的支持不认可，或者导师的不支持不能满足学生的需求，则不利于学习获得感的产生。

此外，自主学习能力在整个学习过程起着重要的调节作用。在学生的学习过程中，除了外在因素所给予的支持，自主学习的意识与能力也是促进学生学习收获的重要内在因素。自主学习不是一种心智能力或是学业表现技巧本身，而是一种将心智技能转变成为学业技巧而进行的自我管理/指导的过程，在这一过程学习被赋予了一种积极主动的概念而不是对教学的被动回应，学习者需要主动地对自身的思想、情感、行为及环境做出适当的调适和整合。① 在访谈过程中，课题组也发现自主学习对于学生学习结果而言是一个非常重要的调节因素。自主学习意识强的学生，其在制定规划和明确的目标时，往往具有更强的主动性，在此基础上，部分自主学习能力强的学生拥有更强的行动力，这使他们能够主动地获取有利于自己的学习资源。如，主动寻求"各种关系……联系到别的学院的同学一起完成竞赛"（Z－I－D－2018－12－14），并进行自主钻研，"自己搜索资料和消化资料"（W－I－L－2018－11－18），从而促进学习目标的达成。这一类学生也更多地将学习目标的达成与否归因于自己的"努力程度及抓紧程度"（Z－I－O－2018－11－19）。而自主学习意识和能力较弱的学生，更倾向于被动地等待外界的支援，如"被动地等导师来找我"（G－I－C－2018－12－21）。同时，即使意识到自己需要做出某些调整，其往往缺乏相应的行动力，"有事情没有能坚持……更重要的还是看自己有没有那种自律性"（G－I－D－2018－11－05）。

2. 研究生学习获得感获取途径的内在联系

基于阿斯汀的"投入－环境－产出"院校影响因素理论模型及学习投入理论结构将学习获得感分为资源获得、行为获得、认知获得及情感获得。结合质性访谈内容的半开放性及访谈提纲的结构性，进行第二层次和第三层次分类，形成研究生学习获得感的内容框架（见图1）。

---

① Zimmerman, Barry J., "Becoming a Self－regulated Learner: An Overview", *Theory Into Practice*, 2002, 41（2）, pp. 64－70.

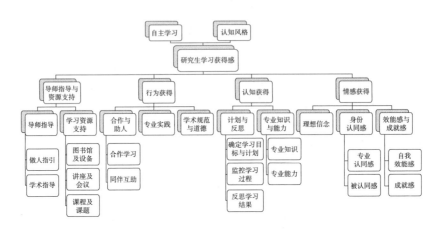

图1 研究生学习获得感的内容框架

导师指导与资源支持主要包括导师指导及学校公共学习资源。对每一项再进行归类，较完整地展示了研究生在读期间可获取的导师在做人与学术两方面的指导，以及学生可获得的校内学习资源支持。行为获得主要分为合作与助人、专业实践及学术规范与道德。认知获得分为计划与反思和专业知识能力。每一项再进行归类，展示了研究生在认知策略和认知素养方面的获得与提升。情感获得作为资源获得、行为获得和认知获得的结果，又作为动机因素推动这三者的进一步获得，包括理想信念、身份认同感、效能感与成就感。综上所述，学习获得感内容共分为4个一级指标、10个二级指标和16个三级指标。这既可以系统理解学习获得感，把握学习获得感的核心因素，又可以为进一步定量研究提供建构指标。此外，在学习产出之外，学生的个人因素也对其学习获得感具有显著影响，包括学生的自主学习能力、认知风格及学生的教育背景（如本硕专业是否一致）。这些因素作为中介因素，调节着学生的学习投入及对学习获得的情感态度，而最终对学习获得感产生重要的间接影响。

四个核心编码紧密相连，有着极为密切的联系，每一个维度的获得都会对其他三个维度的获得产生影响，其中导师指导与资源支持对其他三个维度的获得影响最为强烈。

第一，导师指导及学习资源支持是研究生学习获得感的最基本保障。这一维度切实影响着学生所能获取的有助于个体的学习信息，而导师指导获得的影响性尤为强烈。对于行为获得而言，获得更多的导师指导能促进学生与同伴的学习合作与互助；增强其专业实践；培育和提高其学术规范与道德。而资源则可以为研究生搭建起更大的平台，为研究生的学习提供机制与保障。对于认知获得而言，获得充足且合适的导师指导能有效地促进学生专业知识的学习和专业能力的提高。学生也可以在确立学习目标与计划、进行自我监控和反思等方面获得导师宝贵的意见或方向性的指导，对于学生的影响十分巨大。最后，对于情感获得而言，导师在学生理想信念的坚定和身份认同感、效能感、成就感的提升上都有极为重要的影响。如，导师自身具有强大的理想信念、学生可以因此增强研究生身份认同感、提高研究生生活的适应力、得到学术上的鼓励和激励等。因此，导师指导的获得及学习资源的多少是影响研究生学习获得感高低的重要因素。

第二，行为的获得会增进其他几方面获得的增加。行为是学习投入的载体，行为获得可以促进认知获得。此外，在行为实施的过程之中和结果产生之后，学生会形成相应的情感态度。正面的情感态度即化为情感获得。有了行为获得，更进一步提高了学生对导师指导和学习资源获取的主动性。

第三，认知获得与研究生的专业学习结果有密切关联。学生有了更好的认知，则更能把握和利用好导师指导的机会以及学校提供的资源。同时，能更为主动和有效进行专业学习和专业实践，提高合作与互助的意识和习得学术规范和道德，从而收获更多的行为获得。良好的认知获得为学生自身带来积极的情感体验，表现为有更加坚定的理想信念、身份认同感和学习动力等。

第四，情感影响人对事物的理解和评价以及行动。因此，情感获得也影响着其他几个维度的获得。情感获得越多，会促使学生付诸更多的实际行动，从而在行为获得方面有更多实质性收获。拥有较多的情感获得的学生，在理解和接受导师指导的方面有更强的主动性和积极性，更能有效地、充分地、主动地运用学校所提供的学习资源。同时，拥有较强理想信念、身份认同感、效能感和成就感的学生，也会更主动和客观地进行计划与反思，对专业方面的提升更有决心和毅力。

四个维度相互协调，在个体因素（自主学习能力和认知风格等）的作用下交叉影响，共同组成学习获得感的内容（见图2）。

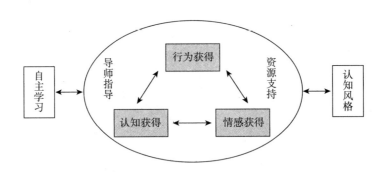

图2 研究生学习获得感的机制

学生的学习获得感内容极其丰富，单一维度的获得对于学习获得感的影响作用有限。学生在专业知识与能力方面有所获得，并得到了一等奖学金，但其不认可导师的支持、缺乏学习互动行为，个人自主学习能力也较弱。只有这一维度的获得，学生总体的学习获得感也较低。访谈中存在着不少这样的矛盾，如"我觉得自己只是因为走运……但是并不代表（我优秀），就是当你把自己跟一等奖去匹配的时候，你其实是觉得好像自己不配的那种感觉……就是很虚。你没有办法很自信地跟别人说，我是得了一等奖的"（Z－I－C－2018－11－12）。可见，具有某一方面的学习获得并未给学生带来充实的学习获得感，反之使其产生了"很虚"的感觉。这也表明学习获得感的产生不是基于某一单一获得，而是多种获得所共同作用得出的一种情感体验。提升学生的学习获得感，需要从多个方面着手，充实学生各个维度的获得。

（三）从研究生的角度看导师指导方式存在的问题①

研究生所获得的学习获得感是一种由多种获得共同作用而形成的复杂心理感受，学习获得感的高低在一定程度上能反映研究生自身的学习质量以及研究生教育的质量。通过上述讨论我们发现，影响研究生学习获得感的四个核心编码有着极为密切的联系，每一个维度的获得都会对其他三个维度的获得产生影响，其中导师指导与资源支持对其他三个维度的获得影响最为强烈。主要表现在以下几个方面。

1. 人文关怀与德育指导力度有待加强

导师在研究生立德树人工作以及研究生教育中起着十分关键和重要的作用，是国家培育高质量研究生的主要力量。但访谈研究发现，导师特别缺少对研究生思想观念、做人与处世等方面的指导，对学生缺乏人文关怀和生活关心，导致有学生认为自己是

---

① 需要说明的是，以下结论是基于对研究生的访谈，从研究生的视角做出的阶段性结论。在后续研究中，研究将对导师进行访谈，并结合问卷调查，以期获得更客观的数据和更可靠的结论。

一座"孤岛"，在研究生学习和生活中产生了茫然和无助的心情（Z-I-C-2018-11-12）。对于研究生而言，其渴望能与导师进行"平等交流"（Z-I-C-2018-11-12），不希望成为"一种廉价劳动力"（Z-I-O-2018-11-19）。渴望导师成为学生为人处世的指引者，帮助学生树立"要想做好事，先学做好人"的理念（G-I-C-2018-12-21），将"生活方面，关于做人这方面"的内容作为一个重要的交流话题（G-I-D-2018-11-05）。同时，研究发现，导师的学术指导内容也多集中于文献阅读方面，而忽视了学生学术道德、理想信念的培养。当前研究生的学术道德问题频出，理想信念状况也不容乐观，但是导师并没有给予充分的重视和应有的引导。部分低支持型导师，没有定期与学生交流或探讨，使得学生感觉自己属于"放养型"的学生（Y-I-O-2018-11-08）。相比之下，高支持型和中支持型导师的研究生目标感更强、更具有学习动力和学习目标与计划，学习获得感的总体水平较高。缺少导师学术指导、做人指导、有效反馈以及学习规划支持的研究生，学习获得感相对偏低。

2. 影响学校学习资源的获取

相关研究表明，学校教育资源投入和学生成绩之间具有显著的正向关系。[①]

研究生对学校资源的提供状况总体评价良好，但如果研究生在资料搜集与整理方面缺乏相应的指导，就难以自发形成获取学习资源的意愿和方法，这使得这种"显著的正向关系"在研究生个体身上表现得差异明显。在访谈中有学生提出"希望开一些这

---

① Hedges, L. V. et al. , "Does Money Matter? A Meta-Analysis of Studies of the Effects of Differential School Inputs on Student Outcomes", *Educational Researcher*, 1994（3）.

样的指导课"（Z‐Ⅰ‐C‐2018‐11‐12）。更加值得关注的是，研究生对授课满意度较低。对授课内容空泛、课程评价不严谨、授课及指导方式欠妥等问题吐槽较多。对此，学生只能私下里"怨声载道"，"好多课程上课的时候基本上没有在听"（M‐Ⅰ‐T‐2018‐12‐05）、上完课后仍然"不会真正操作"（Z‐Ⅰ‐C‐2018‐11‐12），消极反应强烈。甚至有因课程安排随意、混乱，导致"我们班上一大批人不懂这个东西"的情况发生（G‐Ⅰ‐C‐2018‐12‐21）。研究生的授课教师大部分具有导师资格，更有不少专业采用"导师组"的指导方式。因此，课程开设缺位，课程实施随意等状况极大限制了研究生获取外部资源的视野和主动性。

3. 影响研究生学习主动性的发挥和研究生个人能力的形成

虽然"师傅领进门，修行靠个人"，但教育理论一再强调教师的主导作用与学生主动性之间的辩证关系，那就是，没有教师的主动引导，学生的主动性无法自动形成。尽管研究生学习主动性存在明显个体差异，但研究发现，研究生的总体学习主动性及个人修养水平存在较为明显缺陷。受访研究生（特别是文科生）缺乏合作意识，基本没有合作学习行为，也没有合作意愿。"没有邀请我""我可能也没有那么多时间去加入"（G‐Ⅰ‐D‐2018‐11‐05）。由于缺乏学术交往，有的研究生表现得较为自私、不够谦逊，对同伴心存戒备，"可能会觉得其他同学会抢先把你的东西发出去了"，"如果对方没有给你看（论文），你会觉得给他看有点亏"（Z‐Ⅰ‐C‐2018‐11‐12）。如果说交往行为与导师指导关系较弱，那么更为明显的是，部分研究生缺乏自我管理的能力，没有清晰的学习目标和计划、缺少自我监控的行动力、不能进行自我反思和自我调整等。如：认为事情和任务"做完了就算了，好容易累成那样了"（M－I－T－2018－12－05），即便做计划和反思"也只会做在脑子里，不会说要怎么样做详细的"（J－I－D－2018－11－16）。"拖延"现象也在研究生学习过程中十分突出。M 学生认为自己"是那种比较懒的"学生，完成任务"会拖一段时间"（M－I－T－2018－12－05）。Z2 学生也表示自己"毅力不够……中间会有一些打鱼晒网那种"。Y 学生更是反复强调自己"一直比较拖，然后进度非常缓慢"，"拖延症太严重了"（Y－I－O－2018－11－08）。在询问出现上述问题有无导师的干预和影响时，受访的大部分研究生做出了否定回答。课题组无奈地发现，导师与研究生形成了"你不动，我也不动"的尴尬境地。

四 提升研究生学习获得感改进导师指导方式的建议

综上，研究生学习获得感的提升受多种因素影响，其中导师指导无疑是关键要素。2018 年，教育部一号文件对全面落实研究生导师立德树人职责意见作了明确规定，提出"把立德树人作为研究生导师的首要职责"。2018 年 5 月 3 日，习近平同志在同北京大学师生座谈时强调："要把立德树人的成效作为检验学校一切工作的根本标准，……要把立德树人内化到大学建设和管理各领域、各方面、各环节，做到以树人为核心，以立德为根本。"在 2018 年 9 月召开的全国教育大会上，习近平同志再次强调："要把立德树人融入思想道德教育、文化知识教育、社会实践教育各环节，贯穿基础教育、职业教育、高等教育各领域，学科体系、教学体系、教材体系、管理体系要围绕这个目标来设计，教师要围绕这个目标来教，学生要围绕这个目标来学。凡是不利于实现这个目标的做法都要坚决改过来。"可见，立德树人是我们党对教育根本问题的时代性回答，是当前教育综合改革的宏观背景。在此背景下，结合本研究，我们认为：导师良好的指导能力和高尚的师德师风对研究生的学习获得感有着极为重要的影响。对此，课题组提出如下建议。

1. 优化课程实施，加强学习指导

硕士研究生研究方法和技术的素养存在先天不足，这成为限制研究生自主获取外部资源的首要瓶颈。导师要开设有效的、实质性的研究方法课程，避免出现学生学完后仍"不会真正操作"（Z-I-C-2018-11-12）。要注意提升课程质量，为研究生打下深厚的专业基础，系统地、深入地掌握专业知识。避免"很重复、累赘，完全没有一个加深的作用"（J-I-D-2018-11-16）。在进行课程内容编排时，不追求大和全，应细化和精化课程内容，通过有效的课程实施为研究生获取外部支持打下良好基础。

2. 增加交流与反馈，选择合适的指导方式

中、低支持型的导师不占少数，他们指导频率较低，指导方式单一，缺少反馈或反馈缺乏建设性。部分学生认为缺乏交流与反馈有很多原因，譬如"他平常比较忙，他没时间管我们"（M-I-T-2018-12-05）、"因为没有导师的课，所以交流的时间会相对比较少"（Z-I-C-2018-11-12）。但导师最重要的职责是培养学生，应当密切与学生的交流、及时和具体地对学生进行反馈。同时，每个学生的秉性不可能完全相同，部分导师指导方式与学生学习方式不匹配，因而指导方式需要调整和变换，帮助学生提高学习获得感。应根据学生的认知风格和自主学习能力等重要个人内在因素，采取不同的指导方式。例如，对于在学习上缺乏主动性的学生，应当多多关注、加强指导。对于主

动意识强的学生，可以减少干预、宽严相济。无论是导师对研究生的学术指导还是做人、生活方面的引导都必须基于师生双方稳定、和谐的交流，因此，积极的交流与反馈、师生都可接受的指导方式对于研究生阶段的学习都十分重要。

3. 加强思想道德教育和科学道德教育

部分导师忽视自身的德育责任，有相关研究证实，认识到"导师是研究生立德树人的首要责任人"的研究生导师仅占69.7%。① 导师对德育较低的责任感和主动性，导致师生关系出现冷漠化、功利化的倾向，导致学生学习获得感偏低。同时，"不太对等，不太平等"的师生交流（Z－I－C－2018－11－12）也使得情感认同不够充足。导师不能充分了解学生，自然不能很好地遵循学生个人的意愿。导师应当"深入研究社会主义核心价值观的深刻内涵，积极探索其教育途径，切实把社会主义核心价值观融入立德树人的全过程"。②

此外，导师应当提升自身个人道德修养，以身作则。导师的个人修养、学术道德、理想信念等必然会给学生带来潜移默化的影响和改变。研究生导师群体的总体个人道德修养水平毋庸置疑，但不可否认的是，也有某些导师存在道德较为低下的情况。有相关研究表明，研究生对于高校师德师风的认可度较低，特别是在严谨治学、热爱学生等方面缺少学生的认可，学生也普遍认为教师的个人作风品德最为重要。③ 正如有学者言，导师唯有

---

① Hedges, L. V. et al., "Interpreting Research on School Resources and Student Achievement: A Rejoinder to Hanushek", *Review of Educational Research*, 1996 (3).

② 刘林：《研究生导师立德树人职责与实现途径探究》，《思想教育研究》2018 年第 5 期，第 115—118 页。

③ 王琰：《将社会主义核心价值观融入高校立德树人全过程的五个维度》，《思想理论教育导刊》2015 年第 1 期，第 124—127。

"以自身的育人自觉启迪学生的学习自觉，以自身的教育信念影响学生的学习信念，以自身的坚定信仰去感召学生，如此才能真正将'立德树人'落到实处"①。强调导师的榜样示范作用，并不是要求导师必须是一个"完人"。真正以身作则需要导师树立坚定的理想信念，严守学术诚信和学术道德，向每一位学生传递正能量。因此，在当前这种研究生培养机制下，导师应当提升德育自觉，提高责任意识，树立立德树人的教育理念。用高尚的道德修养和学术精神影响学生，发挥导师的"榜样性作用"（W－I－L－2018－11－18），让研究生产生更多的学习获得感。

4. 关心和关注学生生活，加强生活以及做人方面的引导

部分受访的研究生表示，自己与导师的交流基本集中在学术方面，生活上的交流有明显不足。有研究者认为，师生之间的相互支持与全面的相互交往（如师生之间的交往延伸至非学术领域）是决定研究生指导是否成功最重要的两个因素。② 导师对研究生的指导应是学术指导与生活指导的共同体。"全面的相互交往"意味着导师应当对研究生个人情况及近期动态有一定的了解，从而更好地进行有针对性、个性化的指导和指引。在帮助学生在学术道路上前进的同时，也要对学生的生活、心理状态和问题持有高度的关注。但应注意：关心和关注学生生活、构建融洽师生关系是建立在身份使命和责任担当的基础上，避免出现师生关系异化。

导师既是学术道路上的领路人，也是生活、为人处世的引导

---

① 郑爱平、张栋梁：《立德树人根本任务指引下研究生导师师德建设研究——基于12所高校1496名师生的调查分析》，《研究生教育研究》2017年第4期，第30—35页。

② 卢丽君：《立德树人视域下大学生理论学习实效提升策略探析》，《思想理论教育导刊》2013年第12期。

者，更是研究生感情上可亲近、可依赖的人。导师的指导工作是综合和全面的，为人处世的教育更包含在其中。作为导师，不应仅仅关注学生的学业，还应增进与学生的生活交流。加强做人的指导，积极向学生传递"要想做好事，先学做好人"的理念（G－I－C－2018－12－21），引领研究生健康、正面地发展。在访谈中，就有学生表示自己的导师经常了解学生的生活情况，时常询问学生是否需要帮助。该学生认为，"虽然（他）是个非常严厉的导师，但这方面还是比较好的，也很贴心"（Z－I－D－2018－12－14）。可见，全心关注学习，加强人文关怀能为和睦的师生关系打下基础，进而推动学生学习获得感的提升。

导师指导风格与研究生创新能力培养研究

——基于注意力配置的视角

曾宪聚　林丽燕　李科浪

编者按： 创新能力是研究生培养质量的重要标志，创新需要积极的态度、强烈的意识，也需要持续的投入与专业灵感。这其中，研究生在专业领域长时间持续的坚持与学习是基本保障。曾宪聚教授团队从注意力配置角度切入，对深圳大学研究生专业投入时间与创新能力现状进行了实证研究，分析了导师指导风格与研究生创新能力形成之间的关系。基于20%抽样调查和质性研究发现：深圳大学研究生科研态度积极，创新意识较强，但研究生创新能力仍有不足，主要表现在科研项目参与度不高，科研成果产出较少，科研实践投入不足，导师培养模式存在局限，研究生科研创新水平较弱等方面。最后基于注意力配置的原理提出：加强自我管理，聚焦专业领域；营造创新环境，引导双向互动；主动择取信息，保障学业专注等管理建议，并对不同类型导师提出了具体的指导建议。

一　问题的提出

当前，深圳大学已有各类研究生近8000人，2018年共录取硕士研究生 2804 人，其中学术学位研究生 1040 人。研究生的培养与其他教育相比，肩负着知识创新和培养创新人才的重任，在实施科教兴国战略、增强综合国力中具有举足轻重的作用。作为中国改革开放的领军者，深圳一直努力打造成为全国乃至全世界的创新之都，深圳大学作为深圳市唯一的一所综合性大学，担负着为深圳及全国培养具有创新能力学生的责任。因此，深圳大学研究生创新能力的提高有着重要的意义。

创新能力作为研究生培养质量的主要标志之一，指的是研究生在日常学习、生活和工作中，产生新颖而适切的学术观点或者学术成果的能力。研究生创新能力是研究生在研究领域、研究方法、论证资料及理论体系等方面产生的突破与创新（陈悦，2018）。《国家创新驱动发展战略纲要》指出，研究生创新能力的提升，对国家创新驱动发展战略的推进、高校软实力的提高、研究生人才培养目标的实现有着重要意义。另外，注重创新能力培养是研究生教育的核心目标，也是研究生教育与本科生教育的本质区别。深圳大学每年通过招生条件审核的硕博研究生指导教师 1100 多人，另有专业学位研究生校外导师 300 多人。作为研究生学术科研的领路人，导师指导在研究生培养中发挥着重要作用。

本文旨在通过调查深圳大学学术型硕士研究生的创新能力现状，探究导师培养模式与研究生创新能力的关系以及二者之间的作用机制，从而为研究生教育模式提供改革借鉴。

本研究有重要的理论意义和现实意义。一方面，通过调研可以了解深圳大学研究生的创新能力现状，为中国研究生群体的创新能力水平提供一个有效样本，并为分析研究生创新能力提升影响因素提供参考；另一方面，本课题的研究结果将为深圳大学研究教育改革指引方向，为研究生的培养模式和导师指导模式提供参考借鉴。

二　国内外研究现状

（一）创新能力

创新能力是指将信息、知识、经验、技术，运用于各种实践活动中，并不断创造出具有经济价值、社会价值、生态价值的新思想、新理论、新方法和新发明的能力。由于研究生学术水平是衡量研究生人才培养质量的重要指标，由此决定了研究生学术创新及其研究的重要意义。那么对于学术型硕士研究生而言，在获得学术创新成果的过程中究竟受到哪些因素的影响，原因是什么，这些正是本研究所关注的问题所在。

创新能力的研究强调了社会和情境因素对个人创新能力的影响。Woodman（1993）认为，创新能力在个体层次上，受到情境和性格特征的影响。Perry－Smith 和 Shalley（2013）的研究也强调了他人对个体创新能力的重要意义。Amabile（1982）提出，尽管自主性是创新活动的必需，一个能驱动个体创新能力的适当结构也是不可或缺的。而创新能力领导者作为重要角色就具备这样的结构，包括为个体的项目工作提供帮助，确保个体发展创新能力所需的专业技能，以及引导个体产生创新能力的内在动机。已有研究表明，领导者的奖励和认可反映了对个体创新能力的赞赏，这些认可影响了个体的创新成果（Tierney，2002），领导者的期望对个体创新能力会产生直接影响（Scott 和 Bruce，1994），并能通过支持行为和创新能力自我效能产生间接影响（Tierney 和 Farmer，2004）。同时，领导者可以通过自己的行为影响个体与创新能力相当的感知（Amabile，2004）和意义建构（Tierney，

2002)。创新能力是情境因素和个体因素相互作用于探索性任务，产生的新颖、原创、有用、正确的结果（蒙艺，2016）。领导是影响团队成员创新能力的重要情境性因素（尹奎，2016），因此，导师作为研究生科研的引路人，其指导行为对于研究生创新能力的影响结果值得进一步研究。

以往研究发现，研究生创新能力不足主要体现在学习动机、自我管理、创新意识三个方面（乌云娜，2017）。在如今人才战略的大环境中，接受教育的水平在一定程度上体现了一个人的能力，当前多数学生选择继续深造的原因只是为了获得更高的学历从而更好地就业。在这种动机下，研究生更关注的是那些对就业有利的社会实践而不是自身科研能力的提升。同时，由于本科期间大多数学生并没有深入接触学术研究，甚至并不了解学术研究之为何物，在进入研究生阶段，自我管理和创新意识明显不足，此时，作为研究生学术生活的第一责任人，导师的作用就极为重要。

（二）研究生导师指导风格

导师指导是影响研究生创新能力的关键因素。Johnson 等（2007）认为导师指导是指导师向学生传授知识、提供帮助，进行的学术性和非学术指导。导师指导风格是指在研究生教育过程中，导师对研究生在教育活动开展过程中学业方面和心理方面的指导行为特点，主要体现在指导理念、指导目标、指导行为、指导方式及指导效果等维度（侯志军，2016）。

国内外学者对于研究生导师指导风格及其对研究生的影响从不同角度进行了研究。Joshua 等（2004）对教师特征和教师教育背景等进行分析，探讨不同导师指导风格和教育背景下的教学成果。导师所提供的指导行为对研究生的学习、科研乃至思想道德的培养等均发挥着重要作用（张永军，2016）。解志韬等（2016）基于领导成员交换理论的视角，探索变革型导师风格对研究生创新行为的影响。王茜等（2013）采用实证研究探索导师支持型和控制型指导风格对研究生创造力的影响，并分析研究生个人主动性对上述关系的调节作用[9]。古继宝等（2013）基于内部—外部动机理论，从理论层面分析和比较高支持高控制、高支持低控制、低支持高控制、低支持低控制四种导师指导模式下研究生创造力的高低。

Oldman 和 Cummings（1996）提出支持型和控制型两种管理者行为。支持型管理者给予个体独立思考与行动的空间，注重个体的需求和感受，并提供相应的信息反馈；而控制型管理者通过下达命令对个体进行管理，强调个体遵循固定的行为。在研究生教育背景下，导师的支持型指导风格体现为导师关心学生的感受与需求，鼓励学生探索自己的科研想法，导师主要提供必要的信息反馈。控制型指导风格表现为导师对研究生的学习进行监督控制，布置学生科研任务，并定期检查（古继宝等，2013）。

现有文献也针对导师指导对研究生科研能力影响进行了相关研究。科研能力是研究生的必备能力，也是衡量研究生培养质量的重要指标（张永军，2016）。在研究生阶段，研究生的一切科研活动，都离不开导师的指导。罗广波等（2011）通过问卷调查发现，在研究生科研能力因素自我评价中，随着研究生年级的增加，导师因素的比重也呈递增趋势。季俊杰（2013）研究表明在单因素中导师指导对研究生的科研能力发展作用比较大。周晓丽（2011）则指出导师指导不力则会导致研究生科研能力的缺乏。

（三）注意力基础观

由于研究生的年龄阶段大多处于 20—30 岁，通常他们所关注的可能并不仅仅是如何提高自己的科研创新能力，他们面临的问题也不再单纯的只是把学术搞好这样简单的问题。

Simon（1947）有限理性原则认为，决策者的时间和精力是有限的，对于决策者而言，信息并不是稀缺资源，处理信息的能力才是稀缺资源，决策的成败取决于决策者把注意力聚焦于何处，从这个意义上讲，决策理论也可被称为注意力搜寻理论（March，1994）。由于决策者在复杂决策环境下不可能关注到与决策相关信息的方方面面，因此如何有效地配置其有限的注意力便成为决策的关键问题。而注意力配置又是一个过程性概念，包括对与决策相关刺激因素的关注、编码与解释（Sproll，1984）。换句话来讲，哪些相关刺激因素占据了决策者的意识，决策者就可能把自己有限的信息处理能力用来对这些因素进行编码、阐释以及行动。

Ocasio（1997）在以上学者研究的基础上进一步提出了注意力基础观（Attention‑Based View）。Ocasio把注意力配置定义为决策者将自己的时间和精力用来关注、编码、解释并聚焦于组织的议题（issues）和答案（answer）两个方面的过程。这里的议题是指组织基于对环境的认识需要议决的问题，如机会、威胁等，而答案则是指备选行动集合，如提议、惯例、项目、规划、流程等。注意力基础观建立于三个相互关联的基本原则之上：首先是注意力焦点原则，决策者做出什么决策，取决于其注意力聚焦在哪些议题和答案上；其次是注意力情境原则，决策者会注意哪些议题和答案以及做出什么决策，取决于其所处的特定环境和背景及其相关的注意力配置；最后是注意力结构性分布或配置原则，决策者如何理解自己所处的特定环境和背景，取决于组织的规则、资源及社会关系如何控制议题、答案以及决策者注意力在特定的活动和程序渠道中的分布或配置（吴建祖，2009）。

　　研究生的注意力配置受到所处情境的影响，尤其在深圳这样一个充满机会同时也充满诱惑的环境下，其行为更是体现了他们自身注意力配置的结果。研究生对学术创新的关注程度受到导师的指导方式和风格的影响（赵彩霞，2017），导师作为直接教导、引领研究生的角色，其工作开展的好坏、影响力发挥的范围及程度对于研究生在学术创新上的注意力配置会起到重要的作用，从而会对研究生的成长成才起着决定性作用（赵蒙成，2018）。因此，如何影响并引导研究生的注意力配置，使其将更多的注意力配置在学术创新、提高自己的创新能力上，就成为本研究的重要关注点。本文以此为基础，从注意力配置原则的视角，分析不同导师指导方式对研究生创新科研能力的影响。

三　深圳大学学术型硕士研究生创新能力现状

　　研究主要采用问卷法和访谈法。基于当前深大研究生人数，对学术型硕士研究生以 20% 整体抽样方式进行问卷调查，最终回收有效问卷 555 份。问卷设计涵盖调查对象的个人及其导师基本信息、个人注意力配置情况、个人创新能力发展和研究生群体创新能力现状及影响因素四个部分。访谈学术型研究生 13 人，其中硕士研究生 10 人，博士研究生 3 人。通过研究，得出以下结论。

（一）深圳大学研究生创新能力的优势

　　通过对深圳大学学术型硕士研究生调查研究发现，当前研究生创新能力现状取得了一定进展，他们在创新学术研究上的表现以及最终成果呈现都意味着研究生创新能力发展进程的良好态势。

1. 研究生科研态度积极

研究生的科研态度总体上呈现出积极上进的倾向，如图1，对于研究生参与科研活动的态度调查，尽管参与学术研究的动机不一，但555名调查对象中表现出积极的科研态度的研究生占比高达98.01%，而仅有2%的研究对象对于科研工作态度消极甚至持否定态度。由此可见，当下研究生的创新意识较为强烈，具备一定的创新精神和探索精神，乐于在研究生阶段参与科研工作以提升自我。

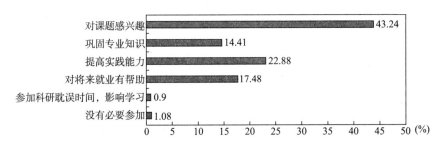

图1 研究生参与科研工作的态度调查

访谈研究也验证了上述结论。访谈的13名研究生在针对"对科研活动的态度"这一问题时均表现出积极态度，表示"想要发表一些学术论文""希望更多地参与导师的课题"，有的还积极申报了自主创新课题和挑战杯，有两名博士研究生还承担了企业的课题。

2. 导师指导高水平研究项目逐年增加

近年来，深圳大学高水平的科研项目逐年增加，研究生积极参与导师指导下的重大科研项目，有助于其创新能力的培养。2017年，深圳大学获得7项国家社会科学基金项目，立项数创历史新高，与中山大学、暨南大学并列省内高校第一，全国高校第五位；同年，深圳大学共获得批准 25 项研究生教育创新计划项目，是广东省自 2009 年开展此类项目评选以来获批项目最多的一年；2018 年度的国家自然科学基金的立项数相比 2017 年同期增长了近 20 项，达到历史新高的 294 项……高水平创新科研项目为研究生参与学术研究创造了机会，对他们创新精神的培养和创新能力的增强意义重大。

3. 研究生的高质量创新成果不断涌现

在深圳大学鼓励创新的学术之风下，一批又一批优秀的创新型硕士研究生代表不断涌现，他们在创新科研上表现突出，凭借乐于探索和刻苦钻研的精神，收获了不少高质量的创新成果。2017 年，相关学科和专业的研究生积极参加"中国研究生创新实践系列大赛"，收获 7 项奖励，成绩优秀，取得历史性突破，"中国研究生创新实践系列大赛"是目前国内层次最高、影响力最大的研究生创新实践活动，已经成为各单位研究生培养质量的重要标志；2017 年，研究生在各项学科竞赛中取得 7 个国家一等奖，13 个国家二等奖，18 个国家三等奖，3 个全国优秀奖；3 个省级一等奖，10 个省级二等奖，8 个省级三等奖。近年来，先后有 13 名研究生在在读期间出版学术著作，多位研究生学术论文发表在 JCR 一区期刊，被《新华文摘》全文转载；研究生创客空前活跃，成功创业案例不断增加，研究生创办市值千万元以上企业已有 3 家。正是研究生创新能力的不断发展，使得深圳大学高质量的学术创新成果不断出现。

（二）研究生创新能力发展的不足

尽管如此，研究发现，深圳大学学术型硕士研究生的创新发展现状仍存在一系列问题，虽然多数研究生对学术创新研究抱有一定的激情和认可态度，但就整体而言，研究生的创新能力现状并不十分乐观，对于创新型研究生的培养仍有很大的探索空间。

1. 研究生科研项目参与度有待提高

相较于本科阶段，研究生科研活动应当是其学习的主要形式，尤其是学术型研究生除了日常上课外必然会花更多时间和精力投身于科研活动中，学术研究作为研究生的重要任务，不仅是对自身专业知识和创新能力的提升，同时也为本研究领域创造学术成果、发挥学术价值作贡献。

调查发现，研究生对于导师科研项目的参与度并不高，尚未参与过导师科研项目的研究对象占总体的29.55%。进一步分析发现，研三硕士生中，约有20%到目前为止未参与过任何科研项目，多数研究生只参与过一个或两个科研项目，占比约55%。因此，研究生在学术科研上的参与度还有待提高。

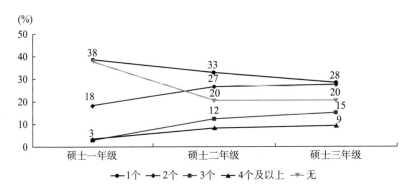

图2　研究生年级与其参与科研项目数量分布

在访谈中，问及"有无参与导师课题"这一问题时，8名同学表示参与了导师课题，5名同学表示没有。没有参与导师课题的均为文科专业。进一步问及"未参与导师课题原因"时，3人表示导师没有这个意思，2人表示自己没有这个意识，只想着顺利毕业就行。在参与导师课题的同学中，当问及"参与程度"时，3 人表示"打酱油"，主要表现是对导师的课题来源、研究经费、研究目的、研究过程、结题日期、结题标准等信息缺乏了解，只是被动做老师分配的工作。有 5 名同学表示几乎一开始就参与了项目，对自己在项目中的角色非常清楚。

2. 研究生创新科研成果产出较少

研究生科研成果在一定程度上反映了研究生创新能力培养的效果。这一考量不仅可参考其在进行科研工作时的过程性评价，同时最终的科研成果产出也可作为一个重要的评价指标。

调查发现，以"发表论文数量"这一指标为例，555 名研究对象中约 86.31% 的研究生以第一或第二作者发表的 CSSCI 或以上的高水平论文数量为 0（如图 3），而未以第一或第二作者发表过一般期刊论文的研究生占比也高达 78.2%（如图 4）；以"申请专利数量"为例，约 86.67% 的研究生未申请过研究专利（如图 5）；以"创新类竞赛获奖数量"为例，未参加过创新类竞赛或未获过奖的研究生占比达 84.14%（如图 6）。

综上可见，研究生的创新科研成果产出并不理想，尽管囿于调研样本、文理科偏差、年级偏差等因素，该调研结论仍有校正空间，但对研究生群体创新能力的培养任重道远。

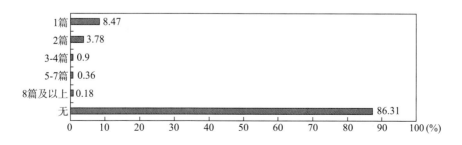

图 3　研究生以第一或第二作者发表的 CSSCI 或以上的高水平论文数量分布

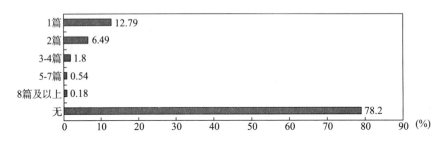

图4 研究生以第一或第二作者发表的一般期刊论文数量分布

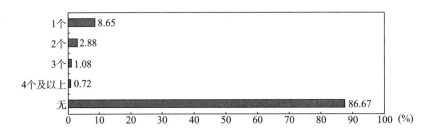

图5 研究生申请专利数量分布

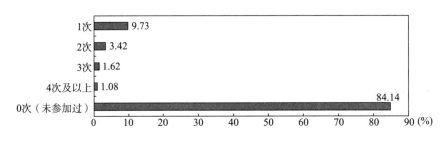

图6 研究生参加创新类竞赛获奖数量分布

访谈研究问及"有无发表学术论文或其他学术成果"，13名受访者有8人尚未发表学术论文或产出其他学术成果，有2人已撰写了学术论文准备投稿或正在投稿但尚未采用，有3人预备在毕业前至少发表一篇学术论文，有3人完全没有产生学术成果的计划。在产出学术成果的意愿上，访谈发现，理科生一般比文科生意愿强烈，博士生比硕士生意愿强烈。至于"发表学术论文或其他学术成果的原因"，大部分是"学院或者导师的要求"，"自己想写，为将来考博或找工作打好基础"则比较少。受访者表示，"如果不发表文章导师就不签字，就毕不了业"，"导师逼得紧，自己不敢偷懒"才是产生学术成果最多的驱动力。

3. 研究生科研投入时间有限

调查发现，研究生在参与科研项目期间，每天投入在学术研究上的时间有限。如图7所示，在进行科研项目期间，每天投身于科研工作的时长为"2—4小时""4—6小时""6—8小时"的研究生人数占比较为均衡，占21%—22%。通过分析发现，总体而言，56.57%的研究生每天进行科研工作的时长不超过6小时，而每天科研时长超过6小时的43.42%研究生中，科研时间达10小时以上的研究生占比有7.03%。

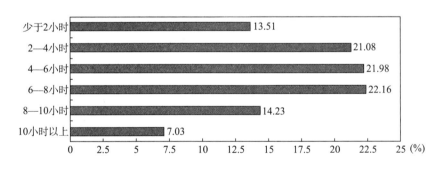

图7 科研项目期间，研究生每天进行科研工作的时长分布

学术研究应当是研究生每天学习生活的主要内容，尽管不主张研究生为科研产出牺牲健康与睡眠，但仍有13.51%的研究生每天投入科研的时间少于2小时，21.08%的研究生每天投入时间为2—4小时。也就是说，有大约1/3的研究生每天投入科研的时间在 4 小时以内。这显然是不够的，说明部分研究生并没有把注意力聚焦在创新学术研究上，因此，研究生如何将注意力更多地配置在科研上以及导师如何正确引导学生专注科研就成为培养研究生创新能力的关键。

访谈研究对"投入科研时间有限"这一结论做了丰富和补充。在问及"每天花多少时间投入在学习上"时，13 人中有 10 人表示超过 6 小时，但当问及"花多少时间投入科研上时"，有 6 人表示超过 6 小时。这其中表现出强烈的年级差异、专业差异、硕博差异、导师差异。例如 3 名博士生的科研投入时间每天都有 8 小时左右，有的甚至"有时间就在实验室"；文科生花时间泡图书馆，理工科在实验室，但文科生未必是在忙自己科研的事情；研三研究生在科研上投入时间比研二多，研二比研一多；导师抓得紧就投入多，导师"放养"就投入时间少。研究生面临多种社会压力，很多研究生学习是生活的一部分，科研是学习的一部分。不少研究生花时间赚钱（与专业无关）、创业，甚至挂科、延期毕业甚至退学。在科研投入上，导师无疑是一个关键因素，研二 X 姓受访者说由于家庭困难研一一直在打工，导师知道后调整了对他的指导，委派了更多的科研任务，同时增加了科研津贴。让她有尊严地接受帮助，又不耽误学业。

4. 导师培养模式存在的局限性

研究生创新能力的发展除了受制于学生的自我发展，在一定程度上也依赖其导师的创新能力培养模式。如图 8，在"导师对提高研究生创新能力影响最大的因素"调查中，31.17% 的研究生认为导师的培养模式是影响最大的因素，占比最高。在研究生阶段，学生的自我约束力还有待加强，仍会受到外部环境中不良因素的干扰和诱惑，因而导师的培养和引导对他们的创新能力发展起着至关重要的作用。

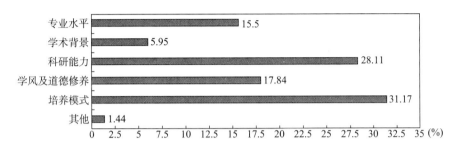

图8 导师对提高研究生创新能力影响最大的因素

图9中，"导师与研究生每月的见面频率"调查中，半数以上研究生每月与导师的会面次数不超过5次，占比为56.39%。这在一定程度上说明，虽然多数导师与学生之间存在着良性互动，导师在对于研究生的培养上有一定的时间和精力投入，但这样的专业指导还不够频繁，且仍然有小部分导师对自己的学生存在"放养行为"（25.94%的研究生每月与导师见面次数在2次以下）。另外，对于"当前研究生创新能力培养不足最主要表现形式"这一问题（图10），25.23%的研究生认为研究生教学教育培养模式中存在的局限性是最主要的原因，占比最高。因此，进一步加强培养模式改革，很有必要。研究生导师也要加强学习，积极优化导学方式，促进研究生创新科研能力的提升。

导师的指导风格无疑是影响研究生科研投入与创新能力形成的关键要素。这一点在访谈研究中得到了验证。当问及"与导师的见面频率与形式"这个问题时，受访者大都回答是见面频率和见面时间是导师安排的，较少是学生主动邀约导师。有3位同学每月与导师见面在两次以下。当问及"为什么与导师见面少"时，受访者大都回答导师比较忙，L姓受访者说："跟不上导师的节奏，怕导师问各种问题回答不上来。"对"在指导方式上导师主导好还是自主学习好"的问题上，大部分受访者表示希望导师多一些指导，但同时又担心导师要求高，给的压力太大。有2位受访者希望导师少一些干预，有3位受访者表示导师过于严厉，"不敢有自己的想法"或"没有自己的想法"。

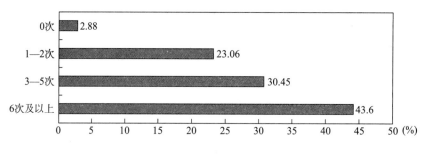

图9　研究生与导师每月的见面频率

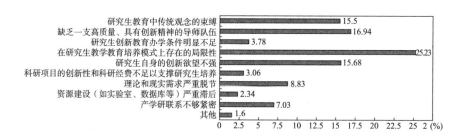

图10　当前研究生创新能力培养不足最主要表现形式

5. 研究生创新科研水平不足

本研究发现，目前研究生的创新科研水平不足，这主要体现在他们进行学术研究时的时间付出与成果收获比较，由图7数据可知，约7.03%的研究生每天投入在科研工作中的时长达到10小时以上。图11中，选取"每天投入在科研中的时长"为自变量，"研究生以第一或第二作者发表的一般期刊论文数量"为因变量，以此为例，发现每天进行科研 10 小时以上的研究生中，以第一或第二作者发表的一般期刊论文数量为 0 的研究生占比达 67%，也就是说，67% 的研究生每天在学术研究中投入 10 小时以上的时间，却未以第一或第二作者发表过一般期刊论文。从中可见，部分研究生进行科研工作的时间较长，但成果收益并不显著。这在一定程度上反映了研究生的学术研究水平有所欠缺，创新能力不足。

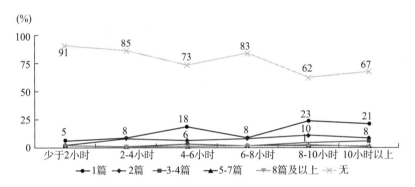

图 11　研究生每天进行科研工作的时长和发表一般期刊论文数量比较

研究生的学习更多的是一种创造性、研究性学习，学习投入时间只是一个参照指标，没有时间的投入，创新就没有保证。但创新成果的产出与创新意识、创新思维、创新能力关系更为密切。在访谈中，关于成果的产出问题，有 H 姓研究生表示自己最焦虑的是整天泡在实验室里却不知道什么时候是个头，什么时候能出来结果，出来的结果是不是当初想要的结果。还有的文科类受访者表示整天泡在图书馆，但在访问者要求下查看了他的借书记录、读书记录后发现偏离专业，读书庞杂，缺乏计划性。这样读书，努力不小但成果自然是大打折扣。

四　研究总结与基本结论

导师在研究生培养中的关键作用是不言而喻的，但是在实际中导师对研究生的影响到底如何，什么样的指导方式对研究生来说更有效却是一个学界长期在探索的问题。本研究锚定了研究生创新能力为研究生培养质量的关键指标，设想注意力配置优良的研究生创新成果比如突出，从考察研究生注意力配置的实际情况入手，探究研究生注意力分配背后的原因，初步形成如下结论。

（一）研究生注意力配置是一种受多种因素影响的决策行为

注意力配置是研究生的个人决策行为，但由于研究生处于一定的教育制度环境和学校及导师组织中，与研究生注意力配置相关的机会和行动散落在社会网络和组织环境当中，需要研究生权衡选择。因此研究生注意力配置实际上是受多种因素影响的一种决策选择，研究生对于学术创新上的注意力配置代表了其对学术的关注程度，从而影响了他们在学术创新上的投入程度。同时，研究生的课程分布、研究方向多样而时间精力有限，因此在科研上不可能对所有的知识信息进行吸收和掌握，只会选择性地注意其认为较为重要且能够激发其兴趣和动力的刺激因素，而研究生囿于年龄、经验、专业水平等因素，无法自动自主获得注意力配置的最优化，这就需要在导师指导、带动下进行注意力的配置和管理。

（二）导师指导风格对研究生注意力配置具有关键性调节作用

如图12，在"影响研究生创新能力整体水平的最重要因素"这一调查中，34.59%的研究生认为导师因素是影响其创新能力发展的最重要因素，占比最高。访谈研究发现，研究生对导师指导"满怀期待，又充满焦虑"，一方面希望在导师指导下获得专业进步，另一方面畏惧导师的严格要求，尤其是不合理的或超出自己能力范围的要求。

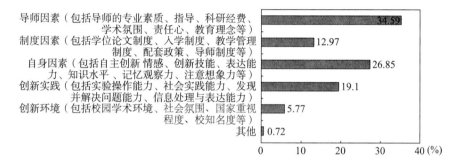

图12　影响研究生创新能力整体水平的最重要因素

一般情况下，导师指导风格主要分为两大类——控制型和支持型。控制型导师对于研究生的关注程度较高，他们会要求研究生参加各种科研创新活动，这极大地提高了研究生的科研创新能力，但若研究生的自主创新能力较强，可能会对导师的监督控制行为产生反感，从而不利于创新能力的提高（蒙艺、罗长坤，2015）。支持型导师给予研究生充分的自主，让研究生自主地选择科研。他们认为，只要研究生有兴趣，就会对其进行深入的研究，但是，由于导师的工作不仅仅是辅导研究生的学术，他们可能有别的项目或者其他的教学任务，因此，对于研究生的学术研究，导师关注程度并没有太高，甚至可能出现导师与研究生各忙各的的现象，出现对于研究生的科研水平和创新能力鲜少指导的"放养行为"（王启梁，2016）。研究生导师是研究生培养的第一责任人，负有对研究生进行学科前沿引导、科研方法指导和学术规范教导的责任。无论是控制型还是支持型，导师的指导风格都有改造空间。交往理论认为：导师与研究生之间的导学关系不仅包括学术上的指导与合作关系，还包括日常交往的情感关系和人格关系。积极正向的情感关系和人格关系是调节研究生"期待又焦虑"心理的必备良药。

当前，我国研究生培养主要采用导师负责制，国家也发文明确要求"落实导师是研究生培养第一责任人的要求"，导师的指导过程贯穿研究生就读生涯的始终，其指导水平和指导风格是决定研究生培养质量的关键，导师如何有针对性地进行研究生创新能力的培养是当前研究生教育面临的重大挑战。

（三）研究生创新能力培养是导师恰当指导与注意力良好配置的结果

本研究基于研究生注意力配置视角，探究不同导师指导风格下研究生的创新能力培养问题。如图13，在支持型和控制型导师指导风格的调节作用下，研究生注意力配置通过两个阶段影响其创新能力的培养。

研究生创新能力的培养，首要的过渡阶段就是自我管理、自我提升的阶段，即进行自主性创新能力的培养。该阶段研究生注意力更多配置于自身创新意识和创新思维的增强和开发，不断关注组织外部环境的变化，并对外部要素进行选择、编码和解释，以适应个人内部能力提升的需要。这是一个主动学习的过程，例如选择并参与感兴趣的讲座、研讨会；自己选定研究课题；尝试用不一样的方式解决问题，将注意力聚焦在有益于提高自身创新能力的机会上，调整和补充不足以达成目的。

随后就是行动阶段，这时研究生的注意力转向创新科研上，参与导师的科研项目或独立进行学术研究。研究生的创新机会注

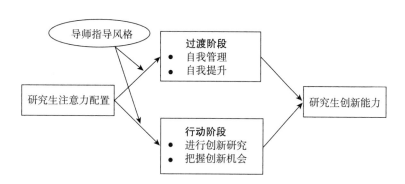

图13　注意力配置对研究生创新能力影响的作用机制

意力是指研究生对科研创新机会的选择性注意。其中注意力配置和注意力焦点是创新机会注意力的两个构成部分。当研究生个体或群体针对科研知识和方向进行搜寻时，便会对一些特定的领域倾注相对较多的注意力，这是获取创新信息的关键，从而构成培养研究生创新能力的基础与起点。

导师指导风格会极大影响研究生的注意力配置和创新机会注意力的程度，在支持型导师指导风格影响下，研究生有更大的自主选择权，开放的组织环境使得他们更多地将注意力配置在自己更感兴趣、更乐于接触的创新机会上，个人主动性较高时，对其创新思维和创新行为的影响较大（吴杨，2018）。支持型风格对专业基础较好、自我管理能力较强的研究生比较适用。而控制型导师指导风格的影响下，研究生往往听从导师经验，按照导师制定的培养计划完成学习任务，注意力集中在既定的任务上。个人主动性较低时，这一指导方式更有利于其创新科研能力的培养。

五　对导师指导风格及研究生创新能力培养的启示

注意力配置对研究研究生创新能力的培养提供了一种新的视角，将注意力聚焦、注意力情境化和注意力结构性分布三个彼此相关的原则运用到导师对研究生创新能力的培养模式上，奠定了基于注意力配置的研究生科研创新教育机制的基础。另外，它强调了在组织网络结构中特定环境下的注意力聚焦和注意力配置对研究生创新能力提升的不同阶段都发挥的重要作用，同时，不同导师的指导风格作为调节因素也影响着研究生在学术研究上的注意力配置问题，从而影响其创新能力的发展。基于注意力配置视角的研究生创新能力培养机制为研究生的创新发展教育改革提供了理论借鉴。同时，该理论在探索研究生创新能力培养的措施方面具有实践意义。

（1）聚焦专业领域，加强自我管理。研究生在进行学术研究中，如何通过有选择地关注有用信息，有效地配置有限的注意力，提高自身专业技能，从而增强创新能力，这是研究生在注意力配置问题上所要达到的目的。

根据注意力焦点原则，注意力具有持续性、可转移性和选择性的特点（吴建祖，2009）。研究生在创新科研活动上的注意力焦点原则指的是他们在选择创新机会或进行创新研究时有所侧重，注意力聚焦在有助于自身能力发展的有用信息上，以促进创新能力的培养。这充分体现了注意力的选择性特点，研究生面对众多的刺激因素时，应当有选择性地进行注意力的有效配置，提高获得有利于判断和行动的信息的能力，从而提高注意力的持续性。而注意力的可转移性意味着研究生无法长时间将注意力聚焦在同一目标上，外界环境的干扰影响注意力的持续性，因而提高研究生的自制力十分必要。强大的自我约束才能使研究生将注意力集中在正确的事情上。这就要求导师在学术上主动询问、关心研究生，了解他们的思想动向、学术基础、学业规划，以便因材施教，与研究生一起制订合理的培养计划，并且贯彻落实好培养计划。同时，导师要对研究生的生活给予一定的关心和关注，防止研究生分心，保护好研究生的焦点注意力。

（2）营造创新环境，引导双向互动。根据注意力情境原则，研究生注意力的聚焦与配置受特定情境和背景的影响。在当前"双创"背景下，身处深圳这样一个创新之城，深圳大学研究生应当利用学校制度保障优势发挥创新机会注意力，把握合适的创新机会，勇于探索和尝试，发展创新能力。另外，从导师的组织层面而言，导师的许多科研项目和学术指导是研究生阶段进行创新研究的一大资源优势，参与导师的科研项目对自身创新意识的增强和创新能力的培养都有着很大的帮助。个体注意力的配置受他们所处环境的制约，个体会根据环境的变化改变自己的注意力配置方式，因此研究生注意力的配置会在不同情境下有所改变，以适应自身更好地发展。同时，注意力配置与特定环境之间的关系并不是单向的，研究生注意力配置在影响组织环境适应能力的同时，也会改变对情境因素的认知。组织可以通过改变认知，并向自己所选定的问题持续施加注意力来提高组织绩效（Gavetti，2000）。

这一原则要求导师要注意培育创新团队，营造良好的团队氛围，积极邀请研究生参与自己的科研项目。对研究生培养部门来说，要营造良好的创新氛围，资助和支持研究生创新活动，鼓励研究生的学术组织和学术活动。

（3）主动择取信息，保障学业专注。根据注意力结构原则，信息的丰富性导致注意力的稀缺性（Simon，1996）。在信息丰富的情境中，研究生面对大量的信息，但他们能够配置在信息上的注意力却是有限的，因此，他们只能有选择地关注信息并合理进行注意力结构化配置。特定的知识结构会影响注意力的配置（White 和 Carlston，1983），因此，研究生在进行学术研究过程中会主动选择、关注和感知信息，并对信息进行组织、编码、存储和激活，最终自主进行意义构建，也就是说，研究生参与科研工作时对注意力进行合理配置，能保证进入大脑的信息都是经过严格筛选和过滤的，是对自身专业技能和创新发展有帮助的。

《教育部关于全面落实研究生导师立德树人职责的意见》指出要"遵循研究生教育规律，创新研究生指导方式，潜心研究生培养，全过程育人、全方位育人，做研究生成长成才的指导者和引路人"。从研究生注意力结构的角度看，国家的这一要求与研究生创新能力的形成不谋而合，符合教育的规律。在创新信息的感知和选择上，导师具有天然的优势，导师的指导风格和培养模式影响研究生对专业信息的组织、编码、存储和激活，研究生的信息选择和注意力聚焦难以自动形成，受导师指导方式驱动。

注意力配置研究对导师的指导风格的优化也具有启发意义。

（1）支持型导师指导风格的优化。支持型导师指导风格表现为在指导过程中，导师重视对研究生的知识引导与技能培养，在确定学生的研究选题上注重与研究生兴趣和能力特征的契合，能够倾听研究生学术、生活、心理及成长等多方面诉求，较为强调研究生指导过程中的成长导向与支持导向，较多以支持和讨论的方式指导研究生科研工作，多采用构建和完善研究生团队的研究生指导方式。支持型导师指导风格下，研究生的注意力配置较为自由，通常更多地将注意力集中在自己感兴趣的课题方向上，探索自己偏好的研究领域。但该种风格的导师如果沦为"无为而治"或"放养式"管理，研究生也容易出现"碌碌无为""劳而无获""创而不新"等问题。因此，支持型指导风格要注意培养积极高效的研究团队和研究氛围，营造研究气氛，对于研究生要注意引导其积极反馈研究进度，监督其注意力的去向，并适当地予以积极干预。这样才能发挥以研究探索为特征学生的主观能动性，能够有效提高他们的创新能力，对个体的创造性产生积极的引导作用。

（2）控制型导师指导风格的优化。控制型导师指导风格表现为在指导过程中，导师重视对研究项目及计划的总体控制，为研究生制定严格的科研计划、进度和期限以保证学术任务按时完成，较为强调研究生指导过程中的学术导向和目标导向，较多以计划、指令、监督的方式指导研究生科研工作。在控制型导师指导风格下，研究生的注意力配置受制于导师的引导方向和布置的科研任务，导师科研项目所涉及的研究领域和研究方向在很大程度上决定了研究生的学术研究导向。有学者指出，在教育背景下导师对学生的适度监督控制有益于学生创新，而一味地让学生独立开展科研，可能会出现学生任务角色定义不清和知识积累不足的缺陷（古继宝等，2013）。有的导师肩负较多的科研创新任务，采用控制型指导方式能够帮助自己完成科研任务，对研究生也有教益。对于有些自控力差的研究生，控制型指导方式有利于约束其行为，达成培养目标。从创新能力培养的角度，创新必然伴随着在专业上自我的成长与选择，如果对研究生控制太多，必然影响其积极主动性，有的研究生甚至表面看起来似乎成果卓著，但在专业上没有自我成长，在专业上没有自己的想法，缺乏创新意识和创新激情。对于控制型指导方式，一是要注意因材施教，对于那些专业基础较好，积极主动，目标明确的研究生要适当放权，改控制为合作，激发其创新活力。二是要注意通盘考虑，统筹兼顾。把研究生纳入自己科研项目的团队中，把完成科研任务和培养研究生统一起来。让研究生一开始就明白自己在导师科研项目中的作用、地位，以目标为导向进行方法指导和科研顾问。三是与研究生建立交往关系。在师生关系之外，建立球友、棋友、驴友等非正式关系，爱护学生的身心健康，关心学生的生活与发展，张弛有度，缓解研究生对学业与未来的焦虑。

研究生创新能力的培养本身就不拘一格，具有创新性，也不是一朝一夕就能实现的。导师要将指导、监督、鼓励、保障等手段结合起来，有计划地使研究生参与项目的整个研究过程，承担一定的科研任务，鼓励研究生利用专业知识自主创新，寻找最优解决方案，引导研究生发现问题、独立思考，发掘自我，进行注意力合理配置，促使研究生培养较强的创新意识。要给研究生相应的任务导向并适当地监督检查，锻炼其独立承担项目的能力，将研究生注意力从干扰因素上拉回来，在课题选择、研究进行、项目总结时，给予一定的方向引导和针对性建议，同时也要考虑到给研究生留有发挥想象力和创造力的空间。导师只有通过正确引导研究生在创新科研活动上的注意力聚焦和注意力配置，鼓励研究生在现有的情境优势下，通过学术研究激发求知欲望和创新欲望，研究生根据自身特长和兴趣，充分发挥主观能动性，逐渐增强创新意识和创新思维，提高可持续性创新能力。

导师与研究生关系对研究生
学术激情影响研究

丁婉玲

编者按： 学术激情是学术创新的源泉，在培养研究生坚持学术研究、永葆学术精神、激发学术灵感过程中具有重要意义。丁婉玲老师通过问卷、访谈研究表明，深圳大学研究生总体学术激情程度处于中等水平，导师与研究生关系以"领导型"（主导＋合作）居多，师生关系大都积极正向，师生合作较多，关系较为亲密。研究还表明，和谐的师生关系，对研究生保持学术激情、激发学术创造性具有促进作用。导师与研究生之间的亲密（沟通、交流、交往、合作）程度越高，研究生学术激情越强烈。学校教育管理部门和研究生导师应该重视与研究生的交往，提高合作密切度，主动而为，避免"放养式"管理，使研究生尽快取得科研工作的获得感。对研究生的学习成长大有裨益。该研究从学术激情入手，探讨导师与研究生师生关系的影响，丰富和深化研究生导学关系的相关理论研究，为建立和谐健康的师生关系提供了理论支持，为研究生培养单位制定管理政策提供理论依据。

一　研究背景

研究生教育是教育的最高层次，承担着为国家培养高级创新人才和发展科学技术的双重任务，是国家从根本上增强科技实力和提高综合国力的重要途径，对于国家和社会的发展具有重要意义。近几年涌现考研热潮，研究生规模激增，我国高等教育处于快速发展阶段，但研究生教育的质量却不尽如人意。尤其是学术型研究生（以下简称研究生），其培养方向是以培养教学与科研人才为主，但在各种思潮相互激荡、浮躁心态普遍蔓延的当前社会，研究生读研动机带有较强的功利性，难以安于对学问和真理的孜孜不倦，学术激情明显不足。缺乏学术激情的研究生容易丢失学术精神，学术研究容易流于庸俗、功利，扼杀了学术的高深性、独特性以及学者所应具有的不同流俗的人格特质。因此，关注学术型研究生学术激情的培养具有重要的意义。

研究生与导师的关系作为研究生在学习期间各种人际关系中最基本、最重要的关系之一，它具有一般师生关系的特征，但它也具备有别于其他阶段师生关系的特殊性。它包括导学关系、学术上的指导与合作关系、日常交往的情感关系和人格平等关系。导师和研究生的关系直接影响到研究生的学习动机、科研意识以及学术激情，进而影响研究生的学习质量、科研活动及学术成果。近年来在一些高校中，一些研究生把导师称为"老板"，把自己称为"廉价劳动力"，把科学研究称为"做活儿"，把参与导师课题称为"打工"。有关研究生与导师关系不和的事件也频频被曝光，如武汉理工大学某学生遭导师压迫导致精神崩溃跳楼自杀等。称谓的转变、新闻事件的曝光表明研究生师生关系确实存在异化现象。

教育部印发的《教育部关于全面落实研究生导师立德树人职责的意见》明确了研究生导师立德树人职责，具体包括提升研究生思想政治素质、培养研究生学术创新能力、培养研究生实践创新能力、增强研究生社会责任感、指导研究生恪守学术道德规范、优化研究生培养条件、注重对研究生人文关怀等七个方面。习近平总书记在北京大学师生座谈会上谈到，育人的根本在于立德，要把立德树人的成效作为检验学校一切工作的根本标准。立德树人是研究生导师的重要职责和根本任务。从专业教育到思想引领，从知识学习到人格养成，导师在促进和实现研究生全面发展过程中有着不可替代的作用。基于立德树人的视角，导师与研究生之间的关系应该如何发展才能端正研究生的学术动机，增强研究生的学术激情，进而提高其学术研究能力。

通过文献检索发现，学者们较多探讨研究生与导师之间关系对研究生创造力的影响，而较少深入分析其中的作用机制，针对研究生学术激情的研究比较缺乏。研究生作为我国科研力量的后备军，正处于做学问、搞科研的起始阶段，其创造力以及科研成果尚不显著，但其学术信念、学术激情对于研究生端正学术动机、提高学术水平具有非常重要的意义。本课题的理论价值主要有两点：一是丰富和深化研究生学术激情的相关理论研究，为研究生学术激情培养和学术水平提高奠定理论基础和理论支撑。二是为导师通过建立和谐健康的师生关系来增强研究生学术激情提供理论指导，为研究生培养单位制定管理政策提供理论依据。

研究生作为发展中的学术人，其内隐的学术激情的强度将直接影响研究生个人的学术动机、学术能力和学术创新与发展，进而影响整个研究生群体的学术氛围、学术水平和质量。在社会价值取向日益多元化、就业形势不容乐观的背景下，研究生难以专注学术，学术激情不足。因此，对研究生学术激情进行深入探讨尤为重要。本研究基于立德树人的视角，深入研究分析构建怎样的导师与研究生之间关系能够促进研究生学术激情，并基于研究结果提出相关对策，具有一定的实践价值，可以从个人、学校和国家三个层面来概括。

首先，有助于引起研究生对自身学术态度的重视，端正学术动机，增强学术激情，摒弃浮躁的、急功近利的学术心态，最终促进研究生学术水平的提高。

其次，通过对导师与研究生现存关系按照不同维度或类型进行划分，本研究结论将加深研究生培养单位对导师与研究生关系的认知，有助于研究生培养单位进而准确地把握导师在指导研究生的过程中应该履行的责任、需要注意的事项，以及可能面临的问题，最终采取有效的支撑、监督和培训等管理措施。

最后，有利于培养热爱学术、严谨做学问的学术人，有助于引领正确的学术风气，营造一种崇尚学术、追求真理的良好氛围，实现国家培养拔尖创新型人才和建设高水平创新型国家的目标。

二　研究思路

（一）研究目标

在《教育部关于全面落实研究生导师立德树人职责的意见》指导下，以深圳大学研究生为研究对象，聚焦于学术型研究生科研能力的培养与提高这一培养目标，通过分析研究生学术激情以及导师与研究生关系的现状、导师与研究生之间关系对学术型研究生学术激情的影响作用，为帮助研究生进行建立合理的导师—研究生关系、提升研究生科研能力提供理论指导和管理对策建议。

（二）研究内容

研究生学术激情现状调查以深圳大学研究生为研究对象进行问卷调查，了解学术型研究生学术激情现状，运用单因素方差分析等统计分析方法，分析不同专业、不同年级等的研究生学术激情差异。学术激情的量表在 Vallerand 等编制的激情等级（Passion Scale）量表的基础上，结合学术型研究生特征而编制，包括和谐学术激情和强迫学术激情两个维度。调查问卷中还将设计包括研究生年级、专业类型等人口统计学变量，用以进行差异分析。

1. 导师—研究生关系的维度与类型研究

以深圳大学研究生为研究对象进行大规模问卷调查，获取导师—研究生关系各个维度以及由各维度不同水平组合而形成的导师与研究生关系的不同类型的数据。运用单因素方差分析等统计分析方法，分析不同选择导师方式、不同专业等的研究生与其导师关系的差异。运用描述性统计分析等统计分析方法，分析导师—研究生关系主要是指研究生在导师指导下完成课程学习、参与课题研究、撰写学位论文，并在此过程中学会做学问、学会做人所形成的教学关系，具有伦理性、经济性等属性特征。导师与研究生关系的量表参考 Mainhard 等设计的测量一个导师和博士生互动关系的 QSDI 量表（Questionnaire on Supervisor Doctoral Student Interaction），本项目将做一定的修改和完善。本研究以导师—研究生关系各维度为特征变量，运用统计分析方法研究由各维度不同水平组合而形成的导师与研究生关系的不同类型，调查了解我校导师与研究生关系现状特征。

2. 导师—研究生关系对研究生学术激情的影响关系研究

本研究认为，直接影响研究生学术激情的首要因素主要是其与导师的关系。对于处于学术研究探索期的研究生来说，导师可以在其学术研究和管理过程中起到引导和帮助作用，因为研究生阶段的学习与本科最大的不同就在于研究生与导师之间的导学关系。因此，在本项目完成导师—研究生关系属性和类型的研究基础上，将继续探讨导师—研究生关系对于学术激情之间的关系。

三　理论基础

（一）导师研究生关系研究综述

国外对师生关系的分类多是按导师角色划分的。Taylor 等划分了四种指导类型：放任型、放养型、导演型和契约型；Holland 通过质性研究发现有五种博士生师生关系类型，即正式的学术顾问型（formal academic advising）、学术指导型（academic guidance）、学术导师型（academic mentoring）、准学徒制型（quasi - apprenticeship）以及职业辅导型（career mentoring）；Bartlett 等从导师和博士生之间不平等的权力关系出发，对导师的指导角色和风格提出三种有趣的隐喻，即厨中烹饪、花园挖掘和丛林漫步，认为师生之间只有开放的、真诚平等的交流才能避免失败，并特别强调家长式、操控式的关系模型是有问题的。

国内学者们从角色伦理视角、指导风格和关系异化等不同角度，将导师与研究生关系划分为不同的类型。从角色伦理视角，陈世海等在对华中地区某高校的个案研究中将导师与研究生关系类型分为"纯学术研究型的关系"、"老板与雇员型的关系"、"平等朋友型关系"和"父母子女型关系"。楚永全等在《研究生与导师关系的比较分析与改进对策》中将研究生与导师关系分为"纯粹师生型"、"亦师亦友型"、"老板雇员型"和"松散疏离型"四种类型。高鹏等将师生关系划分成普通师生型、良师益友型、家长子女型和老板员工型四类。

根据导师的指导方式以及指导风格的不同，许克毅（2000）将导师与研究生的关系划分为四种类型："权威型"、"和谐型"、"松散型"和"功利型"。夏欢、陈世阳（2006）在《浅析研究生教育中的"导学关系"》一文中指出，随着研究生教育规模的扩大和市场体制的逐步确立，导师与研究生的"导学互动关系"受到了严重冲击。主要表现为四种类型：一是放养型；二是保姆型；三是雇佣型；四是导学互动关系型。李凤兰等（2008）将研究生与导师的关系归纳为四类："导学关系"、"交往关系"、"师徒关系"和"雇佣关系"。

在教育学经典话语中，师生关系应如血亲一般，做到"一日为师，终身为父"。但是，当代大学的导师与研究生关系似乎不再如此温情脉脉。许多导师走向伦理图景的另一极端，转而由"父亲"变为"老板"，讲价钱、谈利益不再是禁忌。因此，有的学者从关系异化角度来探讨导师与研究生之间的关系。林伟连等提出师生关系中两种异化的现象，即从属型/雇佣型师生关系和放养型师生关系。陈恒敏（2018）提出导师、研究生关系的经济性。他认为无论是过分强调导师、研究生关系的市场化特征，还是神话其伦理型想象，都不是理性的认识。导师、研究生关系，是一种基于有限信息对称和双方各自利益诉求的双向选择关系，二者的动机都十分明确，对自身和对方的资源禀赋与价值取向等有着比较清晰的认知。在这一情况下，二者之间存在着追求自身效用最大化的偏好以及正当的利益交集。导师、研究生之间的这种双向利益互动。有的学者提出导师与研究生之间是博弈关系。徐岚（2013）将教师分为"不愿妥协的清高者"、"信奉适者生存的现实主义者"和"主动搏击的操控者"三类。刘姗等人（2015）介绍了导师与研究生之间的三种关系：导学说、功利说、放养说，认为导生之间利益与价值取向的冲突，使两者之间产生一种博弈关系。

（二）学术激情研究综述

研究生教育最重要的目标在于培养富有创新精神的科研人才，研究生应当对科研抱有浓厚兴趣。但我国相当一部分研究生并非出于追寻学术兴趣，王昕红等（2014）认为研究生学习动力不足的问题较为普遍。

Sternberg 等（1995）指出动机主要是指个体愿意从事某项活动的性质和强度。研究者一般将动机分为内部动机和外部动机。Amabile 等（1996）指出内部动机主要来自任务本身，表现在个体对任务的积极反应或任务本身所带来的乐趣，它通常表现为兴趣、参与度、好奇心或满足感。外部动机主要来自任务以外的因素，例如等级或其他形式的预期评价，期待获得诸如金钱或礼物的奖励等因素。黄海刚等人（2016）通过对中国 44 所高校的 1399 名博士候选人的问卷调查，研究结果显示，尽管学生选择攻读博士学位的动机是多样化的，但都十分强调博士学位与未来职业间的紧密关系，试图通过博士学位在未来获得稳定、安全的职业机会。对接受博士教育的本质理解不清晰，缺乏明确的定位和目标，在学术研究上缺乏足够的热情与意愿，影响到学术研究的成果获得与质量状况。

与动机的含义相似，Vallerand 认为"激情"是个体针对某一活动的强烈偏好倾向，并提出了激情二元模型，即激情可以划分为和谐激情和强迫激情。在此基础上，王海迪（2018）提出了学术激情，他认为当激情所针对的客体是学术探究与发现之时，产生的就是学术激情。同时，他利用 38 所研究生院高校 1729 名学术型博士研究生的调查数据，考察了我国学术型博士研究生学术激情的总体状况及其影响因素。结果发现，博士生普遍存在学术激情不高的现象；院校类型以及学科专业对博士生的学术激情有一定的影响；性别因素、婚育状态、年级、读博方式对博士生的和谐学术激情和强迫学术激情均无显著影响；导师指导对博士生的和谐学术激情和强迫学术激情均有显著影响。

学术激情是本研究的重要变量之一，采用自编的学术激情量表测量。该量表在 Vallerand 等编制的激情等级（Passion Scale）量表的基础上，结合研究生的特征而编制，包括和谐学术激情和强迫学术激情两个维度。和谐学术激情是自主性内化的学术激情，指个人自主地、有自由意志地喜欢自己的工作，并愿意对学术研究投入大量时间和精力的强烈心理倾向。强迫型学术激情是控制性内化学术激情，是个体对学术具有强烈倾向，这种倾向使个体感到不能控制自己而不得不参与学术研究。其中和谐学术激情共 8 个观测题项，强迫学术激情共 6 个观测题项。

（三）师生关系对学术激情的影响

在现有研究中，学者们较多研究导师与研究生关系以及研究生创造力之间的关系，仅有少数学者探讨了导师与研究生关系通过增强研究生内部动机进而提高其创造力，而对于研究导师与研究生关系对研究生学术激情影响的研究更是寥寥无几。

对于研究生来说，最直接的外部环境因素就是导师，导师与研究生关系类型会直接影响到导师对于尊重并认可学生的态度，以及对学生的培养。良好的师生关系能够有助于导师善于听取学生的观点，给予每个学生公平待遇，为研究生科研创造力的培养和激发其学术激情提供良好的外部环境。

根据社会认知理论，情境因素具有支持和控制功能，当情景功能表现为支持与鼓励时，个体的外部压力将得到释放，个体首创行为的动机提升，进而提高科研创造力水平（Ryan & Deci，2000）。古继宝等（2013）基于内部—外部动机理论探讨了支持型和控制型的导师风格对研究生创造力的影响，他认为支持型领导者通过激发个体的内部动机提升个体创造力，而导师的监督控制则通过外部控制保障学生在科研活动中投入精力，即支持型和控制型的指导模式均可以从内外部增强学生的科研动机进而提高创造力。

其他相关研究发现高质量上下级关系的个体能够感受到上级的信任、鼓励和支持，与感知到低质量关系的个体相比，更愿意挑战困难和承担风险；而且高质量的上下级关系能够促进个体的自我效能和自我决定，感知到自由和自治，故而体验高质量上下级关系的个体对工作更有乐趣、更有抱负、更有自信、更有勇气、思维更加活跃、情绪更加专注（蒙艺，2016）。

四 访谈调查

（一）访谈调查目的

研究生教育不仅承担着为社会发展输送人才的任务，更是衡量高等教育质量的重要标尺。研究生高质量的培养一方面依赖自身的学习习惯，另一方面依赖导师关系的良性互动。因此，构建现代化的导师与研究生关系是提高研究生教育质量的重要步骤。如何建立合理的师生关系就成为当前各方关注的重点。

通过此次访谈，旨在了解以下内容：

1. 研究生导师对研究生学术激情的评价；

2. 在校研究生与导师之间关系的评价；

3. 影响师生关系的主要因素；

4. 提高研究生学术激情的方法。

通过对访谈内容的总结与分析，帮助研究生进行职业规划和探索，同时对建立合理的导师—研究生关系，提升研究生自身科研能力提供理论指导和有效的现实建议。

（二）访谈调查过程

1. 明确调查目的，编制调查计划

在进行访谈调查前，为更好地实现调查目的，通过阅读大量文献，对调查计划进行了详细的设计和反复的确认，以确保调查的顺利实施。

2. 搜集文献资料，编制访谈提纲

通过对文献资料的收集和阅读，编制了分别针对导师与研究生的两份不同的访谈提纲，并通过初步访谈试验，测试访谈提纲的合理性和有效性，再邀请管理学和教育学领域的专家进行论证和修订，以确定出最终的访谈提纲，详见附录。

3. 确定访谈对象，进行分批访谈

为确保访谈内容的全面与真实，我们主要通过面谈的方式进行访谈。选择了不同学院不同专业的导师与研究生分批进行面谈。少数访谈对象由于个人原因，要求以在线方式进行访谈，但访谈提纲和面谈形式完全一样。

本次的调查对象中，我们共访问了 11 位导师，涉及法学院、管理学院、经济学院、人文学院共 4 个学院。同时共访问了 10 位研究生，主要涉及数学与统计学院、管理学院、机电学院、机械工程学院土木工程学院、化学与环境工程学院、经济学院共 6 个学院。

4. 校对访谈记录，分析访谈内容

我们对访谈内容进行了全程录音和逐字逐句的记录，并采用多人校对的方式进行核实，以确保内容无误。运用文本分析技术对访谈内容进行分析，同样邀请多位研究人员进行交叉验证。

（三）访谈调查结果

1. 导师对研究生学术激情的评价

在我们访谈的 11 位导师中，大部分认为在校研究生都热衷于学术。就像在访谈中一位老师说道："现在研究生都蛮热衷于学术的，因为他们自己找到乐趣了，觉得做这个很有意思，而且那些好学的研究生对学术激情是持续性的。"但是也有的老师认为一些研究生的学术激情不高，但迫于发表论文的压力，从进校开始不是特别热衷到现在慢慢的开始进入状态，学术激情也在不断地变化。但是这些学生属于很少一部分。

2. 导师对师生关系的描述与刻画

导师对师生关系的描述与刻画我们是通过对"您会如何形容您和研究生之间的师生关系特点？""请讲述您和研究生之间发生的最愉快的一件事情"等问题的回答进行分析得出。

我们发现，导师对师生关系的描述可以大致总结为三种：合作的关系、平等的关系和亦师亦友的关系。

（1）合作的关系。访谈中有位老师讲道："作为导师，首先要教会学生一些入门的基本知识。在他进入学术研究大门之前先引导多一点。然后就是在他掌握一定数据分析能力之后呢，更多地像研究合作者的关系，对一些观点进行讨论，对他的论文进行修改，给他提一些意见。所以我们更像是合作关系。"

（2）平等的关系。老师认为"因为研究生是成年人了，也不会强迫他去做什么，只是建议他做事情。不愿意也没办法，只能把后果告诉他"。这是在访谈中认可度最高的一种师生关系。大多数的导师想要追求这样一种平等的关系，但是需要师生之间进行正确对待。就像访谈中一位老师讲道："我们追求平等，同时我们对待学术研究和知识的追求上面也是平等的，但这个度很难把握，关系不能太亲密，导师也不能太高高在上。这里面是一个很难做的，需要很多智慧去做的事情。"

（3）亦师亦友的关系。在访谈中出现最多的关系就是亦师亦友的关系。其中一位老师说道："和研究生的关系既像老师又像朋友，但是我们的年龄代沟比较大嘛，所以老师的因素可能多一些吧。"一位老师认为因为要与研究生相互尊重，所以更像是朋友间的交流，平等的交流。

3. 研究生对学术激情的自我评价

研究生对学术激情的自我评价是通过对"请讲述你在科研方面曾经设立了一个挑战性目标并努力克服困难实现这一目标的经历。""截至目前做了哪些科研工作？取得了哪些科研成果？"（具体发表论文，专利和参与项目的数量）等问题进行分析得出。

在对研究生进行访谈的时候，大部分研究生认为自己的学术热情是慢慢被培养起来的。就像访谈中的一位研究生说道："自己一开始是没有学术热情的，接着慢慢开始有热情吧。一开始就很迷茫，然后慢慢找到方向，直到明确自己要努力的目标，然后就开始有动力有热情去做科研。"但也有少部分研究生认为自己对学术没有太大的兴趣，比如访谈中一位研究生这么说道："我只是单纯为了可以毕业去写论文，对学术提不起来兴趣，进行学术探索更多的是迫于发表论文的需求。"

4. 研究生对师生关系的描述

研究生对师生关系的描述与刻画是通过对"您会如何形容您

和导师之间的师生关系特点？""您认为您和导师之间的关系特点是否影响到了你对科研的热衷？如何影响？"等问题进行分析得出。

我们发现，研究生对师生的关系的评价，由于专业方向不同略有差别，大致分为两种：雇佣关系和亲人朋友关系。理工科方向的研究生更多的将师生关系看作雇佣关系；而文科方向的研究生更多的将师生关系看作亲人朋友关系。访谈中，有研究生被问到与导师关系的时候讲道："与导师关系重点看人，和导师的交往模式，更多的看性格。你导师是怎么样的人，你是怎么样的人。周围关系好的挺多，也有一些因为导师要求比较严格，导师对你的期望和你对导师的期望不是特别匹配，存在挺多矛盾的也有。"

（四）问卷调查总结与建议

我们对被访者提出的关于构建良好导师研究生关系和提升研究生学术激情的相关建议进行了分析总结，主要建议如下。

1. 对高校的建议

提供更多方便导师研究生见面讨论的场地。例如在访谈中，有位老师提到："学校可以再开辟一些工作室，让老师和学生在一个空间里讨论。因为现在一些办公室的办公条件有限，很多研究生与老师约时间与地点不方便，导致各方面进展变慢。"

学校或者学院提供更详细的导师个人信息和对学生的具体要求，以便让导师和学生在互相进行选择时有更多的信息参考。防止师生关系确定之后再出现因前期了解不够充分而导致的矛盾冲突产生或者升级。

推进试行导师团队制度。由于研究生导师工作任务类型多样且工作量较大，时间与精力有限，通过建设导师团队，充分发挥导师团队的作用显得尤为重要。

加强导师培训，提升导师指导能力。导师的指导能力是影响师生关系和研究生学术激情的重要因素之一。所以学校可以建立权责统一的导师考核机制，明确导师在各方面需要承担的责任，再通过一些专门化的培训，提高导师的指导能力。

2. 对导师的建议

突出导师的主导地位。良好的师生关系是需要师生双方共同维系的，但导师应该在关系中占主导地位。导师承担着培养学生的重大任务，所以理应主导师生关系的建立，以合作、平等、朋友的身份与学生沟通，不仅要对学生的学习予以指导，研究生的"软实力"也应该是导师需要关注的部分。

积极引导研究生多参与学术活动。如果研究生本身对学术很感兴趣，想发表论文或者进行深造，那么导师可以着重发展其科研能力。但即使研究生一开始对学术研究并没有太大兴趣，也要对其进行兴趣培养和积极引导，多让研究生参与学术活动，激发学习激情，提高学习动力。

鼓励导师与研究生之间建立定期见面交流的制度。研究生与导师之间交流的多少直接影响其关系。所以师生之间可以建立定期会议，学生定期向导师汇报学习进度与学习成果，导师定期督促学习进展并反馈意见。导师也可以多举办一些有利于促进师生关系的课外活动，交流生活心得，便于师生之间增进感情。

3. 对研究生的建议

（1）研究生应该自觉明确培养目标，积极主动参与学术活动和科研工作。研究生在校期间应该按照培养目标要求，认真完成相应的学习任务，积极主动参与到导师的研究工作中，接受学术熏陶、培养学术兴趣，努力达到培养单位和导师对学术科研工作的相关要求。

（2）研究生应更加主动地联系导师。研究生在校期间应该多主动联系导师，多与导师沟通。出现冲突和矛盾时，不要消极对待，积极主动沟通以消除矛盾，避免对自己的生活和学习产生不良影响。

五　问卷调查

（一）问卷设计及发放

1. 问卷设计

问卷包含三个部分，第一部分是导师研究生关系量表，第二部分是学术激情量表，第三部分是问卷填写者的基本信息。

本研究用的导师研究生关系量表采用的是 Mainhard 等（2009）发展的导师—博士研究生互动关系问卷（Supervisor - Doctoral Student Interaction，QSDI），该问卷至今已经经历过多次大规模的测试，具有良好的信度和效度。

Mainhard 等（2009）将师生互动关系分为两个维度，分别是"亲近程度"和"影响程度"，其正向分别是师生合作（简称合作）和导师强势指导（简称强势），其负向分别是师生互相抵触（简称抵触）和导师顺从学生（简称顺从）。在二维坐标中的位置越靠近外侧，师生互动的张力就越大，互动关系强度也就越大。对原始量表中表述不明或与其他题项具有重复含义的 3 个题项予以剔除，最终确定的量表包含 38 个题项，均采用李克特五点量表进行计分。

依据二维坐标组合，发展出 8 类典型的师生互动关系。它们分别是：①导师强势指导，但有一定合作，是"领导型"关系；②导师指导强势程度低，合作程度高，是"帮助/友善型"关系；③师生合作程度高，导师一定程度上顺从学生自愿，是"理解型"关系；④导师与学生合作程度低，顺从学生程度高，是"给予学生自由和责任型"关系；⑤导师和学生的互动关系有抵触，但一定程度上顺从学生，是"含糊/不明确"型关系；⑥导师和学生的关系抵触程度高，对学生顺从程度低，是"不满意型"关系；⑦导师与学生抵触程度高，但有一定程度的强势指导，是"训诫型"关系；⑧导师强势指导，与学生抵触程度低，是"严格型"关系（如图 1 所示）。

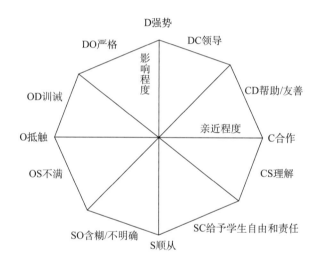

图1　导师人际行为模型（Mainhard，2009）

激情是一种极其强烈的情感表现形式，是活力和能量的源泉，在学术研究和科技创新的发展进程中发挥着不可或缺的重要作用。历史长河中，对科学研究怀有学术激情是卓有成就的学者们的共有特征之一。苏联生理学家巴甫洛夫则认为科学要求人们为之贡献毕生的精力，在科学探索中一定要有巨大的热情。并且硕士研究生与博士研究生教育是美国高等教育中至关重要的组成部分，其宗旨是致力于为高校、科研院校以及其他机构培养全面发展的学术研究人员。研究生是推动未来国家学术研究和科技创新进步的储备性人才群体，他们是否具有学术激情将对我国现在乃至将来的科研水平产生极深的影响。再者，由于学术研究是一项单调且沉闷的、需要长期重复的工作，很容易消磨学者们最初的热情以及学术激情，当他们失去了对学术研究的激情，必定会造成研究速度的下降以及工作进程的停滞不前。

鉴于此，学术激情是本研究的关键变量，采用自编的学术激情量表测量。该量表在 Vallerand 等编制的激情等级（Passion-Scale）量表基础上，结合研究生特征而编制，包括和谐学术激情和强迫学术激情两个维度。和谐学术激情是自主性内化的学术激情，指个人自主地、有自由意志地喜欢自己的工作，并愿意对学术研究投入大量时间和精力的强烈心理倾向。强迫型学术激情是控制性内化学术激情，是个体对学术具有强烈倾向，这种倾向使个体感到不能控制自己而不得不参与学术研究中。其中和谐学术激情共 8 个观测题项，强迫学术激情共 6 个观测题项。学术激情量表的题项均采用李克特五点量表计分，从"完全不符合"到"完全符合"分别记为 1～5 分，将此作为评判尺度，分数越高，代表学习激情水平越高。

基本信息部分包括填写问卷的学生的性别、年龄、所在年级、学位类型、学科专业、导师性别、导师职称、如何确定的导师、是否与导师定期见面以及与导师平均每月见面讨论学术科研工作的次数等问题。

2. 问卷发放

问卷通过网上发放，线下老师帮助转发，以及研究生院将问卷转发至各班班群动员研究生进行问卷填写。

3. 问卷回收

问卷在网上的最初发放时间是 12 月 9 日，初次收集数量不多。在研究生院以及老师们的帮助下，11 日至 14 日中问卷填写量大幅上升，收集到了 270 多份问卷，截至 12 月 21 日，收集到了 283 份问卷。剔除无效的问卷，最后剩余 268 份问卷进行样本数据分析，问卷有效率为 94.7%（见表 1）。

表 1　　　　　　　样本描述性统计（n = 268）

特征变量	选项	人数	比例（%）
性别	男	133	49.6
	女	135	50.4
年龄	18—21 岁	5	1.9
	22—25 岁	239	89.2
	26—29 岁	22	8.2
	30 岁及以上	2	0.7
所在年级	硕士研究生一年级	128	47.8
	硕士研究生二年级	81	30.2
	硕士研究生三年级	59	22
学科专业	文科	88	32.8
	理科	58	21.7
	工科	122	45.5
合计			268

（二）问卷分析

1. 导师与研究生关系类型分析

依据研究生在其感知的 8 种类型导师研究生关系中的最高得

分，得到224名研究生与其导师相处的关系类型。其中，领导型师生互动关系数量最多，高达40%。友善型和理解型师生互动关系数量次之，占比分别为23%和16%。自由型、不满型和训诫型师生互动关系较少，占比分别为4%、4%和3%。含糊型师生互动关系最少，仅为2%。（如图2）

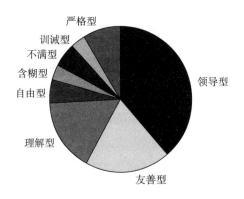

图2　师生互动关系类型占比

依据Mainhard（2009）提出的导师研究生关系二维度，可以将8种类型的师生互动关系进一步划分为亲密程度和影响程度上的四种不同方向的导师研究生互动关系。

在亲密程度上，领导型、友善型、理解型和自由型四种师生互动关系均具有不同程度的合作性，而含糊型、不满型、训诫型和严格型师生互动关系则具有不同程度的抵触性。从影响程度上看，领导型、友善型、严格型和训诫型导师研究生互动关系中，导师处于主导地位，多数情况下是强势指导。而不满型、含糊型、自由型以及理解型师生互动关系中，导师在不同程度上顺从研究生，研究生有一定的控制权和话语权等。

根据研究生的8种类型师生互动关系得分，以及亲密程度

（合作—抵触）得分 = CS + SC + CD + DC −（DO + OD + OS + SO）、影响程度（强势—顺从）得分 = DO + OD + CD + DC −（OS + SO + CS + SC）两个计算公式，分别计算得到亲密程度均分为 5.98，影响程度均分为 0.98。由表 2 可知亲密程度和影响程度的取值范围均为 −16—16，而亲密程度的极小值为 −15.2，极大值为 15.03，影响程度的极小值为 −3.45，极大值为 4.53。

表 2　　　　　　　　　　　　描述统计量

	N	取值范围	极小值	极大值	均值	标准差
亲密程度	268	−16—16	−15.20	15.03	5.98	5.22534
影响程度	268	−16—16	−3.45	4.53	0.98	1.30331

由表 3 和图 3 可以看出导师与研究生的亲密程度得分大多趋近于 10，表明导师与研究生之间关系总体比较亲密融洽，彼此间合作性较强，较少存在隔阂或抵触现象。

结合表 3 和图 4 可看出导师与研究生的影响程度得分集中在 0.92—1.9，说明导师与研究生之间在影响程度上互动关系张力较小，即总体上研究生较少感知到导师对自身的指导控制或顺从。

表 3　　　　　　　　　　　　百分位分布

		亲密程度	影响程度
N	有效	268	268
百分位数	25	3.3725	0.1200
	50	7.1500	0.9200
	75	9.8375	1.8950

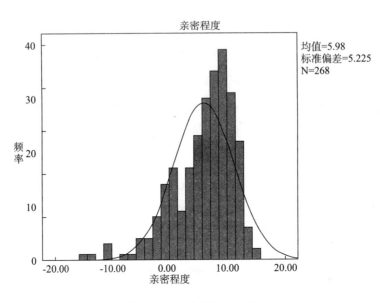

图 3　亲密程度得分分布

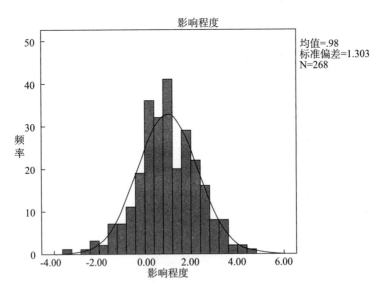

图 4　影响程度得分分布

师生关系各维度差异分析如下。

表4   不同选择方差齐性检验

	Levene 统计量	df1	df2	显著性
组内	10.206	2	265	0.000
组间	0.975	2	265	0.379

单因素方差分析（见表4）。由方差齐性检验初步验证不同的选择导师方式在影响程度上具有差异性，接着再进行单因素方差分析对二者关系做进一步的检验。如果单因素方差分析显示差异具有统计学意义（$P < 0.05$），表示不是所有组的总体均数均相等（至少有一组均数不同于另一组）。如果 $P > 0.05$，则表示各组间均数差异无统计学意义。由表4检验结果表明，各组间的得分均数差异不具有统计学意义，即在不同的年级组间，研究生与导师关系亲密程度上的差异不具有统计学意义（$P > 0.05$）。

表5   单因素方差分析

影响程度				
	平方和	df	均方	F	显著性
组间	2.367	2	1.183	0.695	0.500
组内	451.163	265	1.703		
总数	453.530	267			

不同专业的研究生与导师的关系。

方差齐性检验（如表5）。为了探讨研究生专业不同，其与导师的关系是否有差异，首先对二者关系进行方差齐性检验。结果显示，亲密程度和影响程度的概率 P 值均大于显著性水平

0.05。这说明不同的专业的研究生在其与导师的亲密程度和影响程度上的方差不具有显著差异，可以使用单因素方差分析做进一步的检验。

表6   方差齐性检验

	Levene 统计量	df1	df2	显著性
亲密程度	0.617	2	265	0.540
影响程度	1.992	2	265	0.138

单因素方差分析（见表6）。单因素方差分析结果表明，亲密程度各组间的得分均数差异具有统计学意义。即在研究生不同专业组间，导师与学生的亲密程度的差异具有统计学意义（$p < 0.05$）。而影响程度各组间的得分均数差异不具有统计学意义（$p > 0.05$）。

表7   单因素方差分析

		平方和	df	均方	F	显著性
	组间	242.905	2	121.453	4.567	0.011
亲密程度	组内	7047.319	265	26.594		
	总数	7290.224	267			
	组间	5.258	2	2.629	1.554	0.213
影响程度	组内	448.272	265	1.692		
	总数	453.530	267			

单因素两组群之间的多重比较（见表7）。接着进行单因素两组群之间的多重比较，结果显示，"工科专业"与"文科专业"（$p < 0.05$）和"理科专业"（$p < 0.05$）在亲密程度上均存在显著性差异，且"工科专业"与"文科专业"在亲密程度上

的均值差为 -1.86905，"工科专业"和"理科专业"的均值差为 -1.97278，说明工科专业的研究生与导师在亲密程度上不如文科专业和理科专业的学生与老师的高。

2. 研究生学术激情总体水平分析

首先我们将样本中的问卷填写者的两个维度的得分进行分别计算，然后再分别计算样本学生的两个维度的平均得分。结果如表 8 所示，样本中和谐学术激情维度的平均分为 3.5550。强迫学术激情维度的平均分为 2.5180。由此可知，样本学生的和谐学术激情高于强迫学术激情，说明总体来看，学术研究工作还是可以很好地与学生的自身生活达到一个融合的状态，大多数学生能够平衡协调好学术研究工作与生活，不会过度处于学术研究工作的压力下，导致学术研究工作与生活相冲突。但是就总体学术激情平均分而言，学生的总体学术激情平均分为 3.0365，仅略微高于 3 分，即可看出样本学生总体学术激情水平不高。

表 8   学术激情及两个维度的平均分

	N	平均数	最小值	最大值
和谐学术激情维度平均分	268	3.5550	1	5
强迫学术激情维度平均分	268	2.5180	1	5
总体学术激情平均分	268	3.0365	1	5

将和谐学术激情维度得分低于 3.5550 分的学生划分为低和谐学术激情类型，高于 3.5550 分的划分为高和谐学术激情类型。采用相同方式，强迫学术激情维度的得分低于 2.5180 就是低强迫学术激情，高于 2.5180 就是高强迫学术激情。然后再将两个维度分的两组类型进行两两组合分组，分为低和谐学术激情低强迫学术

激情、低和谐学术激情高强迫学术激情、高和谐学术激情低强迫学术激情以及高和谐学术激情高强迫学术激情四个组，以下简称低低组、低高组、高低组、高高组。然后将这个四个组别作为分类标准，进行了对样本的分布情况的勾勒，结果如表9所示。

表9　　　　　　　　　两个维度高低组合类型分布

		次数	百分比（%）
有效	低和谐低强迫	80	29.9
	低和谐高强迫	34	12.7
	高和谐低强迫	64	23.9
	高和谐高强迫	90	33.6
	总计	268	100.0

依据两个维度的平均分，进行分类。

最高的是高和谐高强迫，占比33.6%，其次是低和谐低强迫（29.9%），样本学生的学术激情处于比较高的和谐状态。

3. 不同年级研究生学术激情分析

方差齐性检验。因为，所有的数据均是从一个大样本总体中随机抽取的，进行方差分析的前两个条件自然是满足的，这里最关键的就是进行方差齐性检验，它是进行方差分析的一个重要前提。

表10　　　　　　不同年级学术激情两个维度的方差齐性检验

	Levene 统计资料	df1	df2	显著性
和谐学术激情维度	6.163	2	265	0.002
强迫学术激情维度	0.641	2	265	0.528

为了探讨不同年级的研究生的学术激情各个维度是否有差异，

首先对二者关系进行方差齐性检验。从方差齐性检验的结果来看，如表 10 所示，强迫学术激情维度显著性水平大于 0.05（p > 0.05），因此通过了方差齐性检验，认为各个组总体方差是相等的，可以进行方差分析。而和谐学术激情维度的样本方差有显著性差异，即接下来将对强迫学术激情维度进行进一步的方差分析。

强迫学术激情维度单因素方差分析见表 11。

表 11　　　　　　　　　　强迫学术激情维度单因素方差分析

	强迫学术激情				
	平方和	df	平均值平方	F	显著性
组间	4.316	2	2.158	2.861	0.059
组内	199.847	265	0.754		
总计	204.163	267			

表 11 给出了强迫学术激情维度的方差分析结果。从数据结果我们可以看出，强迫学术激情维度的显著性水平大于 0.05（p > 0.05），所以说明大样本总体学生虽然来自不同年级对于产生的强迫学术激情存在细微差异，但是显著水平不高，所以接下来没有必要采用单因素两组群之间的多重比较。

综上，样本中不同年级的研究生的学术激情基本无差异。

4. 不同专业研究生学术激情分析

方差齐性检验。

表 12　　　　　　　　专业与学术激情两维度的方差齐性检验

	Levene 统计资料	df1	df2	显著性
和谐学术激情维度	2.470	2	265	0.087
强迫学术激情维度	0.372	2	265	0.690

同理，通过方差齐性检验的结果来看，如表 12 所示，和谐和强迫学术激情维度显著性水平都大于 0.05（p > 0.05），因此通过了方差齐性检验，认为各个组总体方差是相等的，可以进行方差分析。

单因素方差分析。

表 13 单因素方差分析

		平方和	df	平均值平方	F	显著性
和谐学术激情维度	组间	9.371	2	4.685	6.282	0.002
	组内	197.630	265	0.746		
	总计	207.001	267			
强迫学术激情维度	组间	3.797	2	1.898	2.511	0.083
	组内	200.366	265	0.756		
	总计	204.163	267			

表 13 数据显示，强迫学术激情维度的显著性水平大于 0.05，所以说明大样本总体学生虽然来自不同专业，但是对于产生的强迫学术激情不存在差异。而和谐学术激情维度的显著性水平小于 0.05，说明不同专业的学生对于和谐学术激情维度是有差异的，具体的组间差异要进行三组进行两两比较得出详细结果，所以接下来采用单因素两组群之间的多重比较（见表 14）。结果显示，"文科专业"与"工科专业"（p < 0.05）以及"理科专业"（p < 0.05）在和谐学术激情维度均存在显著性差异，且"文科专业"与"工科专业"在和谐学术激情上的均值差为 -0.28712，"文科专业"和"理科专业"的均值差为 -0.50362。由此可知，文科专业研究生的和谐学术激情低于工科和理科专业，即理工科

专业的研究生更能够维持学术研究工作与自身校园生活的平衡，使两者可以更好地相互融合。

表 14　　　　　　　　　　　　多重比较

因变量	（I）专业类型	（J）专业类型	均值差（I－J）	标准误	显著性	95% 置信区间	
						下限	上限
和谐学术激情	文科	工科	－0.28712*	0.12078	0.018	－0.5249	－0.0493
		理科	－0.50362*	0.14606	0.001	－0.7912	－0.2160
	工科	文科	0.28712*	0.12078	0.018	0.0493	0.5249
		理科	－0.21651	0.13774	0.117	－0.4877	0.0547
	理科	文科	0.50362*	0.14606	0.001	0.2160	0.7912
		工科	0.21651	0.13774	0.117	－0.0547	0.4877

＊均值差的显著性水平为 0.05。

5. 导师与研究生关系对研究生学术激情的影响分析

在对 9 个变量作为控制变量的基础之上，对和谐学术激情进行回归，以此得到模型 M1；然后再加入亲密程度和影响程度两种不同维度的导师—研究生关系，分析导师—研究生关系维度作为自变量对因变量的影响作用，得到模型 M2。用同样的方式对强迫型学术激情进行回归，分别得到模型 M3 和模型 M4，分析结果见表 15。

表 15 中数据显示，亲密程度（$\beta = 0.074$，$p < 0.001$）和影响程度（$\beta = 0.098$，$p < 0.01$）对研究生和谐学术激情具有显著的正向影响，说明导师与研究生之间合作性越高、抵触性越低，越有利于提高研究生的和谐型学术激情。且相比顺从学生，导师占据主导地位也有利于提高研究生的和谐型学术激情，即导师给予的指导较多，研究生的和谐型学术激情也会较高。

类似的，对导师研究生关系两个维度与研究生强迫学术激情做回归分析，数据表明，亲密程度和影响程度对强迫学术激情均无显著影响。

表 15　　　导师研究生关系对研究生学术激情维度的影响

变量	Y1 = 和谐型学术激情		Y2 = 强迫型学术激情	
	M1	M2	M3	M4
控制变量				
性别	0.063	− 0.079	− 0.012	− 0.043
年龄	0.089 *	0.038	0.096 *	0.088 *
年级	− 0.197 *	− 0.092	− 0.183 *	− 0.164 *
学位类型	− 0.100	− 0.028	− 0.187	− 0.170
专业类型	0.103	0.137 *	0.086	0.088
导师性别	− 0.236 *	− 0.237 *	− 0.097	− 0.090
导师职称	− 0.058	− 0.034	0.042	0.034
确定导师方式	− 0.390 ***	− 0.202 **	− 0.256 **	− 0.234 **
定期见面与否	− 0.344 **	− 0.182	− 0.193	− 0.193
自变量				
亲密程度		0.074 ***		0.014
影响程度		0.098 **		− 0.040
R^2	0.189	0.391	0.098	0.105
调整 R^2	0.160	0.365	0.066	0.066
F	6.666 ***	14.928 ***	3.103 **	2.719 **

注：数据均为标准化 β 系数；＊＊＊表示显著性水平 $p < 0.001$，＊＊表示显著性水平 $p < 0.01$，＊表示显著性水平 $p < 0.05$；样本数 N = 268。

六　研究结论与建议

（一）研究结论

本研究基于问卷调查数据分析了深圳大学导师—研究生关系和研究生学术激情的现状以及导师与研究生关系对研究生学术激

情的影响，主要得出以下研究结论。

1. "导师—研究生关系类型"以领导型为主

从研究生的视角看，数量较多的师生互动关系是领导型，其他关系的顺序是友善型、理解型、严格型、不满型、自由型、训诫型和含糊型。

表16 师生互动关系类型

排名	师生互动关系类型	含义
1	领导型	导师强势指导，但有一定合作
2	友善型	导师指导强势程度低，合作程度高
3	理解型	师生合作程度高，导师一定程度上顺从学生自愿
4	严格型	导师强势指导，与学生抵触程度低
5	自由型	导师与学生合作程度低，顺从学生程度高
6	不满型	导师和学生的关系抵触程度高，对学生顺从程度低
7	训诫型	导师与学生抵触程度高，但有一定程度的强势指导
8	含糊型	导师和学生的互动关系有抵触，但一定程度上顺从学生

2. 总体上导师与研究生之间的亲密程度较高

亲密程度的取值范围为 -16—16，调查数据显示深圳大学导师与研究生的亲密程度得分大多趋近于10分，可以看出深圳大学导师与研究生之间关系总体比较亲密融洽，彼此间合作性较强。

3. 总体上导师与研究生之间的影响程度较低

影响程度的取值范围为 -16—16，而收集的数据的极小值为 -3.45，极大值仅为4.53，且影响程度得分集中在0.92—1.9之间，表明导师与研究生之间在影响程度上的互动关系张力较小，即总体上研究生较少感知到导师对自身的强势指导或控制。

4. 不同专业的研究生与导师的亲密程度存在差异

对不同专业的研究生与导师亲密程度进行单因素两组群之间的多重比较，结果显示，说明工科专业的研究生与导师在亲密程度上不如文科专业和理科专业的学生与老师的高。文科专业和理科专业的研究生与导师的亲密程度无显著差异。

5. 研究生的总体学术激情水平不高

就总体学术激情平均分而言，学生的总体学术激情平均分为3.0365，仅略微高于3分（最低分为1分，最高分为5分），即可看出样本学生总体学术激情水平不高。

6. 整体上研究生的和谐学术激情高于强迫学术激情

总体而言，学生的和谐学术激情高于强迫学术激情，说明学术研究工作还是可以很好地与学生的自身生活达到一个融合的状态，大多数学生能够平衡协调好学术研究工作与生活，不会过度处于学术研究工作的压力下，导致学术研究工作与生活相冲突。

7. 两类学术激情均高和两类学术激情均低的研究生各占1/3左右。

依图5可知，高和谐学术激情高强迫学术激情的研究生占比33.6%，低和谐学术激情低强迫学术激情的研究生占比29.9%，高和谐学术激情低强迫学术激情的研究生占比23.9%，低和谐学术激情高强迫学术激情的研究生占比12.7%。

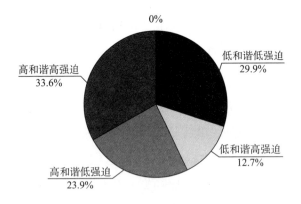

图5 学术激情两个维度高低组合类型分布

8. 不同年级研究生的和谐激情和强迫激情均无显著差异

从年级来看，不同年级研究生的和谐激情和强迫激情均无显著差异。

9. 文科专业研究生的和谐学术激情低于工科和理科专业

从专业来看，文科专业研究生的和谐学术激情低于工科和理科专业，即理工科专业的研究生更能够维持学术研究工作与自身校园生活的平衡，使得两者可以更好地相互融合。

10. 导师与研究生之间亲密程度越高，越有利于提高研究生的和谐型学术激情

导师与研究生之间亲密程度越高，两者的互动也会越频繁，积极的沟通交流促进了导师与研究生之间互相尊重、互相理解和互相信任。研究生也更愿意积极主动表达自己的想法，参与学术科研，了解学术的真谛，提高自身的和谐型学术激情。

11. 导师与研究生之间影响程度越高，越有利于提高研究生的和谐型学术激情

导师与研究生之间影响程度越高，表明导师对研究生具有较深入的指导。接受了导师专业的学术科研指导，研究生对学术科研工作的认识也会更加全面，自身的学术科研能力也有更多的机会得到锻炼，进而增强自身对学术科研能力的信心，提高了研究生的和谐型学术激情。

同时，本研究仍有一些局限。本研究的样本量偏少，可能使研究结论存在一定的局限性。学校研究生总数为 3104 名，本研究目前收集到了 268 份有效问卷，占比接近 10%，问卷样本数量偏少。此外，访谈调查对象中导师和研究生各为 11 位和 10 位，数量也有些偏少。主要原因在于，本研究的访谈调查与问卷调查主要在 12 月份进行，处于学期末阶段，导师与研究生因为繁忙

的工作学习而导致参与积极性并不是太高。

（二）相关建议

基于以上研究结论，本研究提出以下管理建议。

1. 提高导师与研究生之间互动合作程度

研究结论表明，导师与研究生的亲密程度越高，越有利于激发研究生的和谐型学术激情。合作是科学研究发展的重要途径，学校应注重培养导师与研究生之间的合作关系，营造有利于师生交流互动的学术氛围。在研究生教育制度方面，导师与研究生可以在完成各自使命的过程中，根据需求订立相关的合作规则。就学校而言，学校应该定期给导师进行相关的与学生沟通交流以及心理咨询等知识培训，增强导师对于学生的人文关怀意识，并且还可提高整体的导师素质水平，让导师与学生能够更互相尊重以及平等地进行合作互动；就导师而言，导师应该鼓励学生参与决策的全过程，这样更有利于导师与学生充分交流信息与交换意见，例如可以在研究生的参与下，共同制订研究生的培养计划，这种培养计划中的阅读书目、课程选择、实践环节、学术训练均要有研究生参与，要求双方共享有关学科以及科学研究的相关知识，从而建立双方更好的平等交流互动合作关系。

2. 加强导师指导，增强导师对研究生的学术影响力

研究结论表明，导师与研究生之间关系的影响程度有利于激发研究生的和谐型学术激情。导师应避免完全放任学生的学习时间安排，对研究生个人的学术追求不加引导（放养式管理），这些方式不利于研究生学术激情的提升。导师在尊重研究生职业生涯规划和学习之余生活安排的前提下，应加强对研究生学术科研活动的监督和控制，对学生投入学术科研活动的时间、科研工作进展等进行较为严格的把控，对学生在科研工作中遇到的困难给

予足够的指导，这样才有利于保持和提高研究生的和谐学术激情。

3. 积极引导研究生进行科研训练

研究生的总体学术激情的得分结果表明，总体学术激情不是很高，仅略微高于3分（最低分为1分，最高分为5分）。虽然访谈调查发现，研究生对自身的职业规划是影响学术激情水平的重要因素之一，但导师与研究生的关系以及导师在研究生学习过程中发挥的作用仍然是重要的影响因素。因此，导师应该多引导学生了解学术研究工作，让其对学术研究工作的价值、意义以及趣味性有更多的认识，避免学生因为不了解科研工作这个职业而错失一个职业选择方向。另外，学校也应该多加强学生的学术激情的培养与激励，例如可以多增加点学术研究的项目竞赛以及相关奖励机制，鼓励和激发学生乐于从事学术研究工作，增强学生的和谐学术激情，让学生在学术研究的过程中不断促进自身的成长。

当前导师与研究生关系的特征、问题与对策

——基于主流网络媒体的研究

于缘

编者按：我国恢复研究生教育 40 年来，累计招收研究生近 600 万人，目前在校研究生 230 多万人。随着研究生规模扩大，研究生群体在媒体上也常有所闻，关于研究生与导师关系的新闻报道也随之增多，而且有很大一部分为负面报道，负面新闻频发给高校、导师、研究生造成了前所未有的压力和挑战，也为当前导师师德师风建设提供了一个独特的研究视角。于缘老师通过对 2010—2018 年主流网络媒体的 220 则研究生师生关系报道新闻进行了内容分析，同时对导师、研究生进行的对话访谈，从一个新颖的角度探讨了新时代师生关系的现状、问题、背后原因。研究发现：师生矛盾、道德评估是师生关系负面报道常见的角度，而导师往往是新闻事件的主角，研究生的学位论文、毕业、项目、课题、成绩等问题常常是师生关系激化的热点，而研究生师生关系问题呈现多样化、尖锐化趋势。基于以上研究提出了改善师生关系和进行师德师风建设的六点建议。

一 研究背景与动机

教育部公布的最新数据显示，2018 年硕士研究生报名人数激

增，达到 238 万人，比 2017 年增长 37 万人，增幅达 18.4%，中国已成为世界排名第二的研究生教育大国。自改革开放以来，尤其是近年来，我国经济健康持续稳定发展，这其中，必然伴随着对更高端人才的需求。2018 年中央经济工作会议强调，经济发展要讲求"高质量"，而高质量的经济势必有高水平的人才做支撑，因此，我国研究生数量突破后更应重视质量。研究生教育处于国民教育的顶端，是激烈的国际竞争中人才争夺的关键点。办好研究生教育，培养高素质高层次的中国特色社会主义建设者和接班人，对国家的未来、民族的发展至关重要。

2017 年 12 月在北京召开的全国高校思想政治工作会议上，习近平总书记发表重要讲话："高等教育发展水平是一个国家发展水平和发展潜力的重要标志……教师是人类灵魂的工程师，承担着神圣使命。传道者自己首先要明道、信道……引导广大教师以德立身、以德立学、以德施教。"习近平总书记将高校教师称为传道者，要求传道必须首先明道、信道，只有这样才能更好地立德树人。随后，教育部于 2018 年 2 月 9 日印发《教育部关于全面落实研究生导师立德树人职责的意见》（以下简称《意见》）指出："为贯彻全国高校思想政治工作会议精神，努力造就一支有理想信念、道德情操、扎实学识、仁爱之心的研究生导师队伍，全面落实研究生导师立德树人职责。"这份《意见》明确了研究生导师立德树人七项职责，提出导师是研究生培养的第一责任人，导师要坚持教书和育人相统一，坚持言传和身教相统一。"教育大计教师为本，教师大计师德为本"，只有加强师德、师风建设才能提升教育的形象，培养出数以千万计的创新人才，为实现社会主义现代化和中华民族的复兴打下最坚实的基础。2018 年 3 月 27 日，教育部副部长杜占元在省级学位委员会、学科评议组和教指委工作会议上的讲话提出："以科研育人为抓手，积极探索研究生教育立德树人新机制……对于研究生而言，科研育人是一种更有效的育人方式，不仅丰富了学生的知识，更重要的是培养学生的科学精神和科学道德，树立正确的世界观、人生观、价值观。"立德树人是研究生教育的中心环节，是培养德才兼备、全面发展的高层次专门人才的核心要素。而其中研究生导师是研究生培养的关键力量，负有对研究生进行立德树人教育的首要责任。

然而近几年，"师之无良"事件令众人惊诧。导师与学生关系的"非正常化"，让本来单纯的师生关系和学术氛围笼罩上一层不该有的阴影。研究生、博士生因导师逼迫、威胁不给毕业、被要求免费给导师打工做项目的事件数不胜数，更有甚者对女研究生动手动脚欲潜规则。一次又一次的研究生无法毕业跳楼自杀事件历历在目，引起了社会的广泛关注。连续的研究生负面事件已经牵涉到众多知名高校，就连985名校也无从幸免。细数近几年影响力较大的师生负面舆论事件：

2015.08 中南大学研究生疑因论文答辩未过跳楼自杀，死前向副院长导师写下五千言；

2016.01 南京邮电大学研究生跳楼自杀：众学生曝导师常骚扰一名女研究生；

2017.07 厦门大学历史系教授吴春明长期猥亵诱奸女学生被曝光；

2018.01 西安交通大学寒门博士被女导师"逼死"跳河自杀溺亡；

2018.01 女博士实名举报北京航空航天大学教授长期性骚扰，受牵连女学生共有7人；

2018.04 武汉理工大学研究生陶崇园迫于导师压力，跳楼自杀；

2018.07 中山大学人类学教授张鹏被曝长期性骚扰女学生。

武汉工程大学法商学院副院长、副教授李捷枚在2015年发表的名为《研究生与导师关系调查与启示》的学术论文显示，在师生关系的和谐、融洽度中，26%的人对师生关系的状况不够满意。在与导师的学习指导方面，仅有70%的被调查者表示可以随时联系导师，20%的研究生"很少与导师见面"。在生活困难时，被调查研究生首先选择求助导师的仅占9%，远低于选择"父母"的51%和"朋友"的34%。研究生教育以培养高层次创新拔尖人才为最高价值目标，需要众多有利因素共同促进和作用，和谐的师生关系是其中最重要最关键的因素之一。师生的和谐关系创造良好的探究氛围，这样既有利于师生间显性知识的传递，也有利于双方的知识合作与创新开展，更有利于培养研究生的知识探究与学术创新能力。

综上所述，无论从国家层面还是高校层面，师风师德、师生关系问题越来越被政府、高校、媒体关注和重视。本研究从媒体的角度，运用框架理论对网络媒体研究生师生新闻报道进行内容分析，从研究结果结合当前研究生师生关系存在的问题和特点提出建设性意见，对研究生教育改革特别是师德师风建设提出一些建议。

二 文献综述

基于上述的研究背景，以下从框架理论、国内外研究两个方面进行相关文献的探讨。

1. 新闻框架理论

框架理论强调的是信息处理时的选择—排除—重组等过程中所形成的诠释结果。甘霖（W. A. Gamson）认为，框架定义大致分为两类，一类为界限（boundry），即是人类用于观察世界的镜头，镜头内的实景成为认知世界的一部分；一类为架构（building frame），即诠释社会现象，人们借由框架建构意义，来了解社会事件发生的原因和过程。坦克德（Tankard）认为框架是新闻内容的中心思想，是透过选择强调、排除与精致化的过程，提供受众新闻议题。安特曼（Robert M. Entman）指出在传播过程中至少有四个部分和框架有关联，即传播者、文本、接受者和文化。框架具有界定问题、诊断问题原因、做出道德判断以及建议解决方案等作用，框架包括选择和凸显两部分，会影响文本对受众的框架效果。吉特林（T. Gitlin）认为每则新闻都采用一种框架，排除掉与所选用框架不合的资讯，每则新闻都代表着一种选择。有选择就有放弃，强调新闻报道所选择的框架，是为了凸显新闻框架的意义。塔克曼（Tuchman）在《制造新闻》（*Making News*）一书中指出把框架概念放在大众媒介建构真实的过程中，就可以称为新闻框架（News fram）。新闻框架即新闻记者选择新闻素材的过程，会事先决定素材的重要与否，他们对认为重要的材料进行采访，收集和写作。新闻理论框架认为，客观真实并非独立存在，新闻报道是选择某些素材加以重组而建构社会真实，框架的过程才是真实建构的来源。新闻框架分析所关注的是人们在公共生活中如何建构意义，在理论上强调框架建构的过程与动态，考察并解释社会行动者的话语与话语实践。[①] 台湾学者张锦华（1994）提出媒体并非被动地反映社会情况，而是从无数纷乱庞杂的社会事务中，主动加以挑选、重组、编排，以图像或文字等符码组合一套有秩序、有意义、可理解的叙述方式。分析媒体框架，就是要从新闻文本里抽离它的象征符号和表意元素，理解新闻事件的过程和场景、新闻人物的活动和角色，以及新闻产生的时空背景，同时概括出相对抽象的新闻主题。

---

① 潘忠党：《架构分析：一个亟需理论澄清的领域》，《传播与社会学刊》（香港）2006年第1期。

综上所述，框架是呈现事物的一种架构，呈现出具有某种意义的思想，而这些思想又反映出一定的社会文化价值。本研究选用新闻内容作为框架分析的内容，来探讨媒介框架的呈现及媒介对这一议题的建构。

2. 国内相关研究生师生关系研究现状

近几年，随着研究生师生关系负面报道的增加，不仅媒体上出现的研究生师生关系新闻报道频率增长，学术研究者对这一问题也十分热衷。从中国期刊网（CNKI）的数据库输入关键词"研究生师生关系"，可搜出相关论文共计209篇（数据截止到2018年8月）。根据总结，论文大体分为四个角度，分别为研究生师生关系调查报告、研究生师生关系改善途径和构建策略、研究生师生关系研究综述，国内外研究生师生关系的比较研究。学者于晓敏等的《高校研究生师生关系现状与影响的调查研究——基于3所高校的实证分析》从社会交换理论视角出发，以3所高校的376名研究生为研究对象展开研究生师生关系现状与影响机制的调查与实证分析。结果显示，我国高校研究生师生关系质量普遍不高，博士研究生的师生关系质量显著高于硕士研究生，并且师生关系对研究生科研绩效存在显著影响，是研究生科研绩效的重要影响因素。学者朱莉的《研究生教育师生关系研究综述》从研究生教育中师生关系的本质、类型、问题、影响因素、对策等方面，对已有研究生与导师之间关系的相关研究进行了梳理和分析；学者徐正林的《研究生师生关系网络舆情之管窥——基于搜索引擎搜索结果的分析》中指出研究生与导师由于研究水平的差距，社会地位的不对等，人格特色的差异，社会变迁中的观念转换，市场经济的利益驱动等因素都会影响研究生师生关系的和谐发展。

通过CNKI检索发现，学者对研究生师生关系的研究基本是采用访谈法和问卷调查法，对某个高校某一类型研究生和导师进行实证研究，或扩大访谈和问卷的范围，对多所大学的研究生和导师展开了研究。本研究将通过分析与广大受众更为贴近的媒体为例，反映出大众媒体对研究生师生关系议题的建构，通过内容分析新闻报道来反映当下研究生师生之间存在的问题以及媒体报道的不足之处。

三　研究方法

本研究采用的研究方法是量化研究中的内容分析法和质化研究中的半结构式访谈法。拉斯菲尔德和贝尔森认为："内容分析是一种对传播所显示出来的内容进行客观、系统的、定量的描述的研究技术。"本文以传播内容文本中"量"的变化来推断"质"的变化。在内容分析中，辅以词频分析（Word Frequency Analysis）。词频分析是对文献正文中重要词语出现的次数进行统计与分析，是文本挖掘的重要手段。它是文献计量学中传统的和具有代表性的一种内容分析方法，基本原理是通过词出现频次多少的变化，来确定热点及其变化趋势。半结构式访谈法即在访问前拟定访问大纲以引导访谈顺利进行。在访问过程中，会根据访谈的实际情况弹性地调整访谈内容，使受访者在较少的限制下更开放地回答问题，重视的是被研究者的真实描述以及被研究者和研究问题的互动，采用归纳的方法分析资料。

1. 分析类目建构（category system）

类目的建构是决定内容分析法和整个研究的关键所在。本研究根据研究需要，类目建构的来源有二：国内外相关研究的论文以及查阅国内媒体上有关研究生师生关系议题的新闻报道。

类目的种类分为说什么（What is said）和怎么说（How is said）两个类目（王石番，1991）。接着将这两个类目进行更细致的分类，以便更好地研究。

录入原则说明：如果某一新闻报道内容不止出现一个主题框架，包含两个或多个框架，那么根据文章标题和整体，判断哪一个主题框架为核心框架。所有类目的录入按照标题导语最为显著的原则。下面将对具体的类目进行阐释和编码。

　　说什么（What is said）类目，主要由主题类目、向度类目、主角类目、来源类目、倾向类目组成，具体见表1，表后会对各个类目进行详细的说明和举例。

表1　　　　　　　　　　　　**What is said 节目类别**

What is said? 说什么节目	主题类目	界定问题 因果解释 道德评估 责任 建议解决	Etman（1993）和 Neu- wman　Justy　及　Crigler （1992）
	向度类目 （报道角度）	师生交往及学术交流 教学科研水平及能力 导师权力行使 研究生导师制度 研究生师生矛盾冲突 研究生素养及心理健康 师生责任义务归属 解决处理及相关政策支持 其他	研究者综合新闻报道总结
	主角类目	高校 导师 研究生 政府及监管部门 其他主角	
	来源类目	传统媒体 传统媒体网站 政府地方网站 原创新闻 其他来源	
	倾向类目	正面报道 负面报道 中立报道	新闻学基本知识

（1）主题类目：也就是新闻报道的主要内容。本类目的目的是测量报道对师生议题的一个主题取向，根据 Etman（1993）和 Neuman、Just 和 Crigler（1992）提出的关于新闻的议题框架的文献，再根据对报纸的报道分析，归纳得出以下几个测量的指标：

界定问题框架：为读者提出问题界定、让读者了解某一事件的定位、发展和过程。例如报道《西安交大溺亡博士与女导师聊天记录曝光用词暧昧》，录入为 1；

因果解释框架：强调事件的因果关系，解释发生的原因或产生的结果。例如报道《从导师到老板，畸形师生关系如何产生?》，录入为 2；

道德评估框架：强调事件的道德规范及所带来的社会影响等。比如报道《"同门"抄袭折射导师制"异化"》，录入为 3；

责任框架：表现出的责任归属倾向，归属方为政府、学校、导师等，比如《高校学位论文作假屡屡出现学者：应追责导师》，录入为 4；

建议解决框架：即提出问题的解决方法和方案，促使事件能够向好的一面发展。比如报道《教育部：研究生导师违反师德一票否决给予处理》，录入为 5。

（2）向度类目：也就是新闻角度类目，该类目主要是为了考察新闻报道从何种角度切入。分为以下几项指标：

师生交往及科研交流。指的是跟师生交往相关的内容，包括师生交往的技巧和方法、师生之间交流等，录入为 1；

教学科研水平及能力。指的是导师的教学与科研能力与水平相关的报道，录入为 2；

导师权力行使。指的是导师的权力滥用诸如让学生打工等，或对导师权力质疑的相关报道，录入为 3；

研究生导师制度。针对导师制度提出质疑或要求改进的新闻报道，录入为4；

研究生师生矛盾冲突。指的老师和学生之间产生矛盾的相关报道，比如性骚扰、自杀、跳楼或者其他尖锐矛盾冲突等的新闻报道，录入为5；

研究生素养及心理健康。指对研究生学术素养以及心理素质提出质疑或看法的新闻报道，录入为6；

师生责任义务归属。即从责任和义务细化和归属的角度来说明研究生师生关系的新闻报道，录入为7；

解决处理及相关政策支持。即针对问题的处理和进一步的建议解决，以及针对导师或师生关系的一系列政策支持录入为8；

其他。无法归为以上八类的归为其他，录入为9。

（3）主角类目：传播文本内容中，场合的代表性人物，也就是新闻中突出描述的主体。

高校。即各大高校或代表学校的行政部门等，录入为1；

导师。即研究生导师，录入为2；

研究生。即研究生身份的学生，录入为3；

政府及监管部门，即教育主管部门，如地方教育局、省教育厅，教育部等，录入为4；

其他主角。无法归为以上四类的主角或无法明确具体新闻主角的，列入其他主角，录入为5；

（4）来源类目，是指传播内容的来源是出自哪里，提供信息的来源。分为以下几类：

传统媒体：即报刊、广播、电视等传统传媒形态，录入为1；

传统媒体网站：也就是以传统媒体为主导的网站，比如人民网、新华网等，录入为2；

政府地方网站：是指以各地方政府为主导，旨在推动公众参与，促进良性的互动，以提高公共服务水平而建立的网站，录入为3；

原创新闻：标明网站来源为网站自身的新闻，录入为4

其他来源：其他不能归属以上项目的消息来源，录入为5。

（5）倾向类目，即新闻倾向性，借此考察新闻报道的总体倾向。

正面报道：报道倾向多为正面、积极，例如出现关键词句：被学生称为"先生"、深受学子喜爱、为徒争署名等。录入为1；

负面报道：报道倾向多为负面、消极，例如出现关键词句：自杀、坠楼、性侵、老板、催命干活，奴役等录入为2；

中立报道：单纯事实陈述、无法判断正面负面，录入为3。

怎么说（How is said）类目，由报道形态类目、策略类目、报道篇幅类目组成，具体见表2。

表2 **How is said 节目类别**

	报道形态类目	消息 网络新闻专栏 深度报道 调查统计报告 网络新闻评论	新闻学基本知识及武汉大学网络新闻评价课题组（2006）
（How is said）怎么说类目	策略类目	知觉（awareness） 知识（knowlegle） 态度（attitude） 技能（skills） 参与（participatation）	台湾林美霞（1999）、杨冠政（1997）
	报道篇幅类目	300字以上 301—600字 601—1000字 1001—1500字 1500字以上	新闻学基本知识

（1）报道形态类目，在样本的筛选中，报道形态为软文广告、自媒体个人文章发表的不列入研究范围。

消息：即单纯的新闻消息，包括简讯等，录入为1；

网络新闻专栏：新闻网站固定设立的特定的栏目，保持更新的专门栏目。录入为2；

深度报道：记者或媒体深入实地调查取证或不断挖掘事实的报道，录入为3；

调查统计报告：统计数据、问卷调查、民意调查等，录入为4；

网络新闻评论：指对某一新闻事实进行评价的言论作品。录入为5。

（2）策略类目，新闻报道针对受众采取的传播策略。

知觉（awareness）：对某一问题或事情的发展获得认知和了解，录入为1；

知识（knowledge）：相关研究生师生问题的各种经验和了解，包括了解最新政策和制度，录入为2；

态度（attitude）：获得关切研究生师生问题的价值观和社会责任感，录入为3；

技能（skills）：辨识和解决研究生师生关系问题的方法和技巧，录入为4；

参与（participation）：呼吁参与各种改进研究生师生关系的活动或引发进一步的思考和改革，录入为5。

（3）报道篇幅，新闻学上认为报道篇幅的长短可以凸显媒体对报道的重视程度。

300字以内录入为1；

300—600字录入为2；

600—1000字录入为3；

1000—1500 字录入为 4；

1500 字以上录入为 5。

综上所述，编码表如表 3 所示。

表3   编码表数据

D1	D2	D3	D4	D5	D6	D7	D8	D9
年度	新闻主题	新闻角度	新闻主角	新闻来源	新闻倾向	报道形态	报道策略	报道篇幅

2. 分析单位：则数

分析单位是内容分析最基本的单位。在考察研究目的之后，根据所掌握的资料，以则数作为基本归类单位，对"则"的定义如下：凡有关研究生师生议题的，可独立表达某一新闻主题的报道形态，就称为一则。以一则报道的内容作为分析的单位。

3. 研究对象与范围

（1）研究对象

为什么选取网络媒体？

2018 年 8 月 20 日，中国互联网络信息中心（CNNIC）发布《第 42 次中国互联网络发展状况统计报告》（以下简称报告）。《报告》显示，截至 2018 年 6 月，我国网民规模为 8.02 亿，上半年新增网民 2968 万人，较 2017 年末增加 3.8%，互联网普及率达 57.7%。截至 2018 年 6 月，我国网络新闻用户规模为 6.63 亿，半年增长率为 2.5%，网民使用比例为 82.7%。由此可见，网络媒体已成为网民获取信息的重要方式。

为什么选择腾讯网？

2018 年 2 月 26 日，国家工信部电子科学技术情报研究所网络舆情研究中心发布了《2017 年中国网络媒体公信力调查报告》。报告从用户信任度与社会责任感、覆盖率与影响力、媒体满意度三个大方向出发，对2017年中国主流综合性网络媒体的公信力进行了调查与评估。报告显示，网络媒体在综合影响力方面，已经形成了以人民网、新华网、腾讯网、人民日报客户端、腾讯新闻客户端等为主的第一梯队。在用户信任度、社会责任感、影响力、媒体满意度方面，腾讯网和腾讯新闻客户端是位于第一梯队的商业类媒体平台。腾讯网与腾讯新闻客户端凭借其对新闻客观性与真实性的追求，以及"有温度"、有人文关怀的品牌精神，获得网民高度评价，位居商业新闻品牌第一。在覆盖率与影响力的维度上，商业类媒体比体制内媒体表现更好。其中，位于第一梯队的腾讯网与腾讯新闻客户端，成为网民访问量最大、用户选择度最高的商业类网络媒体平台。

综上所述，互联网的发展逐渐改变了新闻传播业的生态，商业门户网站在国内影响力远超专业新闻网站。因此，基于公信力和覆盖率的考虑，选择腾讯网新闻作为研究对象。

（2）研究范围

2010年党中央、国务院发布《国家中长期教育改革和发展规划纲要（2010—2020年）》提出"大力推进研究生培养机制改革，建立以科学与工程技术研究为主导的导师责任制和导师项目资助制"，这一建议主要针对理工科专业。在导师责任制和导师项目资助制的基础上，研究生导师不仅是学生论文的指导老师，也成为研究生科研经费和生活费的直接来源。有研究者指出，这一制度可能会造成基础性学科与应用性学科之间、不同学术资历和研究能力的导师之间出现马太效应，研究经费和学术资源会向强势的学科和教师集中，强者愈强，弱者愈弱。与此同时，潜在的后果是让导师和学生的关系变成某种意义上的老板—员工的雇佣关系，学生的劳动报酬、生活费和奖学金全部仰仗导师，而这一雇佣关系又是非正式的、不被法律承认的，自然也不受《劳动合同法》的保护。故本研究以样本的选取范围将从2010年至2018年八年间的研究生师生议题新闻报道。

新闻报道选取范围即所有导师和研究生相关的新闻报道，包括与学生息息相关的导师制度、师风师德、师生交往或矛盾冲突等新闻报道，单一有关研究生新闻报道，若跟研究主题关系不大，不予纳入样本。本研究仅选取代表腾讯网观点的新闻，即其新闻来源由腾讯网把控，而自媒体客户端新闻无法代表腾讯网新闻立场，不予纳入样本。

按照抽样的原则选取范围，输入"研究生""导师"关键词除去不符合本研究要求或者与主题关系不大的新闻报道，并剔除重复的新闻，从慧科新闻数据库中选取样本共220则，其各年份的新闻报道分布如表4。

（3）编码者与信度检验

表4　　　　　　　　　不同年份的信度检测数据

年份	数量（例）
2010	11
2011	15
2012	11
2013	21
2014	43
2015	33
2016	30
2017	22
2018	34

在信度检测上，至少从样本中抽取 10% 的样本数量来做信度检验。按照此规则，本研究随机抽取 30 则，邀请深圳大学传播学院副教授潘晓慧（A）以及研究者（B）共同进行信度检验。信度检验公式为：相互同意度 $= 2M/N_1 + N_2$（M = 完全同意的数目、N_1 和 N_2 为编码员应有的同意数目），按照公式得出编码员 A、B 同意度为 0.87。再根据信度 $= n_x$（平均相互同意度）/1 + [（n-1）×平均相互同意度]（n 为参加编码人员的数目），按照公式，得出信度为：0.93。已达到 0.90 信心水平以上。

（4）统计方法

本研究采用 SPSS 17.0 软件对所录入的数据进行分析。采用的分析方法是频数分析（Frequency）和交叉分析（Cross－analysis）。频数分析是对单变量进行描述统计。

反映数据的频率，由此推断出一定的趋势。此分析方法用在研究当中是为了描述媒体在报道研究生师生议题时采用各种框架、新闻向度、新闻来源、新闻倾向性、报道形态、传播策略、报道篇幅的分布状况。交叉分析通常用于分析两个变量之间的关系，在纵向分析和横向分析法的基础上，由浅入深的一种分析方法。此分析方法目的是描述上述提及的变量与变量之间的频数关系和百分比。

四 研究框架

本研究的主要目的在于透过对网络新闻报道内容的分析，得出媒体对研究生师生议题的建构，并运用词频分析查看关注点和热点问题，对网络媒体报道和舆论引导提出建设性意见，并针对研究结果对相关研究生师生关系及师德师风问题进行访谈以便进一步深化主题。综上所述，为更好地清晰本研究的研究思路，得出以下研究框架（见图1）。

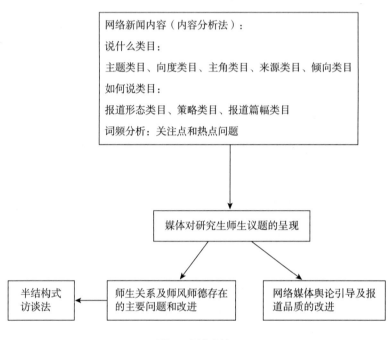

图1　研究框架

五　研究结果

1. 研究生师生议题报道的整体分析

（1）报道形态的分布状况

从表5中看出，在220则新闻报道中，报道形态为消息的新闻报道出现的频次最高，共108次，占49.1%。其次为深度报道，频次为60次，占比27.3%，新闻评论出现频次为37次，比例为16.8%。说明在研究生师生议题报道中，以消息为主要的报道形态，辅以深度报道和新闻评论。网络新闻专栏是网站固定设定的保持更新的栏目，具有其特定的影响力，然而占比只有

4.5%，频次为 10 次。涉及实证分析的调查统计报告却是占比最少的部分，频次为 5 次。

表5　　　　　　　　　　　报道形态分布

报道形态	频次（次）	占比（%）
消息	108	49.1
深度报道	60	27.3
新闻评论	37	16.8
网络新闻专栏	10	4.5
调查统计报告	5	2.3
总计	220	100

（2）新闻角度的分布状况

由表6中可以看出，研究生师生议题新闻多以师生矛盾冲突（50，22.7%）、师生交往及学术交流（48，21.8%）以及导师权力行使（35，15.9%）三个角度切入。可见，新闻的切入角度以争议最大的矛盾冲突为主，这也跟当下研究生师生关系负面新闻频频出现影响力较大的热点问题有关，因此在媒体的报道中也突出对这一问题的关注。同时，解决处理及相关政策支持（30，13.6%）也占有一定的比例，政策的出台和对问题的解决处理是师生危机改善的重要手段和途径。涉及研究生素养及心理健康的角度占比最少（6，2.7%）。

表6　　　　　　　　　　　新闻角度分布

新闻角度	频次（次）	占比（%）
研究生师生矛盾冲突	50	22.7

续表

新闻向度	频次（次）	占比（%）
师生交往及学术交流	48	21.8
导师权力行使	35	15.9
解决处理及相关政策支持	30	13.6
教学科研水平及能力	19	8.6
师生责任义务	14	6.4
研究生导师制度	13	5.9
研究生素养及心理健康	6	2.7
其他	5	2.3
总计	220	100

注：同一则新闻可能包含多个报道角度，以标题、导语最显著原则，根据文章整体内容，判断主要报道角度。

（3）新闻主角的分布状况

在新闻主角方面，见表7，报道凸显的主角以导师为主，出现的频次为103次，占46.8%；研究生排在第二位，出现的频次为46，占20.9%；出现频次最少的是政府监管部门，频次为10次，占4.5%；也就是说，在研究生师生议题新闻报道中，几乎一半的报道倾向偏向于导师角色，而涉及实际导师制度和科研制度发布和实施的政府监管部门和高校在报道中所占的比重是有限的。

表7　　　　　　　　　　　　新闻主角分布

新闻主角	频次（次）	占比（%）
导师	103	46.8
研究生	46	20.9
高校	33	15

续表

新闻主角	频次（次）	占比（%）
政府监管部门	10	4.5
其他主角或无明确主角	28	12.7
总计	220	100

（4）新闻倾向的分布状况

由表8可以看出，新闻倾向反映研究生师生议题的立场和趋势，可以明显地看出以负面立场居多，占47.3%，出现频次104次；其次为中立立场（88，40%）；最后为正面立场（28，12.7%）。可以看出，媒体对于该议题的报道立场多是以负面立场为主，负面立场多于正面立场。

表8　　　　　　　　　　　　新闻倾向分布表

新闻倾向	频次	百分比
正面	28	12.7%
负面	104	47.3%
中立	88	40%
总计	220	100%

（5）报道篇幅的分布状况

报道篇幅可以反映媒体对此类新闻的重视程度。由表9可知，在220篇新闻报道中，1500字以上出现频次为120次，占比54.5%；1001—1500字出现的频次为43次，占比19.5%；而篇幅最少的600字以下合计只占9.1%。可以看出，对于研究生师生议题报道，媒体的态度还是很重视的，中长篇幅远远大于短篇幅。

表9　　　　　　　　　　　　　　　　**报道篇幅分布**

报道篇幅	频次（次）	占比（%）
300 字以内	4	1.8
301—600 字	16	7.3
501—1000 字	37	16.8
1001—1500 字	43	19.5
1500 字以上	120	54.5
总计	220	100

（6）受众策略类目的分布状况

受众策略类目反映出新闻内容对受众的影响策略，网络媒体宣传研究生师生议题内容很大一个原因是对受众高等教育意识的传播。表10 显示出受众策略的频次，可以看出态度是频次最高的（88，40%），即获得关切研究生师生问题的价值观和社会责任感；排在第二位的是知觉（78，35.5%），即让受众对某一问题或事情的发展获得认知和了解；第三位就是知识策略（37，16.8%），相关研究生师生问题的各种经验和了解，包括了解最新政策和制度；而参与策略和技能策略是使用较少的策略。可以看出，网络媒体对受众的舆论引导策略较少使用影响人们实际行动的技能及参与策略。

表10　　　　　　　　　　　　　　　　**受众策略类目分布**

受众策略	频次（次）	占比（%）
知觉	78	35.5
知识	37	16.8
态度	88	40
技能	7	3.2
参与	10	4.5
总计	220	100

（7）新闻主题框架的分布状况

从表11可以看出，道德评估框架高居所有框架排名的第一位（76，34.5%），频次高于其他框架；频次占第二位的是建议解决框架（61，27.7%），出现频次最少的因果解释框架（16，7.3%）和责任框架（13，5.9%）。说明媒体的报道中较多采用道德评估框架和建议解决框架，而较少使用因果解释框架和责任框架。

表11　　　　　　　　　　新闻主题框架分布

主题框架	频次（次）	占比（%）
道德评估	76	34.5
建议解决	61	27.7
界定问题	54	24.5
因果解释	16	7.3
责任	13	5.9
总计	220	100

（8）消息来源的分布状况

新闻来源的分布状况分析中，网络研究生师生议题新闻的消息来源主要还是代表官方声音的传统媒体和传统媒体网站，其占比高达86.4%，可保证消息的真实可靠性，但是也可以看到除了官方来源的同时，依旧存在原创新闻和其他来源新闻，共占比9.5%。

表12　　　　　　　　　　新闻来源分布

消息来源	频次（次）	占比（%）
传统媒体	62	28.2

续表

消息来源	频次（次）	占比（%）
传统媒体网站	128	58.2
地方门户网站	9	4.1
原创新闻	11	5
其他来源	10	4.5
总计	220	100

六　小结和讨论

从以上数据分析可以看出，网络媒体研究生师生议题新闻报道的大体轮廓是：

1. 报道形态以消息为主，新闻切入的角度多以师生矛盾冲突、师生交往学术交流以及导师权力行使三个角度切入为主；这和高校近年来频频出现的师风师德热点问题有关系，而高校和政府的监管和规范则是改善这一现象的重要途径，所以新闻角度为解决处理和政策支持也占有一定的比重。

2. 新闻主题框架使用最多的是道德评估框架，其次是建议解决框架，最少的是因果解释框架和责任框架；这也说明当前高校研究生师生关系的新闻报道中，责任归属方面的新闻内容较少，而因果解释框架可以更好地厘清新闻事件的事实和发展，让受众发现事件背后复杂的原因。

3. 新闻倾向的呈现多以负面立场为主，负面报道的频率远远多于正面报道和中立报道。

4. 新闻主角以导师为主，其次为研究生，而涉及导师制度和科研制度制定和实施的政府和高校的比例却较少。消息来源以代表体制内官方话语权的传统媒体和传统媒体网站来源为主，但仍有9.5%的比例是来源于非官方来源。

5. 新闻报道对受众策略以态度为主，即获得关切研究生师生问题的价值观和社会责任感。同时也涉及知觉和知识方面，技能和参与的受众策略使用得最少。然而参与和技能是可以引导受众直接在实际生活中对研究生师生问题的改善有所行动的，而这部分在媒体的报道中涉及很少，大多为事件的知晓和评论。这和媒体、高校、政府切实开展有关研究生师生关系共建的活动有关，有活动的展开，师生才可参与其中。

6. 研究生师生议题新闻倾向分析

（1）新闻倾向与报道形态类型类目交叉分析

表13　　　　　　　新闻倾向与报道类型类目之交叉分析表

报道类型 ＼ 新闻倾向	正面报道 则数 %	负面报道 则数 %	中立报道 则数 %
消息	22 (22.4) (78.6)	42 (38.9) (40.4)	44 (40.7) (50.0)
网络新闻深度报道	6 (10) (21.4)	36 (60.0) (34.6)	18 (30) (20.5)
网络新闻评论	—	23 (62.2) (22.1)	14 (37.8) (15.9)
网络新闻专栏	—	2 (20.0) (1.0)	8 (80.0) (9.1)
调查统计报告	—	1 (20.0) (1.0)	4 (80.0) (4.5)

由表13可知，从报道类型类目来看，消息报道类型中的中立报道的数量最多（44，40.7%）；在以深度挖掘事实为主的深度报道中负面报道占到了60%；评论、社论这一类由新闻评论人所写的文章，其负面报道也多于中立报道，占到了62.2%。其他报道类型都以中立报道为主。

（3）新闻倾向与报道主角类目交叉分析

表14 　　　　　　新闻主角与新闻倾向类目之交叉分析表

新闻倾向 新闻主角	正面报道 则数 %	负面报道 则数 %	中立报道 则数 %
导师	16 （15.5） （57.1）	58 （56.3） （55.8）	29 （28.2） （33.0）
研究生	5 （10.9） （17.9）	28 （60.9） （26.9）	13 （28.3） （14.8）
高校	5 （15.2） （17.9）	7 （21.2） （6.7）	21 （63.6） （23.9）
政府监管部门	——	1 （10.0） （1.0）	9 （90.0） （10.2）
其他	2 （7.1） （7.1）	10 （35.7） （9.6）	16 （57.1） （18.2）

首先从新闻主角类目来看，由表14可知，报道主角为导师的，新闻倾向数量较多的为负面报道（58，56.3%），其次为中立报道（29，28.2%），最少的是正面报道（16，15.5%）；研究生为报道主角的，新闻倾向主要为负面报道（28，60.9%）；

高校和政府监管部门为主角的新闻报道中，新闻倾向以中立报道为主。从新闻倾向类目来看，负面报道的主要新闻角色是导师（58，55.8%），其次为研究生（28，26.9%）。

（4）新闻倾向与新闻角度类目交叉分析

由表15可知，从新闻角度类目来看，师生矛盾冲突角度上，主要的新闻倾向是负面报道（38，76.0%）；师生交往及学术交流角度，主要的新闻倾向是中性报道（23，47.9%）；导师权力行使角度，以负面报道为主（27，77.1%）；解决处理及相关政策支持角度报道中，新闻倾向主要为中立报道（22，26.3%）。从新闻倾向类目来看，正面报道中出现新闻角度最多的是师生交往及学术交流（16，57.1%）；负面报道中出现新闻角度最多的是师生矛盾冲突（38，36.5%）。

表15　　　　　　　新闻角度与新闻倾向类目之交叉分析

新闻角度＼新闻倾向	正面报道 则数 %	负面报道 则数 %	中性报道 则数 %
研究生师生矛盾冲突	—	38 (76.0) (36.5)	12 (24.0) (13.6)
师生交往及学术交流	16 (33.3) (57.1)	9 (18.8) (8.7)	23 (47.9) (26.1)
导师权力行使	1 (2.9) (3.6)	27 (77.1) (26.0)	7 (20.0) (8.0)
解决处理及相关政策支持	1 (3.3) (3.6)	7 (36.8) (6.7)	22 (26.3) (5.7)

续表

新闻倾向 / 新闻角度	正面报道 则数 %	负面报道 则数 %	中性报道 则数 %
教学科研水平及能力	7 (36.8) (25.0)	7 (36.8) (6.7)	5 (26.3) (5.7)
师生责任义务	—	9 (64.3) (8.7)	5 (35.7) (5.7)
研究生导师制度	2 (2.9) (3.6)	3 (23.1) (2.9)	8 (61.5) (9.1)
研究生素养及心理健康	—	3 (50.0) (2.9)	3 (50.0) (3.4)
其他	1 (20.0) (3.6)	1 (20.0) (1.0)	3 (60.0) (3.4)

7. 小结与讨论

（1）在样本量较多的报道类型中，消息、深度报道和新闻评论都以负面报道的数量为主，这和整体的新闻倾向是一致的。

（2）从新闻主角上说，负面报道的主要新闻角色是导师，其次为研究生。由于消息来源的限制，官方来源的数量多，所以关于高校和政府的新闻角色多为中立报道。而导师则成为师生议题报道中的众矢之的，成为负面报道的主要对象。

（3）从新闻倾向上来看，负面报道中出现新闻角度最多的是师生矛盾冲突；正面报道中出现新闻角度最多的是师生交往及学术交流；不同的新闻内容，呈现的新闻倾向也是不一样的。

8. 新闻主题框架分析

（1）新闻主题与新闻倾向的交叉分析

表 16　　　　　　　　新闻倾向与新闻主题类目之交叉分析

新闻倾向 ＼ 新闻主题	界定问题 则数%	因果解释 则数%	道德评估 则数%	责任 则数%	建议解决 则数%
正面报道	8 (28.6) (14.8)	—	15 (53.6) (19.7)	—	5 (17.9) (8.2)
负面报道	27 (26.0) (50.0)	7 (6.7) (43.8)	47 (45.2) (61.8)	10 (9.6) (76.9)	13 (12.5) (21.3)
中立报道	19 (21.6) (35.2)	10 (10.2) (56.3)	14 (15.9) (18.4)	3 (3.4) (23.1)	43 (48.9) (70.5)

由表 16 可看出，从新闻主题框架的角度来看，界定问题框架（27，50.0%）和道德评估框架（47，61.8%）的新闻主要倾向是负面报道，建议解决框架的新闻倾向以中立报道为主（43，70.5%）。责任框架的新闻倾向也显示以负面报道为主（10，76.9%）。而因果解释框架中立报道（10，56.3%）略高于负面报道（7，43.8%）。

（2）新闻角度和新闻主题类目的交叉分析

从新闻主题类目来看（表 17），界定问题框架的新闻报道中主要涉及的新闻角度是师生交往及学术交流（17，31.5%）；道德评估框架的新闻报道中涉及的主要新闻角度是导师权力行使（25，32.9%）；责任框架的新闻报道中涉及的主要新闻角度是师生责任义务（9，69.2%）；建议解决框架的新闻报道中涉及的主要新闻角度是解决处理及相关政策支持（27，44.3%）。从新闻角度类目来看，研究生师生矛盾冲突角度（21，42.0%）和导师权力行使（25，71.4%）主要采用的框架是道德评估框架；解决处理及相关政策支持主要采用的框架是建议解决框架；研究生导师制度角度要采用的框架是建议解决框架（9，69.2%）。

表17 新闻角度与新闻主题类目之差异性分析

新闻角度 ＼ 新闻主题	界定问题 则数 %	因果解释 则数 %	道德评估 则数 %	责任 则数 %	建议解决 则数 %
研究生师生矛盾冲突	16 (32.0) (29.6)	6 (12.0) (37.5)	21 (42.0) (27.0)	2 (4.0) (15.4)	5 (10.0) (0.2)
师生交往及学术交流	17 (35.4) (31.5)	3 (6.3) (10.0)	17 (35.4) (22.4)	—	11 (22.9) (10.0)
导师权力行使	5 (14.3) (9.3)	3 (6.6) (10.0)	25 (71.4) (32.9)	—	2 (5.7) (3.3)
解决处理及相关政策支持	2 (6.7) (3.7)	—	—	1 (3.3) (7.7)	27 (90.0) (44.3)
教学科研水平及能力	8 (42.1) (14.0)	—	10 (53.6) (13.2)	—	1 (5.3) (1.6)
师生责任义务	—	—	1 (7.1) (1.3)	9 (64.3) (69.2)	4 (28.6) (6.6)
研究生导师制度	1 (7.7) (1.9)	1 (7.7) (6.3)	1 (7.7) (1.3)	1 (7.7) (7.7)	9 (69.2) (14.0)
研究生素养及心理健康	2 (33.3) (3.7)	2 (33.3) (12.5)	—	—	2 (33.3) (3.3)
其他	3 (60.0) (5.6)	1 (20.0) (6.3)	1 (20.0) (1.3)	—	—

小结与讨论

通过对新闻主题框架的分析，总结出以下两点。

1. 负面报道中采用最多的主题框架是道德评估框架，中立报道中采用最多的是建议解决框架。负面报道则多针对的是导师和研究生的矛盾纠纷，所以多采用道德评估框架。中性报道则多为研究生师生问题的建言献策。

2. 界定问题框架和因果解释框架的新闻报道中主要涉及的新闻角度是研究生师生矛盾冲突；道德评估框架的新闻报道中涉及的主要新闻角度是导师权力行使；责任框架的新闻报道中涉及的主要新闻角度是师生责任义务；建议解决框架的新闻报道中涉及的主要新闻角度是解决处理及相关政策支持。可以看到，在导师权力行使和师生矛盾冲突这类争议性比较大的议题里，道德评估框架远高于因果解释框架，媒体对此类报道的态度是尽可能地造舆论热点以影响受众对问题的关注，而并非挖掘其背后的深层原因。

3. 词频分析

高频词分析指在每篇报道中出现频率较高的词语，选取高频词用于查看新闻报道的关注点和报道基调，构造词云概览。通过词频分析，能最直接、客观形象地展现某一议题的热点问题。

在进行词频分析之前，还须采用合适的分词方法。常用的分词方法有三种：计算机分词、人工干预分词、计算机软件和人工相结合方法。本文的词频分析，因为所涉及的词语词频度普遍不是很高，主要基于 ROST Content Mining 6.0 版本的软件分析，少量辅助人工干预分词，从而努力在最大程度上确保词频样本的真实性和准确性。

具体词频分析步骤如下：

a. 将研究的新闻样本报道以 TXT 文本导入 ROST Content Mining 6.0 软件，通过分词功能将文本分词；

b. 针对分词后的结果，进行人工干预分词，将不合理且无研究意义的分词进行处理，比如"时间""下午""每天""的""在"等；

c. 重新对新闻报道进行计算分词，并通过可视化工具进行词云绘制，进而得到直观、合理正确的数据。

4. 师生矛盾冲突新闻报道词频分析

通过词频分析软件的可视化工具，对 50 篇涉及师生矛盾冲突的新闻报道进行词云绘制，得到图 2。从词云图中可以直观地看出，师生矛盾冲突议题报道文本中，"导师""论文""研究生""毕业""学校""学术"等词语在其中较为突出。

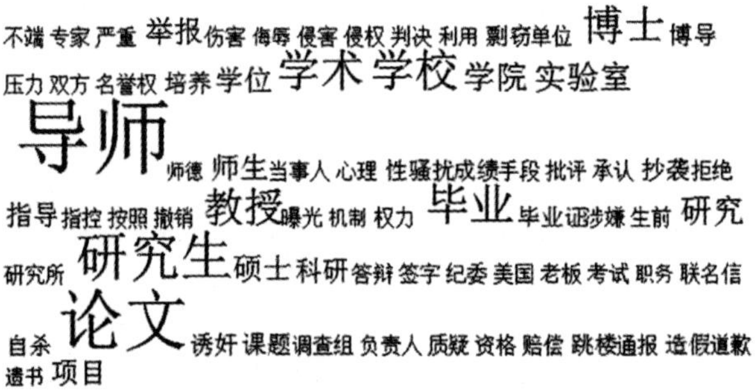

图 2　研究生师生矛盾冲突报道文本词云（词频≥15）

通过词频分析工具对涉及师生矛盾议题的 50 篇报道文本进行词频分析，同时通过对过滤词表工具的辅助分析，按照出现的频率由高到低选取高频词语作为词频统计分析，得出高频词一览表（表 18）。从表 18 中可以看出，研究生师生矛盾冲突 50 篇报道。文中出现次数大于等于30频次的高频词。通过高频词可以看出导师（414）、研究生（231）、学校（177）、博士（158）、教授（143）、学院（92）、博导（43）是矛盾冲突事件中的主要角色，冲突的事件主要焦点在于论文（321）、毕业（180）、项目（74）、科研（63）、课题（48）、成绩（30）等，以及造成一些负面舆论事件的发生，例如抄袭（49）、诱奸（42）、自杀（36）、性骚扰（34）、剽窃（33）、造假（33）、跳楼（32）等。

表18　研究生师生矛盾冲突50篇报道文本高频词（词频≥30）

序号	词	词频	序号	词	词频	序号	词	词频
1	导师	414	11	学院	92	21	博导	43
2	论文	321	12	硕士	85	22	诱奸	42
3	研究生	231	13	举报	81	23	培养	42
4	毕业	180	14	师生	75	24	毕业证	39
5	学校	177	15	项目	74	25	自杀	36
6	学术	171	16	学位	69	26	性骚扰	34
7	博士	158	17	科研	63	27	剽窃	33
8	教授	143	18	指导	62	28	造假	33
9	实验室	99	19	抄袭	49	29	跳楼	32
10	研究	94	20	课题	48	30	成绩	30

（1）道德评估框架是热点，矛盾冲突和导师权力受关注

道德评估框架是热点框架，通过词频分析工具对涉及道德评估框架的76篇报道文本进行词频分析，同时通过对过滤词表工具的辅助分析，按照出现的频率由高到低选取高频词语作为词频统计分析，得出以下高频词一览表（见表19）。

表 19 　　　　道德评估框架 76 篇报道文本高频词（词频≥25）

序号	词	词频	序号	词	词频	序号	词	词频
1	导师	685	11	经费	155	21	权力	46
2	研究生	401	12	指导	100	22	诱奸	38
3	科研	340	13	课题	97	23	承担	31
4	论文	257	14	博士	93	24	课程	31
5	教授	234	15	培养	93	25	性骚扰	31
6	学术	234	16	教学	90	26	博导	30
7	高校	217	17	老板	87	27	利益	29
8	项目	182	18	报销	85	28	苦力	27
9	师生	178	19	抄袭	74	29	打工	25
10	毕业	164	20	制度	51	30	署名	25

从表 19 中可以看出，对于频率出现 25 次以上的高频关键词进行分析，出现了热点词：师生（178）、指导（100）、培养（93）、教学（90）、课程（31）、署名（25）等，说明在道德评估框架中，师生关系和师生学术交流是关注重点之一。另外还出现了导师权力滥用和师生矛盾冲突的热点词，比如经费（155）、老板（87）、报销（85）、权力（46）、诱奸（38）、性骚扰（31）、利益（29）、苦力（27）、打工（25）这类高频词。这也体现了前文提及道德评估框架的主要报道角度主要为师生矛盾冲突、导师权力行使以及师生交往及学术交流。

（2）建议解决框架突出，关注师德和改革

建议解决框架比较突出，通过词频分析工具对涉及建议解决框架的 61 篇报道文本进行词频分析，同时通过对过滤词表工具的辅助分析，按照出现的频率由高到低选取高频词语作为词频统计分析，得出以下高频词一览表（见表 20）。

表 20　　　　　**建议解决框架 61 篇报道文本高频词（词频≥30）**

序号	词	词频	序号	词	词频	序号	词	词频
1	论文	220	11	制度	79	21	经费	49
2	科研	155	12	质量	72	22	不端	47
3	培养	153	13	意见	66	23	教育部	47
4	学位	137	14	改革	64	24	老板	45
5	师德	136	15	建立	83	25	评价	42
6	机制	97	16	规定	62	26	规范	40
7	建设	93	17	管理	61	27	健全	35
8	项目	85	18	考核	56	28	明确	33
9	性骚扰	85	19	资格	56	29	提高	33
10	师生	84	20	抄袭	53	30	导师制	30

从表 20 可知，在建议解决框架中，出现一些新的热点词，比如师德（136）、机制（97）、建设（93）、制度（79）、质量（72）、改革（64）、考核（56）、资格（56）、规范（40）、健全（35）等，这也和当前国家推出一系列针对师德师风、立德树人教育机制和管理办法有关。同时热点词也出现了权威监管部门主角即教育部（47）。在建议解决框架中，导师制（30）也进入了高频词列表，这也体现了当前高校进一步推进完善和健全研究生导师制度。

5. 访谈结果

当前网络媒体关于研究生议题的呈现，负面新闻太多。师生之间关系疏远或不正常背后究竟有哪些原因？当前高校师德师风建设面临哪些困境和问题？本研究通过对导师和研究生进行访谈，以更深入地探讨问题。本研究访谈对象分别选取理工科类和文科类导师各一名，来自深圳大学高教所的李均教授和机械与控制工程学院的曹广忠教授。李均教授为深圳大学高教研究所教授、所长，深圳大学师范学院教育系主任，教育学一级学科带头人。曹广忠教授为深圳大学自动化研究所所长，控制理论与控制工程硕士学位点负责人、导师，深圳大学—美国 TI 公司高级嵌入式控制联合实验室主任。两位导师均有十年以上带研究生的培养经历。关于导师部分的访谈结果则主要来源于对他们的采访。关于研究生访谈结果部分，则访谈了两名研究生，来自信息工程学院的杨××和经济学院的周××两名研究生（按学生本人要求匿名）。关于采访的具体内容，文末后面附录部分有详细的采访内容。以下从几个方面进行阐述。

（1）师生关系疏远与否要看具体情况

师生之间关系是否相对疏远要看具体的学科和专业，比如项目多、课题多的理工科类导师对比项目少的文科类导师，师生之间交流的密切程度会呈现不一样的情况。理工科类的导师项目多、课题多，老师和学生组成一个团队，而且很多项目必须保持其研究的可持续性，研究生和导师的交流相对比较频繁。所以师生之间交流的情况是否密切不能够一概而论。总体上来讲，师生关系跟以前相比会疏远一些，这跟研究生扩招、导师综合素质以及导师承担角色的多样化都有关系。高等教育大众化，研究生扩招以后，导师同时面对十几个学生，再加上教学、科研、有些导师还担任管理工作，这些都占据了导师部分的精力和时间。

（2）参与导师课题是把"双刃剑"

现在对导师"老板"的称呼，导师视研究生如雇工，研究生视导师为雇主，这种师生之间的"雇佣关系"是媒体所诟病的。作为高校导师并不认可这等称谓，研究生培养跟企业用人是不同的，这种称谓是对师生关系的一种玷污。导师拿了很多课题，大量的横向课题跟研究生培养方向不一致，做不完只有让研究生帮忙做，并且根据干的活发放一定量的劳务费，那么久而久之形成了导师和学生之间近似于雇佣关系。但是从另一方面来看，导师拿了具体的科研项目，就有了具体的研究内容和目标，学生才可以进行有目的的系统的学习。并且参与导师的课题，通过做课题培养学生思考问题、分析问题和解决问题，会对研究生的学术研究能力有所帮助。

（3）论文带来的"压力"

论文的数量和质量是否达到毕业的要求，是研究生与导师矛盾激化的根源，有的学生抱怨自己的导师"太有原则"，达不到导师的标准，学生就只能推迟毕业。论文问题给导师带来很大压力，也成为导师和研究生之间心存芥蒂的主要原因。论文的问题应该辩证地来看，首先，多数情况下导师对研究生论文的判断还是准确的，导师对研究生的要求一般都是基准性的要求，不会过于苛刻。另一个角度来讲，导师是研究生的第一责任人，学生的论文没有达到要求或者有学术不端行为，导师也应该承担责任，如果作为导师平时都不关心学生的论文，那么导师本身也是有责任的。其次，研究生的学术素养也是很大的因素，作为接受过高等教育的成年人，应该主动严格要求自己，承担起对论文的责任。当然也不排除个别导师师德有问题，故意为难学生，所以应建立一个研究生保障的申诉机制，如果学生认为导师的判断不合理，可以向有关机构反映，有关机构可以组织同行评议。

（4）师生双方相处的权利义务不明确

从百度搜索"给导师取私人快递""给导师搞装修""给导师看孩子"，可以得到数百条检索结果，大部分都是学生的吐槽。导师权力滥用也是当下师生矛盾频发的主要原因。导师过分地使用学生去做教育之外的事情，师生之间掺杂了除教育关系之外的其他关系。目前导师的权利义务虽然有现行的规章制度，但不够细化和清晰。导师可以做哪些？不可以做哪些？这些问题界定好了以后，那么导师就无权让学生去做界定之外的事情。导师掌握着研究生学术评价的权力，学生表示对此无话语权，处于弱势的一方。如果导师有不当行为或者对其产生怀疑，学生也不明确自己具体可以行使哪些权利。同样，学生也不能任凭自己的意愿去更换导师或者诋毁导师，损害导师的利益。权利义务的界定对导师和学生都是一种保障。

（5）研究生缺乏跟导师相处的经验

当下，研究生师生之间的相处普遍缺乏一种诚信和尊重。一部分研究生读研并无明确的目的，规避就业压力或是当作更好的就业的跳板，在这种情况下学生也不会跟导师有主动的、密切的联系，甚至导师主动找其沟通招致学生反感。学生从本科进入研究生阶段，很多情况下，学生不明白研究生跟本科生的差别在哪里，也不知道如何跟导师相处，应该了解导师的哪些方面。在和导师的相处过程跟着自己的想法走，完全不按导师的思路走，缺乏一种交往的真诚和信任。如果一开始就让学生了解到这些，也许师生之间的误会从一开始就化解了。

（6）高校师德师风建设刻不容缓

在媒体负面新闻报道中，导师占有重要的责任。高等教育大众化以后，一些责任心差、综合素质不高的人混入了导师队伍，导致导师队伍素质参差不齐。对学生的关心不够，甚至做出师德失范的事情，损害学生的利益和高校的声誉。加强师德师风建设在当前形势下刻不容缓，应出台一些师德师风文件来约束、引导导师，加强监督。要加强学生对导师的约束作用，若导师违反师德，应该实行一票否决制，取消其招生资格。学校也应明确基层负责人的工作职责，把师德师风建设纳入日常工作中。

七 结论与建议

（一）主要研究结论

1. 导师是负面报道的新闻主角，师生矛盾是典型的报道角度，道德评估框架是使用最多的新闻主题框架

从内容分析结果得知，在研究生师生议题新闻报道中，道德评估框架是使用最多的新闻主题框架，最少采用的是因果解释框架和责任框架。媒体在报道研究生师生议题中，报道类型为消息的占到了近五成，报道的角度集中在研究生师生矛盾冲突。新闻的主要来源是官方消息来源（九成）。媒体在报道中凸显的主角是研究生导师。报道的篇幅集中在中长篇幅（1000—1500 字）和较长篇幅（1500 字以上）。媒体在报道中，主要侧重的新闻倾向是负面方向，负面报道数量远远多于正面报道。在对受众策略上，新闻报道对受众主要采用的策略是态度。

负面报道的主要新闻角色是导师，且负面报道出现新闻角度最多的是师生矛盾冲突。负面报道中采用最多的框架是道德评估框架，中立报道中采用最多的是建议解决框架。界定问题框架和因果解释框架涉及的新闻角度是研究生师生矛盾冲突，道德评估框架的涉及的主要新闻角度是导师权力行使，责任框架的新闻报道中涉及的主要新闻角度是师生责任义务，解决建议框架的新闻报道中涉及的主要新闻角度是解决处理及相关政策支持。

2. 论文、毕业、项目、课题、成绩是研究生师生新闻议题中的热点，新闻报道对于导师权力滥用和师生矛盾冲突非常敏感

在引起舆论热点关注的矛盾冲突事件中，导师、研究生、学校是矛盾冲突事件中的主要角色，矛盾的焦点事件集中在论文、

毕业、项目、课题、成绩等，引发的舆论热点负面事件比如抄袭、诱奸、自杀、造假、跳楼等。在道德评估框架的新闻报道中，师生关系和学术交流是重点，同时也出现了导师权力滥用和矛盾冲突的热词，比如经费、老板、权力、苦力、打工等。建议解决框架在新闻中也占有突出的比例，出现一些热点词语，比如师德、机制、制度、改革、考核、规范、教育部、导师制等。这些体现了当前政府及高校推进师德师风建设及立德树人的管理办法和机制。

3. 师生关系问题呈现多样化、尖锐化趋势

通过对导师、学生的访谈了解到，师生关系问题呈现出多样化、尖锐化趋势，对研究生管理和导师指导方式提出了较大挑战。参与导师的课题，通过做项目对提升研究生学术能力有所帮助，但是研究生参与导师课题是把双刃剑，当导师的横向课题跟研究生培养方向不一致时，学生跟导师会形成某种程度上的雇佣关系，此种情况下的师生关系容易出现问题。论文的数量和质量是否达到毕业的要求是师生矛盾的焦点，多数情况下导师对研究生论文的判断还是比较准确的，但是个别情况导师因各种原因对研究生论文的判断有失公允，在申诉机制不畅、学生权益得不到保护的情况下，毕业论文是师生关系恶化的标志节点。同时，由于师生关系的不平等，学生为了毕业、工作对导师的或对或错的工作方法一般处于被动接受的地位，很少进行申辩和争取，这使得师生关系一旦矛盾爆发往往比较尖锐。从导师的角度来说，缺乏监督、师德师风弱化、权责不明确、指导方式落后，是造成师生矛盾的主因；从研究生的角度来说，读研目的不明确、权利意识不强、功利性强、不善沟通是产生师生矛盾的主因。

综上，从负面报道及访谈研究的结果看，高校加强师德师风

建设，完善监督机制、申诉机制刻不容缓。导师队伍素质高低直接关系到学生的利益和学校声誉，在当前形势下，师德建设尤为紧迫。

（二）改善研究生师生关系和师德师风建设的建议

党的十九大报告就新时代如何优先发展教育事业、加快教育现代化、办好人民满意的教育、建设教育强国提出了明确要求，也为新时代师德师风建设指明了方向。2018 年 1 月 20 日中共中央国务院发布的《关于全面深化新时代教师队伍建设改革的意见》对师德师风建设作出了总体部署，要求"着力提升思想政治素质，全面加强师德师风建设"。教育部教师工作司发布 2018 年工作要点指出，将研究制定新时代教师职业行为规范，列出负面清单，重申师德红线，推动各地各校完善师德建设长效机制，完善师德建设制度，加强师德宣传教育。

随着高等教育大众化，研究生教育规模进一步扩大。中国的研究生教育 20 多年就走完了美国 100 多年的路，实现了"赶美超英"的目标。近几年，随着我校高水平大学建设的不断推进，深圳大学综合实力持续快速发展，对考生的吸引力也不断增强，2018 年研究生招生人数和生源质量又创新高。这对提高研究生培养质量，深化研究生教育改革提出了更高的要求。当研究生教育发展到一定规模且体系结构已较完善之后，战略重点应转移到全面提高研究生教育的高水平和高质量上来。研究生教育质量是国家创新能力的关键要素，没有高水平的研究生教育质量，就不可能培养出拔尖创新人才。因此，本研究提出以下几点建议。

1. 制定师风师德标准，推动师德考核

师德师风建立制度化、规范化是加强师风师德建设极为重要的手段和方法。制定具体的师风师德评价标准和细则，师德考核与教师的奖励晋升挂钩，调动每一位教育工作者的积极性。考核导师的角色，不仅仅是高校管理部门，更重要的是发挥基层的作用比如学科点负责人，学位委员会等，而学生也应该充任严厉的监督角色，倒逼导师把更多精力用于培养研究生。现在高校开展研究生课程评教的很普遍，但是开展导师评价的却少见。而研究生教育中，导师的培养是重要的一个环节，建议高校建立评分制度开展学生对导师满意度调查。例如，深圳大学自 2014 年开始委托第三方对毕业研究生就业质量进行追踪调查，调查的其中一项就是对导师的评价。这种评价发生在学生毕业之后，其参考意义非常明显。

2. 成立导师伦理委员会，建立师德失范通报制度

从学校学术监督管理机构中不妨成立一个独立的教师伦理委员会或导师伦理委员会，对师德失范事件进行综合评定。让导师的行为处于监督体系的约束之下，防止导师职权的滥用。伦理委员会面向全校师生公开师德举报电话、设立师德举报信箱、聘请师德监督员等，自觉接受全校师生对师德建设的监督和评议。常年接受学生的投诉和老师的反馈，作为第三方及时发现问题、处理问题、积极协调、提供帮助。建立师德失范通报制度，对确实有过师德失范不良记录者，一旦查明属实，向社会公布，在晋级、评优、聘任、考核等方面实行一票否决。

3. 加强导师培训和对师德师风建设的宣导。

加强导师——尤其是新任导师的培训，对国家出台的一系列相关师风师德、立德树人文件应在全校范围内推广宣传，让导师学习了解最新的政策和要求，对导师的指导、授课、师生交往等行为提出明确的指导意见，组织导师坊，邀请业内德高望重、享有声誉的教师来讲授指导方法，交流指导经验。定期举办师德师

风建设学习研讨会，组织研究生一起参与，与导师面对面，听取学生的观点和建议，让导师换位思考，结合研究生的角度和需求去开展培养工作。举行师风论坛，通报师德师风校内外、国内外案例，提醒教师身上的重任，以此推进师德师风建设。

4. 明确师生的权利和义务，建立诚信机制

从学校层面来讲，应该加强对师生关系的监管和引导，制定规范师生行为的具体原则、做法等。目前教育界对师生权利义务的界定尚不够清晰和细化，《教育法》《教师法》《高等教育法》等法律法规对教师行为的描述过于笼统，难以执行或难以监督，为师生关系异化埋下了隐患。在实践中，研究生和导师相比处于弱势一方，缺乏话语权，对导师的越权行为敢怒不敢言。高校应对双方的责任义务进行明确的规定，强调底线意识，在不触动底线的前提下鼓励导师发挥多样化的培养风格。通过规范双方权利义务确立师生之间的相处的基本原则，避免产生分歧和矛盾。双方在导师互选和培养过程中应建立诚信机制，导师应遵守导师规则培养学生，学生也应该遵守师生互选时做出的承诺，不应随意更换导师或拒绝导师的管理。

5. 设立导师退出机制，实行动态管理

现有导师遴选制度对导师的学历和科研有充分具体的要求，但是对于师德师风却没有明确要求。在导师遴选中应强化岗位意识，权责结合，畅通退出机制。对导师的学术能力和培养条件提出明确要求，对导师的道德人格失范行为实行红线管理，对触碰红线的导师进行约谈、通报、限制招生，直至取消其导师资格。导师队伍实行动态管理，一年一审，凡任职期间未能认真履行导师职责，违反教师行为规范，在研究生培养质量上出现诸如学位论文抽查不合格，学术不端行为等，应限制其招生，触碰师德红

线的，取消其导师资格。通过建立退出机制和实施动态管理避免因过分追求个人利益和师德失范而损害学生的权益，要让学术回归学术、让教育回到培养的本质。

6. 加强研究生思想政治教育、生涯发展教育和心理健康指导

师生关系的本质是一种交往关系，良好的师生关系往往是一种人际关系的成功。因此，强调师德师风的同时，也应加强研究生的思想政治教育、生涯发展教育和心理健康指导。要教育研究生树立远大的职业志向和高远的学术理想，在研究生培养计划制定时，进行清晰的学术规划和职业发展规划，明确学习目标与发展路径。导师在指导研究生制订培育计划时，应考虑研究生的学术喜好与职业方向，避免将自己的研究项目单方面强加给学生。学校加强研究生情商教育，在入学教育环节增加师生交往课程，让学生了解如何选择导师，主动获取导师的研究方向与范围，学会跟导师相处的方法和技巧，在师生交往中坚持诚信原则，等等。也可开设相关的选修课，鼓励成立研究生权益社团。当前研究生年龄从 22 岁到 30 岁不等，这个年龄段面临诸多的压力和困难，心理状态也相对比较复杂，应注重研究生心理教育，加强研究生心理健康指导，导师要关心关注研究生的成长，对于心理异常现象要及时处理，消除师生关系隐患。

以上建议不妨先选取一两个学院进行试点。无论学术还是生活，师生关系应该亦师亦友，而不是形同陌路或是利益关系。我们不妨借鉴国外研究生导师与学生之间的合作模式，用制度维护纯洁的师生关系。而良好的师德可以赢得学生的尊敬，为建立良好的师生关系打下基础，在融洽师生关系中起着重要的作用。让我们的高校少一些"师生过招"的套路，多一些教育的真诚。

师德的责任

——中西文化比较的视野

张祥云

编者按： 不同文化在道德观上会呈现不同特点，不同文化对年青一代的塑造也不同。基于此，张祥云教授从中西文化比较的角度探讨了多元文化背景下师德的重构问题。研究指出，相比有宗教信仰的西方国家，我国教师必须承担起道德教育重任，而文化视角下的师德问题，意在从传统文化中吸纳道德的精华，在全球化、多元化的文化中进行选择、整合、重构新的文化。在师德责任的构建中，研究指出：人与自身的关系是道德的起点、幸福是道德教育的逻辑起点。将其和人与人的关系、人与社会的关系、人与自然的关系、人与时间的关系系统化组合，才能建构内在和谐与外在和平的局面。本研究对深圳大学新时期师德建设具有重要启示。论文原载于《现代教育论丛》2014 年第 4 期。

道德体系实际上是不同民族的哲学家、思想家乃至政治家对"理想人"的文化设计，因此，有必要从文化角度谈师德问题。中西方不同的文化对"理想人"的设计有不同的路径，路径不同，就会出现路径依赖，因此，不同的文化在道德观上会出现不同的特点。如今全球化时代，各种文化纷纷涌入中国，我们必定面临这样一个问题：在道德体系中，如何在多元文化背景中进行选择和重构？这是一个非常重要的问题。在重建道德体系中，要把握哪几个维度？在时代的道德重构中，如何看待师德的意义？

一　为什么要从文化的视角讨论师德问题？

教师的职业是专门培养人的。师德就是人之德。因此，师德不同于商业等其他行业的职业道德，不同之处在于师之德更加根本。教师的师德更加接近理想的道德。师德实际上维系着一个民族、一个国家、一个社会、一个时代最核心的价值观。如果在师德上不能体现社会主义核心价值观，那么社会主义核心价值观就不可能落到根处，因为教师是培养人的工作，师德最接近于普遍的人之道德。

我们现在要实现中国梦。中国梦绝不仅仅是经济、军事的大国梦和强国梦，中国梦必须是、尤其是、本质上是文化之梦。没有文化的软实力，我们经济、军事的强国梦极有可能就会变成南柯一梦，甚至是噩梦连连。我们的中国梦要变成美梦，必须是有道德的。道德的核心在文化。而教师是文化之德的道成肉身之标杆。如果师德出了大问题，处于盲目而混乱状态，那就意味着这个社会在根本上出了问题。教师虽然难以直接改变国家的政治、军事、经济状况，但却可以通过文化的方式从根本上改变国家和社会的政治、军事和经济状况。教师影响他人、社会、世界，主要是通过身体力行的鲜活文化来实现。在全球化、多元化时代，我们选择什么样的文化去影响世界？这绝不是一个等着"上面"来规定的意识形态问题，不能等着领导告诉我们怎么做。我们必须担负责任，自觉思考和探索。教育的不可推卸和旁落于教育工作者之外。

　　长期以来，我们在文化方面有两个偏差。一是对唯物论的庸俗化理解。我们国家的指导方针是马克思主义，而马克思主义是辩证唯物主义、历史唯物主义。然而，在教育和传播的过程中，我们有心或无心地对马克思主义作了庸俗化理解——只注意到"唯物"二字。望文生义地理解"唯物"就是一切都从物质去看，滑向彻底的物质主义，不再重视人的心灵、精神和内在。二是对无神论的肤浅化解读。马克思主义者是无神论者，然而对无神论的肤浅化解读导致人们内心世界毫无敬畏之心！这是教育中的一个重大问题。因为心无敬畏，也就难成信仰。我们不相信存在"无形的手"，世界存在看不见的东西，我们只相信眼睛所看得见的物质。虽然经济强大了，很多人有钱了，人们却处于"身强力壮，东张西望；钱包鼓鼓，六神无主"的状态。物质丰富，而灵魂匮乏，活着很没滋味。——这样的严重状况对我们的教育提出了一个迫切的任务：拯救灵魂！在人的心灵深处形成牢固的人之所以为人的最基本的核心价值观！这是国内外任何一个政府都非常强调和重视的。抗日战争时期，著名国学大师钱穆先生曾在一篇文章中说过："教权尊于治权，道统尊于政统"。国家要重视和尊重教育，教育要尊崇道统，道统便是社会核心价值观。我们要重视最基本的价值观之心灵养成。这些最基本的价值观就是小学、幼儿园要重视培养的。

　　龚自珍承继中华历史智慧，面对强敌入侵，在其《定庵续集》卷二《古史钩沉二》中尖锐指出："灭人之国，必先去其史；隳人之枋，败人之纲纪，必先去其史；绝人之才，湮塞人之教，必先去其史"。龚自珍深刻强调了"历史"对中华民族乃至任何民族国家生死存亡的重大意义，震撼性地揭示出这样一个历史—社会逻辑：欲灭人之国，必先去其史；欲去其史，必先去其文化；欲去其文化，必先去其文字。我国近三十多年的学校教育，外语的地位一直很高，古汉语的地位一直很低。高考分数的比重，古汉语分数只是外语分数的零头。当代人普遍对古汉语是陌生的，中国历史和文化正在被陌生化。这种"去其史"的趋势，是非常危险的。好在近期有关方面在讨论是否降低高考英语分量的问题，这说明我们已经开始醒悟。这是我们的国家走向世界强国必须高度重视的一个文化教育问题。文化教育，则要依赖教师身体力行去传承和践行。师德在中国的文化和教育中具有特别重要的地位，因为道统必须通过教师的教育和示范去体现。这么多年来，我们从忙于搞政治转向忙于搞经济，文化和教育的长远价值和根本意义因功利心而被忽视了，所以才会遭致撒切尔夫人在一九九七年香港回归前的那句名言：你们根本不用担心中国，因为中国在未来几十年甚至是一百年内无法给世界提供任何新思想。无论从国际、国内，还是从历史、现实看，思想和文化都是民族国家强大的软实力，思想和文化影响社会和世界的深度和广度成为国家的核心竞争力。因此，我们必须站在文化的视角去看问题。美国教育部前部长贝内特就强调：要防止国家政体受到外来价值观和世界观的侵蚀，美国教育的目标应该坚定地立足美国文化与历史。保持美国不被分裂甚至是爆发战争，我们就需要统一的文化，它是公民的"黏合剂"。从文化的视角讲师德问题，意在要从传统文化中吸纳道德的精华，然后在全球化、多元化的文化中进行选择与整合，重构我们的文化，才会有一条比较好的出路。

从幼儿园到大学甚至是研究生阶段，一个人要接受二十年左右的教育。我们的中小学尤其是幼儿园教育，不是为今天培养人才，而是为二十年后的时代培养人才。我们的教育必须着眼于未来，为了未来的中国而培养今天的人。我们不能为今日大街之流行、今天社会之庸俗而培养人。基础教育必须高瞻远瞩。

二　道德体系是"理想人"的文化设计

讲师德要承接文化和历史。我们要看看历史上那些最具代表性的伟大思想家分别是如何立足于理想人的角度来对人进行设计的，因为历史选择了他们的设计从而构成了民族国家的"文化基因"。道德观念就在这理想的人之中隐含着。中国有五千年乃至七千年的历史，西方从古希腊至今也经历了几千年。对理想人的设计，虽然经历了漫长的历史过程，但历代都是根据这种设计来培养人的。中西方文化的理想人设计门径不同，培养人的路径便有异，这就会形成各种的路径依赖，走了各种的道路。易中天在《易中天中华史》一书中曾说：中华文明是"第一代文明中，唯一存留下来延续至今的；延续至今的文明中，唯一没有信仰的；没有信仰的文明中，唯一具有世界性的"。简而言之，中国是唯一存续至今且具有世界性影响力的文明古国。因此，我们若要在21世纪走向大国强国，必须从中国传统中吸取文化上的智慧。而文化上的智慧即包括了道德智慧。这就如我们想要长寿，就应该学习那些长寿之人的生活方式，从他们身上汲取长寿的智慧。

儒家对中国传统文化影响最大，因此，我们重点思考儒家对理想人的设计方案。儒家设计理想人的第一个概念就是"人者，仁也"。儒家对道德人、理想人设计的立足点是仁义，方法是遵循关系原则。在关系原则中，形成"君君、臣臣、父父、子子……"构成的伦理生态系统。儒家强调人与人之间的人伦秩序，用费孝通先生的话说就是构成一个"差序格局"。梁启超在总结中国文化时，用很精练的一句话概括：中国文化强调礼治，西方文化强调法治。儒家的理想人设计，以家为根基，以仁义为第一关系原则，像水之涟漪，由家扩散到国。儒家的道德设计，具有很深刻的情感基础。因此，中国文化很强调情理。

那么，西方的古希腊，苏格拉底、柏拉图、亚里士多德等大哲学家是如何设计理想人的呢？与中国古代正好相反，古希腊是从个人原则来设计理想人的。因为雅典时期，古希腊已经具备民主社会的雏形。民主社会里很重要的特质是强调每一个人都是自由独立的。"自由"是西方对理想人设计的最根本的观念。自由，是指个人的自由。自由在西方的道德设计里是一块基石。这也是全球化时代中西方文化差异的根源。西方人强调个人和自由。当然，他们所说的自由，并非个人想怎么样就怎么样。人不能离开他人独自生活，每一个人都生活在关系中。因此，若要在关系中实现自由，那么享受自由的人就必须具备一定的资格。什么样的人具有享受自由的资格呢？亚里士多德强调：只有理性的人才配享受自由！可见，西方的自由是具有理性基础的，而不是不顾他人的胡作非为之自由。理性的进一步知识化、系统化就变成科学；理性的进一步智慧化就变成真理。科学、真理本身也是自由的，是自己为自己立法。譬如数学，它是自己证明自己，自己为自己立法。因此，西方人"自由"之思想和"科学"之技术能够繁荣发展，恰恰是由于这两者是紧密联系在一起的。科学的精神，就是西方人对人进行设计时的一种自由的精神。总之，自由和理性是西方理想人设计的两根支柱。

因此，西方人不像中国人，他不强调情理而强调真理。在古代，有两个分别关于孔子和亚里士多德的经典例子，可以充分说明中西方文化的根本差异。《论语·子路》第十八篇中，讲了一个关于"子为父隐"的故事。叶公告诉孔子："吾党有直躬者，其父攘羊，而子证之。"孔子回答说："吾党之直者异于是。父为子隐，子为父隐，直在其中矣。""父为子隐，子为父隐"，这是人之常情，而理就蕴含在情之中。在当今中国，依然保留了亲人可以不出庭做证的法律条文，体现了文化的绵长影响。中国文化讲究情理。亚里士多德有一句流传千古的名言："吾爱吾师，吾更爱真理。"从这里可以反映出自古希腊开始，西方文化就追求真理。追求真理，必定需要思想自由之精神。因此，法国著名哲学家卢梭说："任何世俗的财富都无法补偿生命和自由的丧失，所以无论以任何代价放弃生命和自由，都是既违背天理，又违背理性的。"著名诗人裴多菲也曾写过一首脍炙人口的诗："生命诚可贵，爱情价更高。若为自由故，二者皆可抛。"这些西方著名哲学家、诗人们的思想处处透露出对自由的热爱与追求。

自由的观念在我们中国传统文化观念里不是那么重要。它是走到半道上出现的东西，并非中国文化的源头性基因。中国文化设计理想人的路径之入口是仁义，尽管最后也会走向自由。但是，毕竟路径不一样，这就是中西方文化的差异。西方强调自由、理性、科学，最后强调爱智慧。比如，在古希腊，柏拉图在《理想国》中把人分为三种：得利者、得胜者、爱智者，其中，爱智者成为最高层次的人，也就体现了苏格拉底所谓的"知识即道德"。教师的基本角色就是"知识的产婆"，教师追求的最高境界就是达到智慧。可见，理性的地位在古希腊的确奇高。古罗马灭亡古希腊，西方进入漫长的中世纪，此时，对理想人设计出现了一股外在于古希腊哲学思想的力量——基督教。基督教持有原罪说的性恶论，认为人人具有原罪。人必须今生受苦受难、忏悔与祈祷，所谓"赎罪"，死后才能进入天堂。理想人的实现机制就这样被设计出来了：人人头上顶着一个上帝，如果不道德，就将会下地狱。这就是为什么在学校教育之外，宗教对西方社会道德影响那么大的文化原因。历史又经过文艺复兴，取得了一个很大的成果，那就是"上帝死了，人站起来了"。人权从神权中解放出来后，人做了很多伟大的事情，但同时整个社会却道德沦丧。尤其是地中海沿岸的罗马，经济之发达相当于现在的深圳或广州，但是道德糜烂不堪。而欧洲版图的大西北地区经济落后的德国，道德反而处于一个很好的状态。因此，文艺复兴之后的大思想家们都在思考，上帝死了，社会为什么会道德沦丧？他们普遍认为是由于上帝死了，没有超越世俗生活之外的力量来监督和引领人们的道德。他们认为没有上帝不行，还是要请回上帝。法国哲学家卢梭和伏尔泰处于同一时代，关系不好，是冤家，但是在对待这个问题上，却有惊人的相似。伏尔泰认为"即使没有上帝，也有必要捏造一个上帝"，而卢梭也认为要"把道德上的'良心'等同于宗教上的'上帝'"。伟大的哲学家康德在《纯粹理性批判》中从理论认识的角度赶走了上帝，但在《实践理性批判》中又认为，为了道德之故，有必要"设定"一个上帝。西方思想家们认识到，基督教在西方承担着重要的道德义务。

中国几千年历史文明中，宗教对社会的影响力相对而言就不那么强大。所以，我们的世俗学校就要承担起沉重的道德责任，教师在道德上就必须承担起哪怕是难以承受之重。在西方，有宗教中的上帝在监视着人们，谁做坏事就下地狱。每个人都意识到背后有无形的眼和手，人们不敢胡作非为。可见，我们的世俗学校承担的道德教育义务要远远大于西方世俗学校。西方世俗学校只需要管孩子们五天（星期一到星期五），周六、周日孩子们会跟着父母去教堂接受道德教育。而我们的学生周六周日还在家里做作业或者备考各种证书，勇猛地进行着知识性学习。中国古代的道德设计实际上也有文献强调神圣感和敬畏感的，例如《易经》就有所谓"天降德于斯人"，因此人要"以德配天"。人们至今还喜欢说"天地良心"。没有良心的人，也就是没有道德的人，是配不上天的。我们古代思想家的道德设计虽然没有给出宗教般的强有力的命令，但是还是给了人心中一个天地良心，强调"人在做，天在看"的自觉意识。其实这也是对道德的一种敬畏之心。中国人在道德上有敬畏之心，但是没有产生一个全民皆信仰的宗教。正因为没有一个这样的宗教，我们中国人强调"天地君亲师"，强调"万物一体，民胞物与"。教师要以身示范，帮助学生认识到"我"与别人、"我"与世界是融为一体的，也即天人合一，这是中国哲学的最高境界。如果我们的教育，把中国文化哲学之根抛掉了的话，中国文化也就没了。正因为如此，"天地君亲师"中的"师"便承载着西方宗教那样的道德教育责任。

在全球化时代的中国社会，面对中西文化，我们该怎样进行观念的选择呢？显然，我们不能全盘西化，也不能不加分别地将这两个东西拧成一块。不加分别地拧成一块，就有可能导致两个东西产生病态组合。这个问题，我们今天的教育并没有解决。

三　全球化时代道德的文化选择

在进行文化选择之前，我们必须分析，当今处于什么样的时代？面临哪些最基本的问题？我们的基本原则应该是"立足现实，着眼未来，重构道德"。在重构道德时，我们要注意以下五个方面的基本情况：全球化、知识社会、民族历史、环境资源、人口状况。

中国是一个人口超级大国。前总理温家宝讲过：任何小问题，乘以13亿，都变成了大问题。这是我们中国的现实状况，所以我们不能全盘照搬美国的那一套道德观念。另外，我们是第一代文明中留下来的唯一长寿的文明，我们要做一个中国人。而且，我们文明长寿的历史证明中国传统文化中必然有非常具有生命力的东西，我们应该把它挖掘出来，关键是看我们当代的中国人有没有这个智慧去挖掘出这种好东西。我们不必全盘西化。当今社会已经进入知识社会，不再是冷兵器时代，也不是纯农业社会，也不是一般意义上的工业社会。进入知识社会就意味着今天人们的体力和精力主要不是放在第一产业、第二产业等物质资源的占有上，而是更多的要进入精神领域中。因为，精神领域才是最环保的。知识社会，最重要的东西就是大脑和心灵的创造力。在这个意义上，它会对道德产生新的影响。创造力需要个性，而我们的教育缺乏自由；没有自由，难成个性；学生缺乏个性，也就难有创造力，恶性循环由此形成。可见，自由是个好东西，未必是西方文化的专利。如何在中国教育的观念系统、制度系统和操作系统中内在和谐地整合出自由的文化基因，非常重要，否则我们在创造力方面就难以超越西方，我们在知识社会就难以拥有丰富的知识产权。在全球化时代，我们的道德要有利于中国人在世界的大舞台上跟不同文化的人和谐相处，和而不同，和而相通。

四　道德的五个维度及其相互关系

就道德本身而言，我们应该形成怎么样的一种谱系？从哪些维度上进行建构？我们认为，道德的建构，需要从以下五个关系中去建立道德体系：人与自身的关系、人与人的关系、人与社会的关系、人与自然的关系、人与时间的关系。

我们必须强调，道德首先要在人与自身关系中找到最踏实的、最强有力的依据，唯有这样，我们的道德才能变得更加自觉。可是，长期以来，我们一讨论道德，就滑向"忘我论"。道德的是不是就必须是忘我的呢？道德包含着忘我，但必须发展到最高境界才出现。它不是起点，而是终点。没有过程，怎么能抵达终点？道德的起点是出自对自身意义和价值的认定，因此，人与自身的关系才是道德的起点。而恰恰人与自身的关系是我们道德教育中被忽视，甚至最反感的东西。人与自身关系中最核心的观念就是幸福。要让人们认识到一个幸福的人一定是一个道德的人。把幸福作为道德教育的第一范畴，作为道德的起点放在追求幸福上来，这就意味着我们必须从根本上颠覆流行的德育和时下的主流教育哲学。我们的中小学教育，深受一种"成功教育观"的影响，成功学成为最高的教育哲学，教育成为竞技场，成者为王，败者为寇。我们骨子里是精英教育理念，只关心班上分数最好的学生，不关心普通的人，离幸福教育远矣。实际上，中小学教育是基础教育、义务教育，在法理上，我们必须让每一个学生普遍得到最基本的教育。中小学之成功学的教育哲学、精英主义的教育哲学应该撤离和淡出，学校教育不能堕落成为世俗社会。

只有处理好了人与自身的关系，才能为道德寻找到每个个人自身的根据，道德才会变得更自觉，才会有一个道德地通向人与人关系的坚实基础。因为人人都要幸福，而幸福的条件必须公正地分配；幸福不仅需要客观条件还特别是一种内在精神能力。当意识到了诸如此类的问题后，在生活中才能发自肺腑地领悟并接受"诚实、理解、感恩、宽容、平等、公正"等观念。然后，再进一步理解人与社会的关系，让学生意识到"人同此心，心同此理"，"民胞物与"的精神境界。这个时代还必须把人与自然的关系当成一个道德问题来教育。因为环境是共生共享的，人人都是自然大船里的一个分子，皮之不存，毛将焉附！还有一个很容易被道德建构忽视的维度——人与时间的关系。中国文化一个最重要的智慧，被哲学家概括为"时间智慧"。突破了"空间智慧"之短视。中国文化是一种生命的文化，生命就是时间的绵延。中国文化强调做事情要瞻前顾后，做什么事情都要把"过去、现在、未来""此代、上代、下代"考虑进去，也就是可持续发展理念。站在这五个维度，从中西方文化中采集一些合适的元素，加以系统化的创造性组合，形成合理的构建。这样逐步做下去，我们就不会那么混乱而冲突，内在和谐与外在和平的局面就会慢慢形成。

五　师德的使命：难以承受之重

如前所述，西方的道德教育很大部分是由宗教在承担，而在当代中国，宗教的影响力并没有成为主导，世俗的学校教育就不得不承担起沉重的道德责任。在国内，即使是佛教，也更多的是"人间佛教"，讲究"人间性"，"在世性"或者"现世性"。佛教的轮回观念导致其对信众的行为约束力比基督教低得多。基督教讲"上天堂下地狱"，天堂与地狱是不相通的，下了地狱就再也没有机会上天堂。而轮回则是，下辈子还有机会。这辈子做太多坏事可能导致下辈子当猪，但到了下下辈子，却还有机会重新做人当佛。这样的道德约束力就低很多。最终，国人往往强调现世，而淡化来世，世俗成为多数人的理性选择。因此，我们要努力去把俗世变好，形成道德上的现世确认的良性循环生态关系，世俗才不会突破道德底线。如果师德出了大问题，那一定意味着整个民族国家要出或者出了大问题。卢梭在《爱弥儿》里说过："做老师的只要有一次向学生撒谎撒漏了底，就可能使他的全部教育成果从此为之毁灭。"学校教育的道德责任无处推卸，师德的使命却有难以承受之重，政府和社会各界必须给以充分的理解、尊重、帮助和支持。

硕士研究生学习态度及其与
学校因素相关研究

李东林　郑玮　朱静

编者按： 深圳大学李东林教授通过对学术型硕士研究生调查研究发现，研究生的学习态度总体上表现出积极向上的倾向，但仍有部分研究生的学习态度在课上和课下行为中，以及对学习和科研的情感体验中，表现出较消极的倾向。研究生的学习态度在不同学年之间无显著差异，在性别和学科类别之间的差异性主要表现在课下行为之中，而不同学习成绩之间在课上和课下的行为、学习和科研情感体验中差异性显著；学校良好的学习和科研环境与研究生积极向上的学习态度密切相关，尤其表现在导师对研究生学习和科研的指导行为上，而学校中一些不利于学习和科研的因素，对研究生的学习和科研情感体验有一定的负面影响。本研究对研究生教育管理及导师的指导方法具有一定的借鉴意义。论文原载于《高教探索》2017 年第 7 期。

一　问题的提出

学习态度是学习者对学习活动的认知和评价，它调节学习者的学习行为，直接影响学习的效率和效果。正如安德森（John

Anderson）认为，学习态度对人的发展具有调节意义，学习的每一种形式都发展成一种有实质性的态度系列，这种所谓的副产品比正在教给这个人技能更有调节意义。[①] 硕士研究生是步入我国高校人才培养最高层次中的群体，不同于本科生，"学习与科研并重"的学习活动是他们崭新的体验。硕士研究生在此阶段形成积极良好的学习态度是其提升学习和科研能力的动力源泉。

近年来，伴随我国高等教育大众化快速发展的进程，研究生教育的规模也随之踏上了跨越式发展的道路，尤其是近 5 年培养的研究生数量已达 30 多年间研究生培养总量的 50%[②]。研究生数量的持续增长已引起人们对研究生教育质量的关注和质疑。如何保障研究生教育的质量，这已成为当前中国高教界面临的重要课题。硕士研究生的学习态度是他们对学习和科研相关的一系列因素的认知理解和情感体验，具有更多价值判断的成分。因此，硕士研究生的学习态度可以成为研究生教育在课程建设、学科教学、科研训练、导师素质等方面的一面镜子，即学习态度不仅是硕士研究生个体的主观变量，更是对研究生教育整体状况的客观反映，能够折射出研究生教育发展的成就和存在的问题。然而，我国目前对学习态度的研究，大多以中小学生和大学生群体为对象，对研究生群体学习态度的研究并不多见。由此，本文旨在通过问卷调查，把握硕士研究生学习态度的现状，探究学校学习和科研等环境因素对研究生学习态度的影响作用，为形成及保持研究生积极良好的学习态度提供对策建议。

---

① ［美］林格伦：《课堂教育心理学》，章志光等译，云南人民出版社 1983 年版，第 320 页。

② 《2015 年全国研究生招生数据调查报告》，2015 – 07 – 13，中国教育在线，http：//www. Eol. cn/html/ky/report2015/b. shtml#bb7。

二　文献综述

（一）学习态度的定义及其构成要素的理论研究

态度是心理学——尤其是社会心理学研究的重要内容，早期的著名学者托马斯甚至认为"社会心理学就是态度的科学"①。然而，关于态度的定义依然是众说纷纭。有的学者将态度视为认知和评价的组织或倾向；有的学者把态度看作情感的标志；有的学者把态度认为是行为反应的准备状态。② 目前，社会心理学界一般认为"态度是对他人、事物和观点的评价"，并且"态度对任何给定的客观对象、思想或人，都具有认知的成分、表达成分和行为倾向的持久体系"③。基于对态度实质的认识，罗森伯格和霍夫兰德两人提出了态度 A—B—C 三维结构模型，即态度由情感（Affective）、行为倾向（Behavioral）和认知（Cognitive）三种要素构成。Fazio（1995）指出，"评价"是态度的核心，"评价"包含情绪、情感因素和个体对态度对象的偏好，它可以源于个体的情绪、信念以及过往的经历。因此，态度是相对于某一客体时在情感、认知和行为倾向三要素上存在着不同侧重的可能性。

对于态度的研究，如态度的实质、态度的形成与改变、态度的测量等方面，目前已积累了丰硕的成果，有关学习态度的研究基本上是把态度的研究成果延伸至学习活动领域。

学习态度即"个体对学习对象相对持久的积极或者消极的内

① 金盛华：《社会心理学》，高等教育出版社 2010 年版，第 77 页。
② 乐国安：《社会心理学》，中国人民大学出版社 2013 年版，第 188—199 页。
③ D. G. Myers, *Social Psychology*, The McGraw Hill Companies, Inc., 1977, p. 125.

在评价"。我国学者陶德清认为，学习态度是指"学习者对学校学习活动中所涉及的各种对象的一种心理倾向，包括情感体验、行为倾向和认知水平三种成分"[1]。态度的 A—B—C 三维结构模型也适用于学习态度。从认知要素来看，学习态度是个体对学习对象的目的和意义的认识，是对学习的感知、理解、信念和评价；从情感要素来看，学习态度是对学习对象的体验以及与价值观有关的情绪反应，包括喜欢或厌恶，接近或远离，无畏或惧怕，有无兴趣等；从行为倾向要素看，学习态度是对学习所预备采取的反应，它具有准备的性质。学习者对学习活动产生的认知和情绪总会通过一定的行为表现出来。陶德清在对学习态度的认知、情感和行为倾向三种成分分析中，又将学习态度细分为 10 个更小的维度，包括对学习目的及意义的认识和对学习成绩的认识两个认知维度，学习中的情绪和情感体验以及求知欲两个情感维度，对学习的主动性、对学习的计划性、排除困难、抗拒干扰等行为表现、复习考试的行为表现和学习方法掌握等六个行为倾向维度。

（二）学习态度的测量、现状及其影响因素的实证研究

关于学习态度的测量，目前一般采用的是量表法或问卷法。从量表法来看，陶德清根据态度的 A—B—C 三维结构模型，按利克特量表法编制了《中小学生学习态度自陈量表》，在实证研究中具有较高的信度和效度。陶德清在对中小学生学习态度的实证研究中发现，中小学生普遍表现为学习比较主动，能积极参与复习考试，并有较强的求知欲望，但在学习中排除困难、抗拒干扰的能力表现一般，对学习目的与学习成绩的意义和作用的认识

---

① 陶德清：《学习态度的理论与研究》，广东人民出版社 2001 年版，第 145—186 页。

也不是很明确，学习中的情绪体验不好，在学习计划性上表现最差。[①] 从目前的研究来看，还没有发现具有良好信度和效度的测量我国大学生和研究生群体的学习态度量表。从问卷法来看，学者们基本上根据态度的 A—B—C 三维结构理论，即从认知、情感和行为倾向三个维度设计问题，编制调查问卷展开学习态度的调查研究。如邹为民从上课出勤、缺课原因、上课状态、作业情况、对待考试五个方面，对高职院校大学生的学习态度进行了问卷调查。调查发现，从总体来看高职院校大学生的学习态度较为积极，但仍有相当比例的大学生在出勤和上课状态方面表现不佳。[②]

关于学习态度的影响因素的研究发现，中小学生的学习态度在性别、年级方面存在明显差异[③]，大学生的学习成绩与学习态度具有极其显著的相关性[④]。此外，一些研究也发现，小学班主任教师班级管理效能对学生学习态度有显著的正向预测作用[⑤]，同桌安排方式对初中生的学习态度具有影响作用[⑥]。林云等的研究发现，教师综合素质、学校教学管理和学生学习环境等系列因

---

① 陶德清：《中小学生学习态度的主优势型模式分析》，《心理发展与教育》1998 年第 3 期，第 33—37 页。

② 邹为民：《高职院校大学生学习态度调查研究》，《教育理论与实践》2014 年第 9 期，第 34—35 页。

③ 吕备：《义务教育阶段学生学习态度的比较》，《上海教育科研》2012 年第 4 期，第 50—51 页。

④ 殷雷：《学习态度与学习成绩的相关研究——以学习考勤记录与课堂提问成绩作为学生平时成绩的初步探讨》，《心理科学》2008 年第 6 期，第 1471—1473 页。

⑤ 刘红云、孟庆茂、张雷：《班主任教师班级管理效能感对学生学习态度及其与学业效能间关系的影响》，《心理发展与教育》2005 年第 2 期，第 62—67 页。

⑥ 黄梦杰、滕媛、毛齐明：《同桌安排对初中生学习态度的影响研究》，《上海教育科研》2013 年第 9 期，第 42—46 页。

素影响大学生的学习行为与学习积极性。[①]

从现有发表在学术刊物中的文献来看，对学习态度的研究主要以中小学生和大学生为对象，鲜见对研究生群体的研究。研究生的学习较之大学生的学习更具有专业性、自主性、复杂性和探索性等特点，并且面对研究生教育的规模不断扩大、培养质量饱受质疑的现实状况，对研究生学习态度及其影响因素的研究更加具有现实意义和学术价值。

三　研究设计

（一）研究方法及研究问题

本文对硕士研究生学习态度的研究主要采用的是问卷法。问卷的内容设计及要研究的主要问题如下。①根据学习态度 A—B—C 三维结构模型，从硕士研究生对专业学习和科研训练这两个主要学习活动的认知、情感体验和行为倾向三个维度，设计 21 道能够测量学习态度的题目（各题目的得分采用"不符合 =1、不太符合 =2、不确定 =3、较符合 =4、符合 =5"的 1—5 点计分法），用以把握硕士研究生学习态度的基本情况。②收集硕士研究生的个人基本信息，包括性别、学科类别、学年等，用以探讨硕士研究生学习态度在以上方面是否存在差异。③围绕学校因素设计 20 道题目（各题目的得分采用"不符合 =1、不太符合 =2、不确定 =3、较符合 =4、符合 =5"的 1—5 点计分法），涉及导师指导、学习与科研的资源和氛围等方面。根据硕士研究生对以上方面的评价，探究学校因素与学习态度的相关关系。在上述

---

①　林云、梁雄军：《大学生学习行为及其影响因素的实证研究——基于浙江省 A 大学802 名学生的问卷调查》，《天津大学学报》（社会科学版）2010 年第 3 期，第 283—288 页。

研究的基础上，尝试提出能够促进硕士研究生形成良好学习态度的建议。

（二）调查对象

本研究于 2016 年 4 月以随机抽样的方式，对深圳大学全日制学术型硕士研究生进行了问卷调查。本次调查共发放问卷 320 份，回收 305 份，回收率为 95.3%，其中有效问卷为 301 份。调查对象的性别、学科类别和学年的分布情况见表1。

表1　　　　　　　　　　　　　性别、专业、学年分布

性别	人数（人）	占比（%）	学科类别	人数（人）	占比（%）	年级	人数	占比（%）
男	153	50.8	人文社会	122	40.5	研一	181	60.1
女	148	49.2	理工	178	59.1	研二	78	15.9
				1	0.3	研三	42	14.0
合计	301	100.0	合计	301	100.0	合计	301	100.0

（三）数据处理

本研究采用 SPSS18.0 进行数据的统计分析。首先通过对 21 道有关学习态度的题项进行因子分析，提炼出学习态度因子。其次，通过对学习态度各因子的均值分析，把握学习态度的基本情况。再次，以学习态度各因子作为结果变量，通过方差分析，探讨性别、学科类别和学年之间的差异。最后，对 20 道有关学校因素的题项进行因子分析，把提炼出的各因子与学习态度各因子进行相关分析，探究其与学习态度的相关性。

四 分析结果

（一）学习态度的因子分析及现状分析

1. 学习态度的因子分析

本研究首先对学习态度的 21 道题项进行因子分析。经过多轮的主成分提取和题项替换，最终获得由 16 个题项构成的 4 个因子（取因子负荷大于 0.45 的题项），4 个因子的累积贡献率为 58.23%。关于学习态度的总问卷的内部一致性系数为 0.887，各因子内部一致性系数均在 0.7 以上。如表 2 所示，根据 4 个因子所包含的题项内容，可把 4 个因子分别命名为课下行为倾向（因子 1）、课上行为倾向、（因子 2）、学研情感体验（因子 3）、学研认知（因子 4）。

表 2　　　　　　　　学习态度的因子分析

题项	因子 1 课下行为倾向	因子 2 课上行为倾向	因子 3 学研情感体验	因子 4 学研认知
我会经常去图书馆查阅专业文献资料	0.752	0.170	0.020	0.091
我会把课下大部分时间花在学习和研究上	0.726	− 0.022	0.169	0.151
我会制订学习和研究计划并努力付诸行动	0.607	0.249	0.125	0.111
我会认真阅读导师推荐的书目并写出心得	0.517	0.423	0.314	− 0.201
我会积极参加与专业相关的论坛或讲座	0.479	0.123	0.263	0.277
我从不会逃课，也不会迟到早退	− 0.018	0.759	0.141	0.105
我会积极参与课堂讨论并积极发言	0.436	0.655	0.179	0.053
我对所上的课程都能认真学习	0.286	0.650	0.111	0.175
我会认真完成各任课教师安排的学习任务	0.118	0.627	0.103	0.323
我对读研并没有后悔的感觉	0.046	0.113	0.799	0.048
我在学习和科研中能够获得满足和快乐	0.154	0.074	0.627	0.303

续表

题项	因子1 课下行为 倾向	因子2 课上行为 倾向	因子3 学研情感 体验	因子4 学研认知
我对自己目前的学习和科研状态感到满意	0.403	0.259	0.571	− 0.088
我对现在所学专业有浓厚的兴趣	0.250	0.245	0.468	0.310
我认为研究生应更主动、自觉地进行科研训练	0.018	0.253	0.022	0.725
我认为研究生应把精力主要放在学习和科研上	0.343	− 0.086	0.158	0.618
我认为不管是否对专业感兴趣都应努力学习	0.053	0.306	.156	0.521

注：因子分析为主成分提取，采用正交旋转法，旋转在 8 次迭代后收敛。

2. 学习态度的现状分析

表 3 是对学习态度 4 个因子的均值分析和选择"不符合"的占比。4 个因子的均值都超过 1—5 点计分的 2.5 均值，表明硕士研究生的学习态度在总体上表现出积极向上的倾向，特别是在对学习和科研的认知方面表现更为突出。但从选择"不符合"的占比来看，学习态度在"课下行为倾向"（19.3%）、"课上行为倾向"（17.9%）、"学研情感体验"（17.1%）三个方面，有近 20% 的硕士研究生表现出较消极的倾向。

表 3　　　　　　学习态度各因子均值和"不符合"占比

	N	均值	标准差	"不符合"占比（%）
课下行为倾向	298	3.4503	0.68423	19.3
课上行为倾向	299	3.5184	0.72936	17.9
学研情感体验	296	3.5448	0.70071	17.1
学研认知	300	3.9367	0.62767	7.2

注："不符合"比例为"不符合"和"不太符合"的合计比例。

（二）学习态度的差异分析

1. 不同性别学习态度的差异分析从表4可以看出，男性研究生和女性研究生在"课下行为倾向"方面存在显著性（t = 4.166，p = 0.000 < 0.01）。其中，男生的均值为3.608，女生的均值为3.286，表明男生对待课下行为的态度好于女生。在"课上行为倾向"、"学研情感体验"和"学研认知"三个方面上，男女生不存在显著差异。

表4　　　　　　　　　　**不同性别学习态度差异分析**

	性别	人数	均值	标准差	T值	显著性
课下行为倾向	男	152	3.6079	0.65665	4.166	0.000
	女	146	3.2863	0.67585		
课上行为倾向	男	152	3.5691	0.76459	1.223	0.222
	女	147	3.4660	0.68972		
学研情感体验	男	150	3.6067	0.68195	1.544	0.124
	女	146	3.4812	0.71624		
学研认知	男	153	3.9695	0.63679	0.924	0.356
	女	147	3.9025	0.61835		

2. 不同学科类别学习态度的差异分析

表5表明，人文社会学科类和理工学科类的研究生在"课下行为倾向"方面存在显著性差异（t = -2.602，p = 0.010 < 0.05），理工学科类研究生的课下学习态度（M = 3.534）较之人文社会学科类的研究生（M = 3.326）表现出更为积极的倾向。不同学科类别的研究生的学习态度在"课上行为倾向"、"学研情感体验"和"学研认知"三个方面不存在显著差异。

表5　　　　　　　　　　**不同学科类型学习态度差异分析**

	学科类别	人数	均值	标准差	T 值	显著性
课下行为倾向	人文社会	121	3.3256	0.72071	-2.602	0.010
	理工	176	3.5341	0.64797		
课上行为倾向	人文社会	121	3.5517	0.69890	0.632	0.528
	理工	177	3.4972	0.75236		
学研情感体验	人文社会	121	3.5496	0.70609	0.076	0.938
	理工	174	3.5431	0.70065		
学研认知	人文社会	121	3.9394	0.59628	0.092	0.927
	理工	178	3.9326	0.65081		

3. 不同学年学习态度的差异分析

不同学年研究生学习态度的方差分析结果如表6所示，在"课下行为倾向""课上行为倾向""学研情感体验"和"学研认知"四个方面均不存在学年之间的差异。

表6　　　　　　　　　　**不同学年学习态度的差异分析**

	学年	人数	均值	标准差	F 值	显著性
课下行为倾向	研一	179	3.5006	0.65937	1.893	0.152
	研二	77	3.4286	0.71504		
	研三	42	3.2762	0.71629		
课上行为倾向	研一	180	3.5694	0.77182	1.161	0.315
	研二	77	3.4253	0.67261		
	研三	42	3.4702	0.63005		
学研情感体验	研一	177	3.5071	0.68798	0.722	0.487
	研二	77	3.5812	0.72029		
	研三	42	3.6369	0.72247		

续表

	学年	人数	均值	标准差	F 值	显著性
学研认知	研一	181	3.9742	0.62109		
	研二	77	3.8701	0.57521	0.84	0.433
	研三	42	3.8968	0.74167		

4. 不同学习成绩学习态度的差异分析

表7是对不同学习成绩等级之间学习态度的差异性分析。学习成绩等级来源于调查对象在研究生学习期间对学习成绩的自我评价。结果显示，不同学习成绩等级之间，研究生的学习态度在"课下行为倾向"（$F = 9.237$，$p = 0.000$）、"课上行为倾向"（$F = 8.144$，$p = 0.000$）和"学研情感体验"（$F = 7.089$，$p = 0.000$）三个方面差异显著，并呈现出研究生学习成绩越好学习态度越积极向上的倾向。然而，不同学习成绩等级之间，研究生的学习态度在"学研认知"方面不存在显著差异。

表7　　　　　**不同学习成绩研究生学习态度的差异分析**

	成绩	人数	均值	标准差	F 值	显著性
课下行为倾向	优秀	23	3.887	0.60551		
	良好	150	3.5547	0.64388	9.237	0.000
	中等	109	3.2917	0.67429		
	较差	13	2.9538	0.75345		
课上行为倾向	优秀	23	3.8261	0.68852		
	良好	151	3.6374	0.65555	8.144	0.000
	中等	109	3.3647	0.74422		
	较差	13	2.8846	0.91638		

续表

	成绩	人数	均值	标准差	F 值	显著性
学研情感体验	优秀	22	3.6818	0.72449	7.089	0.000
	良好	150	3.6667	0.64028		
	中等	109	3.422	0.72465		
	较差	12	2.875	0.48265		
学研认知	优秀	23	4.0145	0.46578	1.943	0.123
	良好	151	3.9868	0.65420		
	中等	110	3.897	0.57602		
	较差	13	3.5897	0.82948		

（三）学校因素及其与学习态度的相关分析

1. 学校因素的因子分析

本研究对学习因素相关的 20 道题项进行因子分析。经过多轮的主成分提取，最终获得由 16 个题项构成的 4 个因子（取因子负荷大于 0.45 的题项），4 个因子的累计贡献率为 56.34%。全部题项的内部一致性系数为 0.756，各因子内部一致性系数均在 0.7 以上。如表 8 所示，根据 4 个因子所包含的题项内容，可把 4 个因子分别命名为导师指导（因子 1）、学研资源（因子 2）、学研氛围（因子 3）、学研阻碍（因子 4）。

表8　　　　　　　　　　学校环境因素的因子分析

	因子 1	因子 2	因子 3	因子 4
	导师指导	学研资源	学研氛围	学研阻碍
导师平时很关心我的学习和科研情况	798	021	146	097
导师经常指导我的学习和科研，对我帮助很大	758	104	007	004
导师定期组织所带研究生进行各种主题研讨	733	071	208	068
导师经常让我参与其科研工作	678	032	122	263

续表

	因子 1	因子 2	因子 3	因子 4
	导师指导	学研资源	学研氛围	学研阻碍
我的导师学术水平很高	494	423	083	037
我对学校提供的学习和科研的软硬件感到满意	015	820	012	044
学校的教学和科研资源很充足	005	722	193	046
任课教师教学水平都很高	382	456	307	132
任课教师上课都很认真	247	453	358	129
学校研究生的学习和研究氛围很浓厚	138	126	797	147
学长和师姐对我的学习帮助很大	154	044	701	023
我所学专业就业前景很好	029	130	574	149
研究生很少有参加学会和在学会发表的机会	096	028	059	722
我所学的大部分课程内容比较陈旧	014	231	169	627
导师除了上课外很少与我接触和交流	413	098	078	621
我对研究生如何进行学习和研究很迷茫	075	072	081	550

注：因子分析为主成分提取，采用正交旋转法，旋转在 5 次迭代后收敛。

2. 研究生对学校因素的评价分析

如表 9 所示，学校因素 4 个因子的均值都超过 1—5 点计分的 2.5 均值，表明研究生对学校的学习和科研环境在"导师指导"、"学研资源"、"学研氛围"三个方面给出较好的肯定性评价；而在"学研阻碍"方面，研究生对诸如学会参与机会、课程内容等则给出较高的负面评价，这也能从研究生对"学研阻碍"选择"不符合"的比例（只有 34.3%）中表现出来。

表9　　　学校环境因素的均值分析和"不符合"占比

	N	均值	标准差	"不符合"占比（%）
导师指导	300	3.664	0.74684	16.40
学研资源	297	3.787	0.65591	22.30

续表

	N	均值	标准差	"不符合"占比（%）
学研氛围	299	3.2977	0.78068	10.50
学研阻碍	297	3.0766	0.69401	34.30

注："不符合"比例为"不符合"和"不太符合的合计比例"。

3. 学习态度与学校因素的相关分析

对学习态度的各因子和学校因素的各因子进行相关性分析，其结果如表 10 所示。学校因素中的"导师指导"与学习态度的 4 个因子均呈现显著的正相关，"学研资源"与学习态度的"课上行为倾向"和"学研认知"，"学研氛围"与学习态度的"课下行为倾向"、"课上行为倾向"和"学研情感体验"的正相关显著，而"学研阻碍"与学习态度的"学研情感体验"呈现显著的负相关。

表 10　　　　　　　　学习态度与学校因素的 pearson 相关分析

学习态度	学校因素			
	导师指导	学研资源	学研氛围	学研阻碍
课下行为倾向	0.176**	−0.004	0.333**	0.115
课上行为倾向	0.177**	0.153**	0.163**	0.09
学研情感体验	0.151*	0.113	0.237**	0.155**
学研认知	0.222**	0.239**	0.084	0.034

注：**在 0.01 水平（双侧）上显著相关；*在 0.05 水平（双侧）上显著相关。

五　结论与建议

本文的调查研究能够得出以下基本结论。第一，硕士研究生的学习态度总体上表现出积极向上的倾向，但仍有近 20% 研究生的学习态度在课上和课下的行为表现中，以及在学习和科研的情感体验中，表现得较消极。第二，研究生的学习态度在学年之间不存在差异性，在男女性别之间和文理学科类别之间也仅在课下行为表现中呈现显著差异。然而在不同学习成绩方面，则表现出学习成绩越好，研究生的学习态度在课上和课下的行为中，以及在学习和科研的情感体验中，表现得越积极。第三，研究生一方面比较认可学校因素中的导师指导行为、学习及科研资源和氛围，但另一方面也认同诸如学会参与机会少、课程内容旧等不利于学习和科研因素的存在。第四，学校良好的学习和科研环境与研究生积极向上的学习态度密切相关，尤其表现在导师对研究生学习和科研的指导行为上。学校中一些不利于学习和科研的因素，对研究生的学习和科研情感体验有一定的负面影响，但对研究生的课上和课下的行为表现、学习和科研的认知并无关联。基于已有的研究成果和本文的研究结论，对于如何形成和保持研究生良好的学习态度，本文提出以下几点建议。

首先，虽然研究生的学习态度总体良好，但仍有部分研究生表现消极。研究生良好的学习态度既是研究生本人完成在校学习和科研任务的内驱力，也是保障研究生教育质量的必要条件。因此，学校应充分认识研究生学习态度的重要性，多途径地了解和把握研究生学习态度的动态变化，对具有消极学习态度的研究生，帮助其查明原因，提出改善对策。

其次，导师对研究生学习和科研的指导行为，是影响研究生学习态度的极其重要的因素。导师是否具有较高的学术水平，是否有责任心，是否有能力和精力指导研究生，不仅关系到研究生对学习和科研活动是否具有正确的认知和良好的情感体验，也关系到研究生自身学习和科研行为是否有积极的表现。因此，导师既要明确在研究生培养中的职责，制定且充分落实研究生个性化指导方案，也要不断提升学术水平，关注研究生的学习和科研状态，加强与研究生的沟通与交流。

再次，研究生的学习态度与学校的学习、科研资源及氛围密切相关。学校在研究生培养过程中，应不断加强对研究生学习和科研活动的资源支持力度，并通过教学、学术研讨方式的创新，搭建不同学年研究生之间、师生之间能够充分实现学术交流与互动的平台，从而营造浓厚的学习和科研氛围。

最后，学校环境中诸如研究生参与学会机会少、课程内容陈旧、导师很少与研究生交流等不利于研究生学习和科研的因素，虽然只与学习态度成分中的情感体验呈现负面相关，但也应该引发学校和教师的深思和重视。良好学习态度的形成与保持需要认知、情感和行为倾向三种成分的高度统一和相互巩固，如果个体学习态度中某一种成分占了主导地位，那么一旦这种成分发生了改变，该个体的学习态度也很容易发生改变。

因此，学校要全面、细致地改善研究生的学习和科研环境，提升其对学校教育资源的满意度，从而使研究生形成及保持积极向上的学习态度。

研究生德育弱化误区与对策

李忠

编者按： 随着高等教育大众化和研究生扩招，研究生德育弱化现象已不容忽视，近年来国家和学校出台多项政策，加强研究生的思想政治教育，加大思想建设力度。李忠教授认为研究生德育弱化与认识上的观念误区相关，主要表现为"无能论"、"无为论"、"消除论"和"代替论"，这些认识问题的产生有其客观原因，主要是竞争性选拔制度重学术素养轻思想品德素养的考察所致，基于此，李忠教授认为，要改变研究生德育弱化状况的关键是完善"导师负责制"，积极从整体上营造高校良好的人文精神生态环境。该研究给新时期提高研究生思想道德素养，完善导师负责制做出了理论阐释，给营造研究生大德育人文环境具有借鉴意义。论文原载于2003年5月《深圳大学学报（人文社会科学版）》。

　　研究生教育是精英教育，是培养社会精英群体的重要途径，因此，我国今天研究生教育的质量状况，直接影响明天引领我国各方面事业发展的栋梁之材所构成的社会群体的素质。然而，面对现实，随着我国研究生教育规模的迅速扩大，研究生道德行为所暴露出来的问题却越来越严重——研究生出现的一些道德失范甚至走向人生毁灭的悲剧案例越来越多，这不得不引起有关方面予以高度重视。本文试图立足现实，就研究生德育弱化的观念误区与成因进行分析。

观念创造现实，观念也制约发展，要改变研究生德育弱化的状况，必须首先将我们的分析之剑指向观念域，厘清其观念误区，才能调整好变革思路。根据我们的调查分析，大致可以概括出具有代表性的几种认识误区："无能论"、"无为论"、"消除论"和"代替论"。

所谓"无能论"是指许多研究生的教学工作者和管理者认为，研究生已经完全成人，或许在专业水准方面教师术有专攻、探索在先，可以为他们解惑释难，指引方向，而在道德生活方面，他们已经有了自己的价值观、道德观，有着甚至比导师还丰富的社会阅历和经验，对社会生活和个人生活中的许多问题甚至比导师还"参得透"，导师难以在德育领域有所作为，如果一定要做点什么工作，无非也就是认认真真走过场，应付应付而已。如果说"无能论"还有一种"明知不可为而为之"的"悲壮情怀"，那么"无为论"就干脆不把研究生的德育问题真正入心入脑。持此论者的根据是，既然研究生已经是成年人了，对待其道德问题，就应视之为个人私事，任由其各自去修炼，学校的研究生德育就应该心照不宣地"无为而治"。比"无能论"和"无为论"有过之而无不及的是"消除论"。这种观点认为，研究生教育本来就不应该在桌面上谈什么德育问题，应该与国际接轨，向发达国家学习，只谈专业培养或研究训练的事情就完了。这样一来，所谓的"研究生道德教育"从话语到行为也就都在实质的意义上消除了。

"代替论"是一种"泛政治化"倾向的观点。由于潜意识里把道德问题看成研究生的个人私事，那么，如果一定要对研究生进行德育，那就只好顺着传统思维习惯，把德育等同于思想政治教育。一旦把德育换算成为思想政治工作，思想政治工作就不再是"私事"，这就实现了转"私"为"公"的"转换"。思想政治工作乃是学校工作之大事，似乎有了这个转换，研究生的德育才能引起领导的高度重视，从而投入大量的资源。这样一来，研究生的德育虽然得到了高度重视，但却主要变成了思想政治教育工作——它代替了德育，研究生道德生活中的迫切问题却被深深遮蔽了，结果出现泛政治化的倾向。这样一来，研究生德育从机制到方式都很容易形式化和表面化。

具体地说，在研究生的选拔方面，由于研究生扩招成为各学校发展和竞争的重要指标，每个学校及学校的每个专业主要考虑的是如何在数量上招够学生、多招学生，而对于学生的素质尤其是所谓道德素质的考虑就是其次的问题了，因此选拔学生的道德底线越来越低，甚至无视这个底线问题。在研究生培养过程中，不仅出现用专业教育代替人文道德教育的情况，尤其是由于没有寻找到一条在学生人数扩招的情况下行之有效的新的培养模式和方法，还出现比较明显的学术水准与道德水平双重下降的情形。在机制上，研究生德育倾向于空洞化，例行公事，有名无实，虽然表面上有一些专职人员，并对导师也有要求，但这些工作都停留在书面上而难以落到实处。从工作方法看，远远没有根据研究生的年龄特点、身份角色特点、年龄差距、经历和背景差距都比较大等特点来开展德育工作，使德育处于"弱化"状态。在研究生素质考评方面，存在文本化、表面化、形式化、知识化、数字化倾向。

研究生德育的观念误区及其成效弱化的原因是什么呢？我们

认为，第一，高等学校不再是脱离社会的"象牙塔"，不是道德净土，当今社会出现的比较严重的道德危机、诚信危机都直接或间接地影响着高等学校这座精神的园地，庸俗功利主义思潮在大学也一定程度上流行起来，大学与大街之间的人文—精神—道德生态风景似乎越来越无明显差别。尤其是某些导师为了达到个人的利益，视学术操守如儿戏，剽窃抄袭别人的研究成果，对研究生的德育造成很大的被动，这些情况使研究生感到德育话语的不真实性、虚伪性甚至欺骗性，道德语言需要道德的肉身行为去印证，如果所言与所行不符，道德语言就会加倍地受到鄙视。

第二，道德教育如同专业教育一样，是需要智慧和能力的，专业水平高不能代替道德理解深，更不可能代替道德行为正，社会和生活中的道德问题也是一门高深的学问，需要我们去探索和实践，而这个道理往往在大学是被忽视的。事实上，由于长期以来我们在教育上忽视科学教育与人文教育的结合，忽视专业教育与通识教育的结合，使我们培养出的许多专家学者在专业领域里成为"高手"和"能手"，却在道德领域里成为"生手"或"业余选手"。他们作为"专业内行"能很从容地应对来自专业领域的挑战，可面对人世间的道德问题时，他们反而成了道德问题的"外行"，其智力和行为常常显得简单、狭隘、粗暴、偏激，而这种低能状态却往往不为其自我所反思到，他们不愿意在生活中的道德和道理问题上进行深入思考，似乎要用生活道理的简单性来换取他们对科学真理复杂性探索的精力。在这种实际状况下，研究生德育的有效开展，必然遇到困难。

第三，研究生道德教育的主体一直不明确。长期以来，关于研究生道德教育问题，在潜在和显在两个层面上，对诸如这样一些问题都存在不同看法：研究生层次的教育到底要不要进行道德教育？谁来进行道德教育？研究生的道德教育重点是什么？教育方式如何？研究生道德品质的标准是什么？等等，都尚无定论。在这种情况下，研究生道德教育的主体是谁的问题也就得不到清晰的阐明。本科生的德育有班导师、政治辅导员、心理咨询工作者等共同参与，而研究生的德育不应该"克隆"针对本科生的做法，需要新的探索和创新，但如何创新却没有相对成熟的机制和方式，因为研究生的道德问题更加实际，更加复杂，因此更加需要针对性。那么是研究生培养单位专门配备德育导师进行研究生德育还是由研究生的专业导师主要负责？抑或两者结合？在实际工作中，多种模式都存在，但都存在需要改进的问题。研究生德育主体不明确，德育效果自然受到影响。

由于以上认识和实践中的种种偏差，弱化了的研究生德育导致研究生的道德问题已处于无人管且无人敢管的"自由"状态，任由他们的思想和行为漂浮不定，随波逐流，直到出现各种道德失范的现象。具体说来，主要表现在：一是不专心致志地从事学习和学术研究活动，而是马虎应付；二是缺乏长远目光，追求短期功利，如为获得某种奖励而不择手段，包括抄袭和剽窃他人成果，甚至铤而走险充当"枪手"，等等；三是纯以挣稿费为目的，耗费大量的时间和精力，撰写大批量的各种"应市"文章，而不潜心打基础、做研究；四是经常犯一些低层次的错误，如逃课、打架、偷窃等；五是缺乏起码的（或必要的）人文素养，不仅是理工科研究生缺乏基本的人文知识，就是文科研究生也由于专业和职业观念的限制而缺少起码的人文底蕴。

我国高校经过长期的积累，对本科生开展德育工作已经有了较为成熟的机制、思路和内容、形式和工作队伍、工作阵地，因而，现在提出加强研究生德育工作时，一方面应该积极借鉴这些宝贵的经验，但同时又要特别警觉很容易出现的"拿来主义"倾向或经验主义思维惯性。研究生教育绝不仅仅是个专业教育的问题，它同时是个有关"人的教育"的问题，有专业教育的责任和能力，而无"做人教育"的责任和能力，就不能真正完成教育的任务。鉴于研究生与导师的特殊关系，在研究生德育中，导师的作用至为关键。如何进一步全面完善"导师负责制"是研究生德育的核心。

当然，从整体上看，研究生德育问题的战略途径在于积极营造一个共存、共长、共荣的人文精神生态环境。外在的东西都是现实的，但对受着高等教育的人们来说，内在的心灵事情才显得更为真实真切，文化人都是理念人，理念是心灵中最现实的存在，因此，我们要像爱护和珍惜新鲜的空气、洁净的河水、绿色的土地一样爱护和营造出有利于研究生心灵健康的精神理念和共同分享的精神氛围，使大学成为精神的家园。

硕士研究生与导师研究互动过程案例探析

——以教育技术学专业为例

李文光　余明媚

编者按： 研究生教育规模的扩大与质量保障之间存在一定程度的冲突。质量保障是一项系统工程，李文光教授从研究生导师与研究生导学关系的角度，通过案例分析法，从导师如何引导研究生逐步进入具体的前沿研究领域、选题与文献调研、研究方法的确定和使用、研究的展开、研究的反思和论文的撰写等多个环节探讨了增强导师与研究生的研究互动的具体策略。通过研究互动引导研究生尽快沉浸在研究状态中，增强研究生的科研水平，保障研究生教育质量。即提出一系列增强导师与研究生的研究互动的紧密程度来保障研究生培养的质量。该研究不仅对教育技术学研究生培养具有指导意义，而且对研究生建立全过程培养质量体系具有借鉴价值。论文原载于《电化教育研究》2011 年第 3 期，原题目为《教育技术学专业硕士研究生与导师的研究互动过程的案例探析》。

一 引言

在高等教育扩招的大背景下，研究生教育的规模也增长很快。研究生招生数量的增加与保证教育质量会发生一定程度的冲突。根据《中国学位与研究生教育发展报告（1978—2003）》课题组的调查，"学生攻读研究生动机多样化，除了追求学术之外，相当多的学生把读研作为改善生活环境或者逃避就业压力的途径"。研究生教育是本科后以研究为主要特征的高层次的专业教育。学者杨荣、余海波曾在《光明日报》上撰文警惕研究生教育"本科化"。研究生教育质量的高低与其导师的指导与熏陶感染关系密切。经济学奖获得者保罗·萨缪尔森在总结获得诺贝尔奖的六大必要条件时指出，首要的条件就是要有优秀的导师。他认为自己很幸运地拥有多位这样的导师，在他提到的优秀导师中，瓦西里·列昂季耶夫在几年之后也获得了诺贝尔奖。

1986 年，国务院学位委员会批准三所大学招收教育技术学硕士研究生，至 2008 年，全国共有 83 个教育技术学硕士学位授予点。著名心理学教授林崇德先生曾把心理学比喻成亭亭玉立的少女，相比之下，教育技术学科则是一个更为年轻并且快速发展的学术和实践领域，存在更多的研究困惑。教育技术学硕士研究生的数量增加，客观上会促使硕士研究生导师数量增加，这种数量增长和研究生教育质量提高存在着潜在矛盾。如何提高研究生的科研水平和研究兴趣，其中一种思路是，增强导师与研究生的研究互动的紧密程度，在研究互动过程中逐渐引领研究生能够沉浸在研究状态中，并乐在其中，从而真正热爱科研，能够潜心科研，从而也促进新增硕士研究生导师的研究生教学和科研的进步。

二　国内外相关研究调查

国内检索所查询的数据库为 CNKI 中国学术期刊网，国外文献检索采用德国施普林格公司的 Springer Link 全文数据库。调研结果显示：国内外对研究生培养的研究文献很多，但针对教育技术学的却很少，从研究生与导师的研究互动过程的角度去探索教育技术学研究生培养的则更少。

国内对于教育技术学研究生培养的文献分为两类：一类是学者以自己的经历就所在大学为个案对教育技术学研究生培养进行研究，如杨满福的《教育技术专业硕士研究生培养模式创新初探》，该文立足于华南师范大学教育技术学研究生培养模式诸环节的实践探索，对本专业研究生培养在微观层次的创新实践从理论和实践上进行了总结和探索，提出教育技术学专业研究生培养模式创新是提高本专业研究生教育质量的必然途径；另一类是一些学者对中美教育技术学研究生培养的某些方面进行比较研究，例如刘永贵的《印第安纳大学教学系统技术系硕士课程对我国教育技术学专业硕士研究生课程建设的启示》，作者结合对美国印第安纳大学教学系统技术系硕士课程体系和课程教学的分析，对我国教育技术学硕士研究生课程建设提出了一些建议。

从国外相关文献的检索来看，比较有价值的文献是克拉克（Richard E. Clark）在 1978 年的研究。克拉克认为，理想的指导研究生的活动应该包括以下几个方面。第一，研究生首先作为研究助手等形式参与研究，这就要求研究生需要与一位或多位导师或其他研究生建立紧密的联系、共事、参与整体调研过程、实践学习等。第二，基于自己的兴趣进行自主的探究。克拉克认为，所有的（对研究生的指导工作）计划，都应包括各种旨在增加研究生参与完整研究过程的机会，包括研究设计中灵感的孕育、数据收集过程、按步骤进行的调查、报告研究的成果，以及研究生课程的优化，重点是学科知识和规则、研究方法，并增加研究生自主探究的机会。克拉克还发现，研究生对科研是否感兴趣与其导师对从事科研所持的热情态度有关。

三 教育技术学专业研究生与导师的研究互动过程探析

1. 导师引导研究生逐步进入具体的前沿研究领域

如前面克拉克所提出的观点，研究生首先作为研究助手等形式参与研究，这就要求研究生需要与一位或多位导师或其他研究生建立紧密的联系、共事、参与整体调研过程、实践学习等。课题组安排研究生参加了"粤港配对学校网上游戏专题研习"课题的研究，该课题由华南师范大学李克东教授和香港中文大学李芳乐教授主持，深圳市南山教育局协办。课题研究的时间为2008年9月至2009年2月，参与此次研习试验的学生为广州两所、香港十二所小学和深圳十一所小学五年级至六年级的学生，学校配对原则为配对后的每一个小组必须由广东和香港的小学生组成。该课题属李克东教授主持的全国教育科学"十一五"规划重点课题"计算机支持的协作学习（CSCL）促进知识建构研究"的子课题，目的是通过香港和广东（深圳和广州）两地学生共同使用一套融合电脑协作学习讨论平台和网上游戏的虚拟学习社区（Learning Villages，即学习村庄）进行对小学生在跨文化环境下协作知识建构的探究。

该课题是当前教育技术学的前沿课题。由于本硕士点的地理位置的便利，除导师与研究生的共同研究外，还可以聆听两所高水平研究机构资深学者的讲座和现场指导，并与研究团队中的研究人员一起讨论交流，从而深入该课题的研究中。同时该课题也提供了一个实践场所、现场参与和观察的场所，使导师能够逐步引导研究生进入具体的研究领域。

2. 研究生论文的选题

在导师引导研究生逐步进入具体研究领域的过程中，在多数情况下导师处于主导的位置上，导师在延续以前研究工作的基础上进行选题时，一定要兼顾硕士生的兴趣与特长，研究生如果对该研究领域不感兴趣，很可能在研究过程中存在抵触情绪和抑郁。兴趣往往与特长相关，研究生学习阶段不同于本科生学习阶段，本科生学习阶段以奠定一个广博的基础为主，而研究生学习阶段应该是对特长与兴趣点的发挥。

国外的研究生在学位论文的选题上有很大的独立自主性，研究方案和实施计划一定要由学生本人独立起草，导师只是提出指导性意见。而在国内，不少研究生的论文选题不是由研究生自己通过调查研究、分析比较选出来的，而是由导师指定的。这种科研训练不能使学生受到应有的锻炼，特别是在只给一个题目的情况下，学生没有选择的余地，最后完成的学位论文往往缺乏学生个性和特长的支持，缺乏学生的独立思考与见解，限制了研究生创造力的发挥，影响了学位论文的质量。学位论文的选题不是一蹴而就的，美国学者赵勇博士在和北京师范大学教育技术学专业研究生做交流时曾将选题做过一个形象的比喻，即研究生选题的沙漏模型。研究生论文题目明晰化的过程，就像沙子从顶部向底部流动的过程。以课题组指导的研究生为例，在参加课题研究的初期，将论文的题目初步定为"小学生在网络虚拟学习社区中知识建构的案例研究——以 Learning Villages 为例"，研究的主要内容是 Learning Villages（以下简称 LV）中小学生知识建构层次和知识建构过程的研究，解释产生该效果的原因，总结 LV 中小学生协作知识建构的成功方法、策略及主要问题和障碍。随着研究的深入，研究生本人最终将论文研究聚焦于"在线讨论中学生投入的影响因素研究"，仍以 LV 为例。关注的是影响在线讨论中包括参与度在内的学生投入这一教学过程中的重要因素，并厘清影响学生投入的因素之间的层级关系。从中我们可以发现，论文研究范围缩小了，但研究的深度增加了，预期研究成果的普适性增强了，便于教师和研究者在实施在线讨论时提供较好的支持。

研究生的论文研究要提倡小而精。如何做到这一点，关键在于导师如何引导研究生深入研究中，从教育技术的实践价值中过滤出漏斗底部的具有创新意义的研究点。论文的实践工作要与不断深入的文献调研交叉进行，与自己正在进行的研究进行对照，不断形成问题和获得解决问题的启示，这有助于促进论文题目的逐步凝聚，明确论文研究的创新所在。

3. 研究方法的确定和使用

研究生在做论文开题报告时，在格式上会写出一些预期的研究方法，例如本案例中，开题报告中所写的拟用研究方法如下。

（1）文献研究法：查找国内外关于虚拟学习社区和小学生学习者特征的研究结果。

（2）案例研究法：所选取的样本为众多"学习村庄"中表现较好，并在研习结束后被评审鉴定为金、银、铜奖的三个"村庄"。

（3）内容分析法：选取 Gunawardena 交互知识建构模型为研究工具，对小学生们在"房屋"内的讨论记录和"村庄"内形成的讨论结构进行编码分析，剖析其协作知识建构层次和建构过程。

（4）非参与性观察法：以听课教师的身份到部分相关实验课

堂听课并作记录。

（5）访谈研究法：对研究专家进行访谈，对参与实验的部分教师进行访谈，对参与实验的部分学生进行访谈。

随着研究的深入，真正可行的研究方法却不完全相同。研究方法的选择，需要考虑到研究的问题、研究的目的（为了更深地理解具体情境下的意义或是获取某个通用规律）、研究的情况（如时间限制、研究成本等），文献综述（人们研究某个问题惯常采用的方法）、知识收益（knowledge payoff）（哪种研究方法能获得更多有利于研究问题的知识）以及研究偏好（研究者本人擅长的研究方法）。

在分析影响在线讨论中学生投入的影响因素时，采用文献分析法，通过对涉及本文研究问题最新的或经典的，尤其是具有综述性质的相关 15 篇文献进行分析、归纳，总结出影响在线学习的因素有 4 个方面，这 4 个方面又被细化成 11 个子因素。在分析各因素之间的关系及甄别根本因素的时候，结合案例，改为采取解释结构模型法 ISM（Interpretive Structure Modeling）。ISM 是 1973 年美国 Warfield 教授开发的一种系统分析方法，常用于分析复杂的社会经济系统结构问题。其特点是通过系统元素之间相互影响关系的辨识，利用人们的经验和电子计算机的帮助，将复杂的系统分解为层次清晰的多级阶梯的结构模型，清晰呈现系统各要素的关系及层级。ISM 属于概念模型，可以用最终形成的概念结构图形象地表示影响因素之间的结构关系，在此，用来分析影响在线讨论中学生投入的影响因素有较好的实用性。结构分析的基本方法是要素分析法。通过要素分析，我们可以更好地认识事物，并且可以通过这种分析认识结构、优化结构、改造结构。对在线讨论要素尽可能准确地认识是在线学习理论研究的重要任务，它将有助于我们从整体上把握教学结构，进而更好地为实施在线教学服务。

通过研究生与导师的研究互动，帮助研究生深入掌握适合某类研究的研究方法的组合，是研究生培养的重要内容。从本案例中获得的一个重要经验是，研究生的性格特点与所采用的研究方法是否相适应，对于研究能否顺利推进十分重要。对于教育技术学的硕士研究生来说，如果研究生本人比较理性，善于使用编码分析工具进行数据分析，趋向于去背景的（Dis-contextualized）、分析式的（Analytic）研究范式，则往往适合采用量的研究方法。而对于比较感性、善于与人沟通、能够通过谈话获得被访谈者的信任从而获得真实的信息、趋向于在自然情景中研究发生的事情，具备这样性格特点的研究者，则往往适合采用质的研究方法。在实际的研究中，当研究需要既深入又广泛地研究事物时，孤立使用这两种方法中之一种，就很难解决问题，所以必须将这二者结合起来，采用混合式研究方法，在具体实施时，可根据研究偏好有所侧重。本案例中，研究生主要采用量的研究方法对影响在线讨论中学生投入的因素、影响因素的解释结构模型的构建等进行分析，在针对"学习村庄"模型应用解释的环节，则酌情采用质的描写。

4. 研究的展开、研究的反思和论文的撰写

（1）研究的展开。当研究的具体题目、研究方法、研究内容和步骤经过反复讨论、初步实践以后，就进入具体实施阶段，在这个阶段更多的是"体力劳动"，根据具体情况适当地再作一些微调。本案例中，着重对涉及在线讨论中学生投入的 15 篇近期的或者经典的文献进行分析和归纳，提出研究的假设：影响在线讨论中学生投入的因素有四个主要方面：教师（包括教学组织方

法、教学反馈、评价、教师态度）、学生（包括学习能力、学习者个性特征、参与讨论的意愿）、讨论内容（教学目标、讨论话题）和讨论环境（包括硬环境——讨论平台、软环境——讨论社区的成熟度），如图 1 所示。

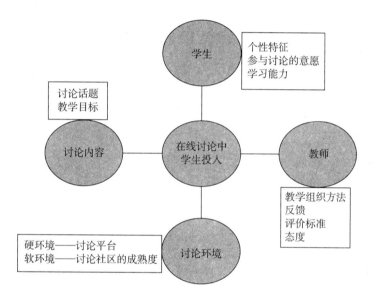

图1　在线讨论中学生投入的影响因素

接下来，对各个因素进行编码，经过分析，得出各个因素之间的影响关系，再根据元素关系图，建立元素关系矩阵表，由此完成影响因素的解释结构模型的构建。最后得出初步结论：影响在线讨论中学生投入的直接因素是学生参与讨论的意愿、讨论平台的特性和讨论社区的成熟度；中层因素是教师的反馈、教师的评价、学习者的学习能力、学习者的个性特征、讨论话题；深层次因素有两方面：教师教学组织方法、讨论的预期教学目标；而根本因素是教师对待在线讨论的态度。同时对各要素之间错综复杂的关系进行分析说明。关于如何证明"影响因素的解释结构模型"正确性，是通过模型应用于"学习村庄"进行检验。在研究逐步展开的过程中，导师与研究生讨论的主要是保证研究逻辑的准确性，提倡大胆地猜测，小心的求证。

（2）研究的反思。当研究进入后期，需要考虑的问题是不断进行反思，研究结论是否严谨科学，并梳理清楚自己研究的创新点所在。从小学生在网络虚拟学习社区中知识建构的角度去考虑，需要重点关注：学生通过在 LV 进行讨论，是否确实如预期那样，达到了促进学生知识建构和高级思维发展？他们在线讨论的质量如何，达到了怎样的水平？其中成功的经验是什么？值得反思的不足在哪里？当研究的重点放在在线讨论中学生投入的影响因素上时，将会考虑如果研习在线讨论的内容与学科教学的内容，是否会与成绩考核的科目相联系，是否将得到另外的结果。学习者积极参与在线学习的活动是需要一定动机支持的，无论是外部的动机还是内部的动机。本次研习预设的动机刺激就是鼓励学生在虚拟学习社区中发言，较多有质量的发言帖将会带来升级的奖励，因而学生们的积极性还是比较高的。倘若在线讨论的内容与学科有很大相关，那么不仅是教师，而且家长、学生自己都会对它给予更高的重视。由于本研究是建立在个案研究的基础上的，研究对象亦为特殊的群体，不能将研究成果推于所有情境。另外，研究者在对数据处理分析时，做了大量如对比、对照、编码等繁重的工作，其中不免可能掺杂有研究者的个人主观因素。如何尽量避免主观臆断和多人进行协商编码是研究中需要慎重处理的问题。

在反思的过程中，除导师和研究生单独交流以外，导师可以创造条件参加各种研讨活动，从而使研究的深度不断增加，增强研究成果的成色。在本研究中，研究生带着自己的研究进展，参加了教育部主办、华南师范大学承办的 2009 年全国研究生暑期学校（教育技术学），通过聆听专家的讲座和具体指导，与研究者广泛交流，使自己的研究得到了进一步提升。

（3）论文的撰写。研究生学位论文的撰写，有着一定的章法，不同于教材的编写，也与研究报告和总结有很大的区别。从接触到的研究生学位论文来看，有的研究生事情做了很多，自己也很忙，但提炼不出有价值的研究内容，论文如同工作总结，学位论文没有体现出其付出的汗水，让读者难以意识到其研究的价值。研究生学位论文的撰写，往往遵循问题是如何提出的，研究问题的解决过程应该遵循科学的研究方法，研究的逻辑宛似层层剥笋般的透彻分析，字里行间洋溢着人文气息，具有个性特点。在论文撰写时要重点考虑，论文研究的创新点在哪里，怎么体现出来。

四　结束语

《三字经》中有"教不严，师之惰"的说法，这说明了导师在培养学生方面所肩负的责任和作用。在研究生与导师的研究互动过程中，导师的自身素质、导师的言传身教对研究生在做人和做学问方面的成长与发展有着决定性的影响。同时，研究生需要增加研究的主动性，研究生要能够沉浸在研究状态中，并乐在其中。Paveies 指出，师生之间成功沟通的关键特质之一在于学生是主角。

本文通过教育技术学专业研究生与导师的研究互动过程的案例探析，对如何将导师科研的隐性知识传递给学生，从而帮助学生在学术前沿领域进行深入研究作了一些探索，这些隐性知识蕴含在导师如何引导研究生逐步进入具体的前沿研究领域、选题与文献调研、研究方法的确定和使用、研究的展开、研究的反思和论文的撰写等多个环节中，这些环节是增强导师与研究生的研究互动的紧密程度的重要抓手，从实践效果来看，对于切实提高硕士研究生教育质量和进一步增强导师科研水平都有帮助。

从工具理性走向交往理性

——研究生"导学关系"探析

王燕华

编者按： 提高研究生质量与完善导师制密切相关，导师与研究生的"导学关系"是导师制维系与发展的重要基础，同时也是影响研究生个体发展最直接的因素。王燕华教授的研究指出：以学术为轴心的导学关系是一种交往关系，它是在教学、科研及师生日常活动全过程中建立起来的理性交往关系。但是现代化弊端导致的理性越来越限于目的—手段关系，工具理性日益消解正常的导学关系。王教授通过借鉴哈贝马斯交往理性的理论内涵，剖析了研究生导学关系的内在特质，提出从"交往理性""生活世界""话语伦理"三个维度建构新型研究生导学关系，摒弃工具理性的蚕食，以实现个体的主体理性向群体的交往理性转变，促进研究生培养质量的提高。该研究给研究生导师加强与研究生交流交往、关心研究生学业的同时关心研究生生活和思想等培养方式提供了理论诠释。论文原载于《研究生教育研究》2018 年第 1 期。

在中国高等教育向世界一流水平迈进的进程中，导师和研究生始终是一支高凝聚力的学术主力军。导师制是世界各国普遍采用的研究生培养方式，导师与研究生的"导学关系"成为导师制维系与发展的重要基础。导学关系是在学术逻辑基础上建立起来的一种教育关系，其本质也是一种社会关系，它不仅体现教师与学生之间基于知识传授的学术交往关系，而且涵盖精神交往和道德教化关系。中国处于社会转型时期，传统的师生关系正遭受现代性弊端的冲击，研究生导学关系中的知识传授关系、道德教化关系和行政管理关系都在经受严峻挑战，从而影响研究生培养的质量。本文以哈贝马斯的交往理论为基础，剖析研究生导学关系的内在特质，从交往理性、生活世界、话语伦理三个维度建构研究生师生关系的分析框架，挖掘研究生导学关系的交往本质，以期构筑以学术文化为导向的生活世界，减少非学术权力对师生交往环境的干扰，使研究生导学关系回归以学术为轴心的交往理性环境，成就高质量的研究生培养。

一 研究生导学关系的本质：以学术为轴心的理性交往

交往理性是当代著名哲学家和社会学家哈贝马斯（J. Habermas）的代表性理论，他认为早期的先验理性和工具理性存在一定缺陷，过多强调以主—客体二元对立关系把握人的主体性和理性能力。在哈贝马斯看来，策略行为和交往行为是存在于人类社会关系的两种主要行为方式。策略行为受工具理性支配，代表了社会中最典型的主—客体关系；交往行为则受交往理性或价值理性支配，其行为关系建立在强有力的语言理解的共识力基础之上。语言是人类最重要的交往工具，语言的重要社会功能是建立或保持某种社会关系，发挥协商、协调作用，并对行为产生约束力。但在策略行为中，行为者往往是通过非言语行为

（如外在强制力等）对行为语境以及行为者之间所施加的影响来获得协调效果①。人们在市场领域普遍运用策略行为维系社会关系，而在社会公共领域，交往行为更能解释行为者的社会关系和行为特点。哈贝马斯认为，任何社会理论始终都与理性问题有着不可分割的联系，交往行为的本质是一种交往理性，它以主体间对称的理解关系为基础，依赖语言符号系统开展行为交往，并在行为者之间建立规范化的理性交往空间。交往行为是至少两个主体之间，以生活世界为背景，以语言为媒介，以相互理解为前提的行动合作化、个人社会化的行动过程。交往理性超越了工具理性的樊篱，它从价值层面深层次分析社会关系和人类行为。

　　自德国近代大学创立研究生教育以来，研究生导师制应运而生并延续至今。从德国研究生教育早期采用的"学徒制"，即研究生充当导师的科研助手从事科学研究，到美国现代大学研究生教育的"一主多辅"导师制，以及后来的教学科研与社会、企业紧密结合而产生的"联合导师制"，包括中国学位制度下模仿欧洲"学徒式"的"导师制"，其共同特点是：研究生导师制的导学关系建立在遵循严格的学术逻辑基础之上②。尽管中国导学文化或多或少受"一日为师，终身为父"观念以及"师父带徒弟"的工匠作坊模式影响，导学关系更加密切，也更多掺杂一些非学术元素，导师成为研究生在校生活的主要负责人，肩负着研究生培养过程中多方面的价值塑造和价值判断责任，相对而言，中国导学文化在学术交往的纯粹性程度上可能不如西方大学。但是，

---

　　① ［德］于尔根·哈贝马斯：《后形而上学思想》，曹卫东、付德根译，译林出版社2001 年版，第 59 页。

　　② 乐江、周光礼：《"导师制"与"老板制"——中外医学院校研究生培养制度比较分析》，《高等工程教育研究》2008 年第 2 期，第 117 页。

从学校制度设计上看，中国的研究生导师始终以"学术导师"为身份定位，以引导和帮助学生的学术成长为重要己任①，紧紧围绕以学术为轴心的理性交往关系发展，培养并保障研究生具有坚实的专业基础和学术技能是研究生教育的核心。

从大学承担社会责任的角度看，今日大学已从"象牙塔"走向社会的中心，大学具有更多社会服务职能，但在研究生教育方面，其主要目标依然是培养探索真理和知识创新的高端人才，导学关系的本质仍是在求知探索的学术殿堂里仰望星空，在追求真理的理性光辉引导下围绕学术事务展开互动和交往。以学术为轴心的理性交往涵盖诸多方面的内容，但核心是必须具备求知探索的理性精神、平等自由的学术文化以及维护学术制度健康发展的机制。

作为培养人才和创新知识的一种活动，学术是贯穿于研究生导学关系的主线，因此，导师与学生在教学、科研互动中必然建立起一种以学术为轴心的理性文化，在彼此共享的学术规范中，在知识传承和科学研究的实践中相互促进，平等互动，实现各自的人生目标和价值追求。

二 工具理性泛滥：研究生导学关系遭遇现代性困境

根据马克斯·韦伯的解释，现代性主要表现在启蒙运动中人义论对神义论的替代，导致价值领域的分离，科学、道德、美学等领域的理性观念取代了原本统一的基督教神学及其形而上世界观。韦伯认为以主体为中心的理性观念在现代社会毫无疑问已发

---

① 李碧虹、陈剑光：《论导师在研究生就业中的职责——基于外部性理论的分析》，《学位与研究生教育》2009 年第 12 期，第 28 页。

展为工具理性，导致意义和自由的丧失。随着科学技术的迅速发展，理性启蒙逐渐演变成工具理性，强调以技术规则、程序性操作为前提，为了达成某种听似崇高的目标，越来越重视采用具有战略性、高效性的方式达成目标，甚至将人与机器一并视为战略性和程序化操作的因子，工具理性演化成一种技术意识形态，这是"现代性困境"的根源。霍克海默和阿多尔诺也对技术理性进行了无情的批判："科学技术把存在者之间复杂而多元的关系简化为'赋予意义的主体'与'无意义的客体'之间的单纯的一元关系……将一切存在物置于狂妄自大的主体的主宰之下，在摧毁自然的同时，也摧毁了人的本质与自由。"① 哈贝马斯继承并发展了韦伯的理论，用理性和合理性概念对现代性进行新的探讨，他认为现代社会除了主体中心理性之外，在人们日常生活和社会活动中还大量存在交往理性，主张以语言为媒介、以相互理解为取向建构人类社会的交往合理性。

现代大学是社会发展的产物，现代性困境不可避免地波及大学，反映在研究生教育及师生交往关系上，过度彰显学术和教育活动的工具理性和操作化效益，单向度地追求主体对客体的征服和控制，忽视教育过程中人的存在价值和意义，人的自由个性和独立性受到限制。工具理性至上，交往理性缺失，势必导致研究生导学关系功利化，削弱以学术为轴心的理性探索精神和平等自由的学术文化。

（一）研究生就读目的功利化对"交往理性"的侵蚀

随着现代化进程不断深入，工具理性和技术发展对人类的影

---

① 章国锋：《关于一个公正世界的"乌托邦"构想》，山东人民出版社 2011 年版，第 11 页。

响日益扩大，随之产生的负面因素对研究生导学关系带来一些不良影响，导致师生关系功利化、冷漠化，其原因主要反映在研究生就读目的不纯，带有太多外在功利化目的，甚至一些名校的学霸都是在为文凭而学，为一份好工作而学。本课题组在对广东省的三所综合性大学进行研究生问卷调查中了解到，为了就业好、拿名校文凭、获得高学位等非学术目的而报考研究生的人数占了92%；关于在读研究生的压力问题，受访者读研期间最大的压力来自就业（占42%）和学术（占41%）。就读目的功利化极易导致研究生与导师学术交往关系的功利化，一方面，功利化的就学目的使研究生心态浮躁，更多关注学术以外的世俗生活，无法沉下心来专注学术，他们与导师的交往关系也变得越来越现实，更谈不上共同维护追求真理和独立自由之创造精神；另一方面，就业的不确定性和世俗诱惑的影响使研究生的学习成效大打折扣，他们无法按要求完成教学、研究任务，导师对研究生学习态度和学习能力产生怀疑和不满，导学关系紧张，甚至师生交往出现裂痕。受访研究生中超过2/3的人有社会兼职经验，且大部分兼职与自己所学专业关系不大或者没有关系，兼职的目的多与获取经济收入和未来就业有关。不仅如此，学生功利化就学还直接影响导师对研究生的学术指导，有些导师出于无奈，有些出于"关心"学生而降低学术标准甚至放弃应有的学术要求和规范。这极有可能导致研究生教育陷入一系列恶性连锁反应：功利性就读导致研究生被动学习、消极学习，无法按要求完成导师布置的教学科研任务，因而其学习和科研效果低于导师期待，学术共同体共享的探索真理、自由创新的理性精神和学术文化受功利主义侵蚀，价值观的差异必然影响导学关系的维系和发展，偏离应有的学术文化和理性精神，长此以往将影响研究生培养质量，进一步影响研究生未来就业竞争力，就业压力进一步增加，研究生导学关系进入非理性交往的循环怪圈。

（二）教育系统快速扩张对学术"生活世界"的殖民

哈贝马斯认为，现代社会是由"系统"和"生活世界"共同构建的双层架构，现代性困境是由这种二维架构内部的各种矛盾冲突产生的，即系统的分化和生活世界的合理化。现代社会中作为系统运行机制的工具理性日益冲击着交往理性所建构的生活世界，导致生活世界的"殖民化"与交往理性的扭曲。

生活世界是交往行为始终运行于其中的境域，研究生师生交往的生活世界从宏观层面看是国家的整个高等教育系统，这个系统的任何风吹草动都会对研究生导学关系所处的生活世界及其个体产生影响。高等教育规模扩张对研究生教育中导学关系的冲击是显而易见的，导师的教学、科研工作负担过重，导师无法潜心指导研究生的学习和研究，师生良好的学术交往关系难以维系。我们在对导师的访谈中了解到，影响研究生导学关系的因素主要来自两个方面：一是研究生教育规模的快速扩张，二是研究生教育性质的改变。由于扩招，硕士研究生招生人数从 2000 年的10.3 万人增长到 2016 年的 51.7 万人，研究生招生规模持续扩大，而生源的整体质量成为很多导师担心的问题。另外，研究生教育性质发生改变，无论从生源质量还是从教学内容、教育方式、教学反馈等方面看，研究生教育越来越接近"本科后教育"。单一的班级授课制代替了师傅带徒弟式的师承关系和深度交往，学生缺乏对学术的内在兴趣，导师和学生的学术交往趋于程式化、任务化，学术标准大打折扣。研究生师生交往除了规定的课堂教学以及理工科的做实验，其他交往基本以老师指导学生毕业论文的程序来维系，即按照学院的规定进行定期的阶段性的毕业论文指导，研究生和导师很难有深层次的学术交往，原本丰富多彩的研究生导学关系异化为简单的论文指导关系，缩小甚至偏离了交往行动者应有的生活世界和活动视野。

（三）工具理性对导师群体及其"话语伦理"的蚕食

哈贝马斯的"话语伦理"不是简单复归传统的规范伦理学，而是基于现代社会背景、消解传统伦理道德的形而上基础、脱离强权与绝对命令的交往理性，它强调主体间的道德共识而达成交往的有效性与话语的规范性。他认为对人的理性交往的分析必须落实到语言，因为个体的理性能力及其社会化是在实践中生成并在语言对话和主体之间构成的生活世界里生成和发展的，只有在主体间交往的语言互动中，每一个单个的主体才能充分的理性化、社会化。现代大学管理制度对导师的绩效评价往往忽略教育教学标准，而更多关注导师的课题级别、论文发表期刊级别以及在核心刊物上发表论文的数量等指标。功利性、粗放式的评价方式违背了学术发展和人才培养的规律，将人变成制造学术论文和科研成果的机器，并导致大量为发表而发表的学术垃圾，同时也使得师生关系功利化、世俗化。为了达到这些指标的要求，有些导师甚至带领研究生制造学术垃圾。研究生是具有完整独立人格和道德认知与价值判断的成熟个体，由于师生之间基于主体间的道德共识与学术话语的规范性受到挑战，因而影响达成理性交往的有效性和话语伦理的共识性。从长远目标看只会加剧学术的行政化和功利化，导师沦为"学术民工"，教授们围绕课题、经费、成果转化，学术被急功近利笼罩。导师为了完成各种学术工作量，提升自己的知名度，将工作重心放在自己的学术发表上，而较少关注或者很少关心自己的研究生。研究生也因缺乏导师的潜心指导而难以真正了解和把握学术研究的精神内核与价值规律，有些研究生刚掌握点学术的皮毛就想着去发表，急功近利，对研究生个人成长非常不利。如此导学关系完全破坏了以学术为轴心的师生交往的合理性，打破了主体间的道德共识而难以达成交往的有效性与话语的规范性。

三 摒弃工具理性：从个体的主体理性向群体的交往理性转变

交往理性是隐含在人们日常话语结构之中、参与者共享的理性。传统的单维度的个体理性侧重以个体的主体为中心，过分重视命题间的逻辑关系，强调目标达成和任务的高效完成。工具理性至上带来的直接影响是个体的主体理性过于彰显，而群体的交往理性与共识逐渐丧失。与此不同的是，交往理性注重多重维度的理性交往，突出的是群体作为主体所应保持的整体和谐，通过主体间的语言交流，尤其注重精神层面的对话与沟通，将人与人之间的关系视为多主体间、平等互动的关系共同体，强调具有主体性的人在实践中的多向度交流，使不同个体之间平等对话、协商讨论、理解沟通而达成共识，维护群体内部共享的"话语伦理"。他们在实践中"通过共识关系实现相关性和一致性，体现不同主体在构建共同世界过程中的和谐互动及良性交往"①。

（一）维护导师实质权威的纯洁性

许多社会学和教育学学者对"权威"做过专门的研究，具有代表性的是英国教育哲学家彼得斯（R. S. Peters）的观点，他认为权威是一种发布命令及做决定的权力，权威之所以存在是因为

---

① ［德］哈贝马斯：《哈贝马斯精粹》，曹卫东译，南京大学出版社2004年版，第6页。

所设立的规范和价值体系为众人所接纳①。在彼得斯看来，一个人被赋予的权威与他实际能行使的权威并不对等，比如一位老师在学生面前通常是有权威的，他可以发布指令和布置任务，但有可能没有人遵守；还有一种可能，一位不惧任何权贵和社会影响力的人说的话可能被很多人信服。被赋予的权威之所以与实际能行使的权威不对等，是因为权威有形式权威（Formal Authority）和实质权威（Actual Authority）之分。彼得斯用"当权者"（in-authority）和"权威者"（authority）来区分这两种权威，前者是因被赋予发布命令与决策的权力而成为"当权者"；后者则是因本人能力为众人所信服而成为"权威者"②。如果一位教师在课堂发布指令而没有学生遵守，说明老师是徒有形式权威而无实质权威，只是凭借教师身份的形式权威在发出指令。通常在政治和宗教领域，一旦权威者发展成为当权者时，就是韦伯所说的具有精神感召的人物产生了。作为传承知识、科学研究和人才培养的研究生导师，他理应是同时具有专业权威和道德感召的学术前辈与精神导师，他既是"当权者"，又是"权威者"。导师作为"当权者"的责任是确保知识在教育系统中持续发展并保持教育系统的良性运转，进行知识传承，引领社会道德与文化；作为专业领域的"权威者"，导师渊博的学识、严谨治学的人格魅力以及从事科学研究的丰富经历等，自然会让研究生产生仰慕之心而努力追随之。因此，在研究生教育的各种教学、科研活动中，形式权威与实质权威是相辅相成不可分割的，这两种权威应该适时交互使用，不应该只偏于某一方。

---

① R. S. Peters. *Ethics & Education*, University Books, London：George Allen & Unwin Ltd., 1966, p. 238.

② Young People's Views on Authority, The Hong Kong Federation of Youth Groups, 2012.

但是，在知识经济和科技空前快速发展的时代，不可避免伴随而来出现一些社会乱象，家长制、师道尊严等传统的权威时代逐渐消退，多元开放的社会正以一股无法抵挡的力量迎面扑来，多元价值观、个人主义等引发师生交流不畅，师生关系冷漠、紧张，传统教师角色正在转变，教师权威也随之式微。彼得斯也认为，教师的权威在当今社会已经无法再仰赖他们的传统权威，而必须表现出他在其他某方面的权威，才能将其权威合理化①。教师权威的整体性被割裂，研究生教育中导师的实质权威遭遇工具理性绑架而沦为只是盲目追求功利目的的机器，例如研究生导师制主要由研究生处（院）来安排，包括导师教学任务的安排与确定，导学关系的建立，导师工作的评价等，主要由研究生处（院）和二级学院共同负责，导师的学术话语权经常受制于行政权力，导师甚至在招收研究生时完全没有自己的决定权，这无疑对导师的实质权威产生负面影响。更严重的是，研究生导师的学术权威逐渐蜕变为行政化系统及其科层化的附庸，导师的专业权威直接听命于行政化指令，按照上级行政要求的教学工作量和科研成果数量安排学术工作，研究选题和内容也越来越紧跟所谓"主流"的"高大上"及"顶层设计"。为了所谓的学校发展（比如排名）急功近利，违背科学规律，过分强调多出成果、快出成果，制造学术虚假繁荣。导师的实质权威是良好导学关系在学术共同体得以维系的基础，也是保证研究生培养质量必不可少的条件，因此当务之急是要努力维护导师作为专家、学者、师者在知识传授、学术研究、道德修养和训导方面的实质权威，尽量减少行政文化对学术文化的排挤，丰富日益贫瘠化、空洞化的专

---

① Young People's Views on Authority，The Hong Kong Federation of Youth Groups，2012.

家文化，将导师的权威从行政主导的形式权威转变到让导师拥有真正学术话语权的实质权威。

（二）共建基于合作型学术文化的"生活世界"

研究生教育给导师和研究生创造了一个不同寻常的生活世界，它是一个充满智力互动和文化交流的学术世界，导师和学生都是主动的学习者、研究者和探索者，他们一起工作并相互促进。导师一方面通过教学、科研活动引导和培养学生，使其在学术方面迅速成长，同时，学生的成长和建树也会给导师的研究带来意想不到的收获。导师和研究生从事的研究活动，其本质是以自由探索为基础的教育活动，这种学术共同体最大特点是任何人在真理面前自由、平等，它与以往的任何教育形式都不同，是在广泛的知识背景和专门学科领域突破原有认知局限，不断揭开人类社会和自然界奥秘并取得创造性发现的精神享受过程。导师与学生的交流互动是平等的理性交往，没有上下级关系，没有雇佣成分。尽管有经验丰富的导师指导，研究生的学习和科研更多是建立在独立研究基础之上，他们可以相对自由地选择自己的研究领域、决定自己的研究课题、确定自己的学习和研究进度。

首先，导师不单纯是传授知识的老师，对研究生来说，导师更应该是研究生灵魂的引路人。因此，导师的责任并不仅仅是交给研究生知识，指导研究生写论文、做研究，更重要的是通过自身的言行表率，培养研究生高尚的情感、端正的态度和踏实的精神。导师在指导研究生进行学术论文写作或者科学研究的过程中，一方面要尊重研究生的主体个性，给研究生自由创造的空间。对于研究生的培养，不仅需要规矩，更需要空间。另一方面，也要创造机会，让研究生能够进入学术前沿。导师作为其所在领域的专家，往往对其所在学术领域内有价值的问题有着比较清晰的了解，有着特殊的学术洞察力。因此，导师能够也有必要将学生带到学术和科研的前沿，做有价值的研究。其次，研究生要改变依赖的思想，坚持独立思考，对导师的学术研究要敢于质疑，要自觉努力提高自身的科研能力，争取更多的机会和导师共同科研。研究生对导师要尊敬有加，重视导师的引路人作用，善于从导师的身上学到不仅仅是知识和技能，更重要的是品格。最后，学校教育系统要关注研究生群体，用学术文化影响和感染研究生，缓解他们的生存压力，用制度和政策支持研究生专注学术。在物价高涨的今天，作为成人的研究生对其感受相比于其他层次的学生要深刻，很多研究生在就读期间都会选择做兼职以缓解生活压力，而且有相当一部分从事的兼职与专业毫不相关，甚至是一种廉价劳动力。因此，社会和学校一方面有必要加大财力物力的投入，为研究生创造更多的机会和条件，让他们能够安心于学术，消除他们生活上的后顾之忧。另一方面也要建立严格的淘汰机制，对难以胜任学术研究的研究生进行淘汰，用学术规范和教育标准敦促研究生不过分追求金钱，将心思真正放在学习和研究上。学校尤其要从制度层面，改善研究生培养的学术文化，促进师生合作。改革容易产生一些刚性化、冷漠化的制度设计，例如学校人事管理制度、绩效考评、学生考评制度等方面可能存在的一些非人性化的量化标准，可能导致师生学术文化的离散。因此，用鼓励合作的体制机制来引导研究生主动合作、善于合作、有能力合作，同时尊重研究生的自主性和独立性，鼓励研究生进行创新性研究，多参与合作性研究，尤其是与导师的合作。用合作性的学术文化代替离散的学术文化，是引导研究生主动形成交往热情，与导师建立理性交往的必要途径。

（三）在对话中创建规范和谐的"话语伦理"

规范和谐的话语环境是师生关系健康发展的桥梁，真正的对话总是蕴涵着一种伙伴关系或合作关系[①]。研究生教育是一种高层次、高水平的智力活动，师生身临其中的教学、科研活动是学者自由意志在学术共同体充分释放的过程，是不同学术见解和思想充分碰撞的过程，支撑这一过程的重要方式是对话沟通。哈贝马斯认为，交往行为是人类基本的社会行为，语言作为交往行为的媒介，发挥着增进理解、行动合作化、个人社会化的职能，同时，交往行为参与者提出的、相互承认和普遍赞同的合理要求，将成为大家自觉遵守的规范，这是主体出于理性的动机、通过语言交往获得、并以语言形式而存在，其实质是基于主体间的伦理存在和话语伦理。交往是一种基于语言活动的行为，交往双方存在一套共享的话语伦理，研究生师生之间的有效对话符合话语伦理的普遍原则，师生之间的交往没有强权与压制，导师不能也不可能通过压制、命令等方式维护自己的权威，学生也无须担心与导师的观点不一致。这是一种面向学术生活世界、超越特定文化形式、以开放性的话语论辩建立起来的共识和理性。师生之间的平等自由、相互尊重、相互忠诚靠的是他们对学术自由精神的追求，通过辩论、讨论、切磋甚至争执和批判实现沟通与交流。尤其在快速发展的信息社会，网络、微信、微博等电子媒介的流行给师生对话提供了更多便利，导学关系在以对话为媒介的学术交往中变得更加频繁、实效和快捷。

首先，尊重导师的实质权威，但同时要打破导师的权威垄

---

① 艾四林：《哈贝马斯交往行为》，湖北大学哲学研究所：《德国哲学论丛》（1995），中国人民大学出版社1996年版，第73—74页。

断。重视导师的实质权威并不意味着导师拥有绝对权威，绝对权威是对实质权威的绑架。中国目前单一的导师负责制，研究生在校的几年中师承一人的指导，学生的培养质量极大地依赖于单个导师个人的学术造诣和学术道德，容易形成权威垄断，应借鉴国外的研究生指导委员会（supervisory committee）制度，由相关领域的多位导师共同指导，还可避免学术上的近亲繁殖。绝对权威必然导致师生之间的距离感、沟通不畅或理解障碍，甚至产生错误信息，影响导学关系的正常维系。作为研究生应努力争取并且不轻易放弃自己的话语权，摆脱依赖思想，培养独立思考的良好习惯。导师应鼓励学生畅所欲言，研究生如果没有信心或畏惧导师的权威而不敢说出自己的真实想法，理性的学术交往则难以实现。作为学校管理者应该营造平等自由的学术氛围，创建师生间真诚、开放的对话机制，以客观、真实、真诚的双向对话代替单向独白。

其次，完善学术话语体系。研究生导学关系建立在真实、规范的学术话语体系中，学术话语是导师和研究生通过言语进行交往的媒介。言语行为往往以相应的交往性规则资质作为假想前提，言说者在公开场合表达自己的意向是作为合法的人际关系而获得主体间承认的规范现实，它必须具有语言交往行为的三大有效性要求，即交往的真实性、真诚性、正确性，这是话语获得交往成功的必要条件，任何交往参与者要想让这种交往继续下去，就必须兑现这样的有效性①，否则，无法实现共同体的和谐。学术话语可以理解为切中当下学者生存经验和学术规范，对探索真

---

① ［德］哈贝马斯：《交往与社会进化》，张博树译，重庆出版社 1989 年版，第 26、3 页。

理、增进人类知识、促进社会发展具有积极影响力的话语，同时也是能够直面学术问题和学术探究，自由、直率、真诚地表达自己思想和见解的话语。按照哈贝马斯的普遍语用学（universal pragmatics）解释，就是致力于建构共同体内部人们相互理解的言语行为的一般规则，随着话语体系的形成，基于语言行为基础上的主体间性结构也随之形成，每个人可以有独立判断，一种普遍的和非强制的共识意向明确地表达出来，而独立判断是我们传统意义上能掌握的唯一理念①。学术话语体系建立在各学科领域的学术规范基础之上，学术规范是保证学术共同体成员平等自由、客观公正地开展学术活动的先决条件，也是维系良好的研究生导学关系、确保研究生培养质量的基本准则，它包括两方面：一是基本的学术道德和制度规范，如价值观规范、学风规范、科学研究规范、学术评审规范、学术管理规范等；二是学术研究中的具体规则，如文献引证标注规则、立论阐述的逻辑规则、论文论著发表出版规则等。因此，完善学术话语体系，必须遵循学术秩序和规范，坚守严谨认真、自由探索的科学态度和探索精神，形成良好的学术话语习惯，以真实性、真诚性、正确性作为群体间交往的理性原则，通过师生对话创建规范和谐、积极主动的学术文化和话语伦理。

此外，营造真实有效的对话氛围。应鼓励和引导师生进行真实有效的对话，建立良好的对话平台是关键。办大学是办一种氛围，良好的研究生导学关系更需要一种让师生频繁参与交往的身临其境的氛围。定期的导师、研究生见面会，导师吸纳研究生参

---

① ［德］哈贝马斯：《作为"意识形态"的技术和科学》，李黎等译，学林出版社1999年版，第132—133页。

与科研项目，师生共同申报科研奖项、参加学术会议、参与社会调查等，都是值得鼓励和支持的营造对话氛围、促进交往的有效途径。对于学校管理者来说，要让师生合理的诉求能够得到合理、合法和及时的解决，在符合学术规范和共同的话语伦理前提下，消解缺乏沟通和理解的交流障碍，促进和谐有效的交往。

研究生教育是学问圣殿里的高级阶段，相对于其他层次的教育形式来说，以学术为轴心，以探索未知、发现真理为目标的导学关系更注重人与人之间基于精神层面和共同理念的对话与交往，无论导师还是研究生，作为具有主体性的人在各种学术交往中都不可避免地要走出个体的主体理性，进入群体的、多向度的交往理性，这是他们共处学术"生活世界"、维护共同"话语伦理"以达成共识关系的基础，也是形成研究生教育生态的必要前提。

第 二 章

学生视角：研究生心中的好导师

深圳大学 1996 年获得硕士学位授权，正式开展研究生教育 20 多年来涌现了许多立德树人的导师典型，他们学高为师、身正为范，无私奉献、精心育人，彰显了深圳大学研究生导师队伍高尚的道德风范。本章介绍了在研究生导师文化建设的实践中涌现出的优秀导师，这些导师有的是学界公认的道德楷模，有的是学校认定的优秀导师，有的在培养研究生方面取得了突出成绩，有的来自研究生同学的热情推荐。从这些导师身上，我们能看到深圳大学导师队伍献身教育、爱校爱生的职业精神，也能学习他们在研究生培养过程中的方式方法。对弘扬学校师德师风，坚守大学使命具有重要的借鉴意义。

为学术而生，求学术之真

——纪念苏东斌教授

钟若愚

人物简介：

苏东斌教授，1944 年生于哈尔滨市，1968 年北京大学经济系毕业，1979 年进入黑龙江省社会科学院，1991 年任研究员。1993 年调入深圳大学，担任深圳大学特区台港澳经济研究所所长，是教育部人文社会科学重点研究基地——中国经济特区研究中心的创始人之一。曾任黑龙江省科顾委副主任、广东省政协常委、深圳市政协常委、民盟深圳市委副主委等，是我国有影响的理论经济学家和中国经济特区研究的权威学者。2012 年 5 月 20 日，苏东斌因病医治无效，在深圳逝世，享年 68 岁。

苏教授是深圳大学理论经济学科的奠基人、领军学者。主要学术作品有《社会主义经济学导论》《选择经济》《当代中国经济思想史断录》《人与市场》《人与制度》《劳动价值学说史略》《我讲〈国富论〉》《中国经济特区导论》《中国经济特区史略》等 28 部，有 19 篇论文被《新华文摘》转载。

苏教授的研究一直追寻着政治经济学的理论前沿，其中"劳

动者价值""新社会主义论""创造收入"等学术观点；"以开放
促改革"等政策主张和对中国经济特区问题的研究；"目的论"
"两个检验标准的逻辑统一"的研究方法在中国思想界有一定的
影响。

一 "从鸡西出发"：为了学术的一生

苏东斌先生一生追求学术，"学术即生命，生命即学术"。他
留下深刻印记的有四个地方。

第一个地点是"从鸡西出发"。苏老师的履历表上显示，他
生于哈尔滨，但在 2011 年 4 月撰写的"个人小传"上写道："鸡
西是我的出发之地，那是我所有一切的出发之地。"他总结说，
"完全可以说，没有在鸡西读书时期打下的基础，没有在鸡西一
段工作期间所受的磨炼，就没有后来的学术之路，更得不到后来
的人生体验。是那里真正地养育了我，我永远也忘不了那里的土
地和那里的人们，因为那是我所有一切的出发之地"。

第二个地点是北京大学。苏先生 1963 年 9 月以黑龙江省文
科第一名的成绩考入北大，他自己这样记录，"我来到了一块圣
地"。1968 年毕业离开北大后，1970 年到 1979 年一直在鸡西。

2011 年时，苏老师回答在北大五年最依恋的是什么时，他说
我会毫不犹豫地告诉：并不仅仅是学识丰博、一流学者的闪光智
慧，而是背后所蕴藏的那种追求自由、向往真理所形成的心境和
环境的魅力。

第三个地点是黑龙江省社会科学院。苏先生于 1979 年秋到
1992 年工作于此。苏老师在自己写的《个人小传》中回忆，
"1979 年的秋天，我来到了 10 年前就应该来到的地方——黑龙江
省社科院，开始了真正的学术生涯"。苏先生是当年从"文革"

走过来的那一代中国知识分子，他们对"文革"的回忆是这一代中国知识分子学者的一个特点。北大的钱理群教授说，"我们是带着'文革'的经历和问题进入学术界，开始我们的思想和研究"。苏先生也是这样，他说，"正是在省社科院的12年，我初步形成了主体经济学的学术思想"。作为学者，苏先生终身追求着对人和主体经济学这个研究主题，不断探索和超越自我。此后，他到黑龙江大学工作有将近一年时间。

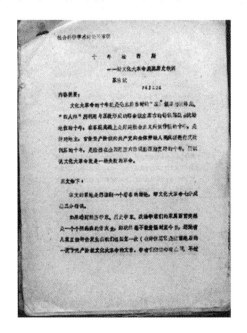

图1 1978 年 11 月苏东斌论文《评文化大革命及其历史教训》

第四个地点是深圳大学。1993 年，经著名经济学家于光远推荐、时任黑龙江省委书记的孙维本批准，苏东斌从黑龙江大学调入深圳大学，开始主持经济研究所工作。2001 年 7 月，教育部批准深圳大学中国经济特区研究中心成为省属高校人文社会科学重点研究基地，苏东斌是重点研究基地的主要创办人。从 1993 年

12月一直到2012年5月，这32年的学术生涯中苏先生有19年在深圳大学度过。苏先生学说的思想体系，包括苏先生自己总结的三个方面——政治经济学、经济思想史和经济特区研究的名作，都是在深圳大学完成的。

图2　苏东斌先生病中完成的《当代中国经济思想史断录》

作为学者，他的"劳动者价值""新社会主义论"等学术观点和"以开放促改革""公正创造和谐"等政策主张以及"目的论""两个检验标准的逻辑统一"等思想方法在思想界有相当影响。此外，他的"以开放促改革""公正创造和谐"等学术观点和政策主张，以及"目的论""两个检验标准的逻辑统一"等思想方法在中国思想界都有一定影响。

　　苏东斌一生出版了 28 部具有较大学术影响与价值的学术著作，是真正的"著作等身"。他有 19 篇论文被《新华文摘》全文转载，在中国学术界十分少见。中国社会科学院经济研究所研究员王振中认为，苏东斌的经济学理论在学界具有巨大的影响力和穿透力，每一篇论文都焕发着献身改革的气息。同任何一位有良心的学者一样，他身上也体现着"国家兴亡，匹夫有责"的秉性。

图 3　苏东斌先生出版著作 28 部，19 篇论文被《新华文摘》转载

二　"为了学科建设，把命搭上也在所不惜"

　　苏东斌教授去世后，他的悼词有这样一段描述：

　　"苏东斌教授是公认的深圳学术界领军人物之一，他是深圳大学难得的学术大家，亦是一位具有全国影响力的学者。他 1993 年调入深圳大学，2012 年 5 月 20 日因病去世，他燃烧自己的生命，为深圳大学学科建设和学术发展做出杰出贡献。"

　　2010 年 8 月下旬，深圳大学理论经济学申报一级学科博士学位授权点进入最后阶段，当时深圳大学作为地方高校要取得一级学科博士学位点的突破，又尤为艰难。作为深大该学科的奠基者和领军人物，苏东斌为此付出了全部时间和精力。在答辩的前一天晚上，苏教授还在广州的宾馆里对着 PPT 反复做陈述演练，直到深夜。第二天答辩非常精彩。在回深圳的路上，苏先生得知深圳大学理论经济学学科高分通过，"顿时，他泪流满面，好长时间说不出话来"。厦门大学学术委员会主席胡培兆教授认为："没有苏东斌，就没有深圳大学理论经济学一级学科博士点。他不仅是深大理论经济学科的一面学术旗帜，更为这个学科点的申报付出了极大的心血、智慧与健康。"

图 4　苏东斌教授在深圳大学为学生开讲《经典精读〈国富论〉》

苏东斌教授是深圳大学理论经济学学科的奠基人和领军人物。自 1996 年起他带领深圳大学理论经济学团队成功演奏了学科建设"三部曲"：1996 年创建政治经济学硕士点、2006 年创建政治经济学博士点、2010 年取得理论经济学一级学科博士点，这个博士点是深圳大学第一个文科博士点。然而，2007 年 10 月，政治经济学二级学科博士点刚刚获批不久，苏东斌教授就被查出患有多发性骨髓瘤，在与癌症抗争的四年七个月的日子里，苏教授瞒着所有同仁朋友，以乐观精神、坚强的毅志和不屈的品格相继完成出版了《我讲〈国富论〉》（2007年7月）、《"制度人"假设——从计划经济到市场经济》（2007年7月）、《当代中国经济思想史断录》（2009年12月）、《中国经济特区导论》（2010年8月）四部学术著作，同时带领理论经济学团队成功取得了理论经济学一级学科博士点。"即使是健康的学者，5年时间能在学科建设和著述方面有这么多成就，也是非常了不起的，何况苏先生还是一位60多岁的癌症患者！"

2012年10月深圳大学在理论经济学博士点基础上获批理论经济学博士后流动站，5年来，博士后流动站已有98名国内外知名大学毕业的博士入站从事博士后研究。苏东斌先生创立的"中国经济特区论坛"，在经济特区研究领域已成为有世界影响的学术品牌。

苏东斌教授为深圳大学学科建设做出了历史性贡献，作为国内有影响的学者、思想家，他的名字将永远镌刻在深圳大学校史中。

三　"不能把转型时期的过渡形式当作改革的目标模式"

苏东斌教授曾说："一位有良知的学者，就是要用自己的学术研究，来推动国家发展和社会进步。"知识分子不仅是掌握知识的人，还应该成为社会的良心，承载起时代使命。大众期待知识分子关注现实，参与公共事务，敢于批判、建言，以推动实现国家富强、民生幸福。苏东斌教授正是如此，他将关注当下、关心国家命运与学术研究紧密结合起来，体现了一名知识分子的时代担当，诠释了一名知识分子的风骨。

图5　2009 年苏东斌先生在深圳大学作新中国经济六十年主题演讲

　　苏东斌教授在守望政治经济学常识的同时还密切关注着中国改革开放的进程，提出了一系列真知灼见。很早苏教授就通过研究中国道路和中国体制，大声疾呼市场体制，坚定不移主张改革。他还通过研究市场改革为西部地区的发展提供理论借鉴，期待改变西部地区贫穷状态。1995 年，他就开始探讨经济增长方式由外延式向内涵式转变的问题，并在报刊发表见解。在国有企业开始实行承包制之际，他通过深入研究提出了与当时许多人不同的看法。他的关注点始终紧跟改革发展进程，又以学术研究成果推动实践。紧扣时代与现实问题展开学术攻坚，敢于发表见解，苏教授体现了一名知识分子关注国家命运、勇担时代使命的学术品格。

　　2012 年 2 月 10 日，在深圳社会科学界纪念小平同志"南方谈话"发表 20 周年座谈会上，苏先生的发言稿《用观念去战胜观念》，明确提出"不能把转型时期的过渡形式当作改革的目标模式"，建议深化改革，早日结束"半计划、半市场"的过渡局面，早日完成市场经济制度的真正确立。在此基础上他还写出了《建议活页》2012年仅有的两篇文稿。苏东斌先生在生命最后阶段所参加学术座谈和学术交流当中，仍然大声疾呼，这是对中国市场经济制度真正确立的呼唤。

**图6 苏东斌教授是社会主义市场经济的倡导者和捍卫者，提出
"不能把转型时期的过渡形式当作改革的目标模式"**

"千人之诺诺，不如一士之谔谔"。苏东斌教授在担任广东省和深圳市政协常委、民盟深圳市委副主委期间，积极参政议政，敢于直抒己见，给人留下深刻印象。他创办《建议活页》，供领导决策参考，其中，"冲破'人身依附'、确认'人才流动'"，"没有廉洁官员，哪来廉洁城市"，"不能把转型时期的过渡形式当作改革的目标模式"……精练的阐述中饱含着学者参政议政的勇气、经邦济世的情怀。中国社会科学院经济研究所原副所长王振中研究员说："苏老师的经济学理论在学界具有巨大的影响力和穿透力，每一篇论文不但显示了经世济民的灵魂而且还焕发着献身改革的气息；同任何一位有良心的学者一样他身上也体现着

'国家兴亡匹夫有责'的秉性。"

**图7　苏东斌先生创办《建议活页》"三言两语、一家之言、
理论色彩、内部争鸣"**

四　中国经济特区理论研究的开拓者

苏东斌教授于1993年秋天来到了改革开放的前沿深圳，经济特区研究以及市场经济理论前沿成为他关注的一个重点。他写了大量关于特区发展的学术论文，出版了《中国经济特区的前沿专题》《中国经济特区导论》，主编了《中国经济特区史略》和《曾经沧海：深圳经济体制创新考察》。《中国经济特区前沿专题》《中国经济特区导论》已成为经济特区研究领域的重要学术著作，推动了经济特区与中国道路的研究，苏教授是中国经济特区理论研究的开拓者。

在这些论著中，苏东斌有力驳斥了"有计划的商品经济论，"他指出："严格地讲，商品经济是不能计划的，如果仅指国家宏观调节，那么现代经济都具有这功能。"苏斌先生以否定思维的方式表达了中国经济改革的方向绝不是"有计划的商品经济"。同其他经济学家不同，苏东斌特别强调社会主义市场绝不可缺少劳动力市场，这足以显示出苏东斌内心深处的中国市场化改革信仰。

苏教授另一著名论断是"改革""开放"一元论。1992 年，苏东斌多次重申他这个著名的论断。"从根本讲，'改革'就是要把计划经济体制改为市场经济体制，而'开放'也不过是市场经济的延伸罢了。"杨龙芳教授在《经济学家苏东斌的思想贡献》一文中分析："基于这个根本结论，苏东斌全面地探讨了经济特区存在的根本原因、时代使命、现实基础、发展要义、成功因素、历史性贡献、深层动力等重大理论问题。"苏东斌在解释和分析中赋予经济特区以自由的要义，他在《中国经济特区导论》的序言中就深圳未来建设一个什么样的国际性现代化大都市时谈到，"我们必须借鉴英美在城市化进程中的经验，对城市与自然环境的冲突，城市与道德文化的冲突，城市与阶级阶层的冲突及政府与市民的冲突等'城市病'给予充分的社会预警。但是，毋庸置疑的是，真正的幸福只能存在于法治社会的大环境中。……这也许就是'君自故乡来，应知故乡事'吧！"苏东斌赋予未来经济特区发展以自由价值导向是如此深刻，值得我们深思。

苏先生 2010 年出版的《中国经济特区导论》（商务印书馆），总结了中国经济特区的历史性贡献，其中概述篇"中国经济特区的时代使命"，开创性地提出了"经济特区与中国道路"的理念，指出中国经济特区的创建与发展是在探索一条中国由普遍贫穷走向现代化的道路。该书被列入纪念中国经济特区成立 30 周年系列丛书。书中苏先生在回顾和研究过去 30 年经济特区的发展历程时，从"改革""发展""精神"三个层面来考察中国经济特区的历史性贡献。

首先，从对"改革"的贡献来看，中国经济特区的贡献是，探索到一个从计划经济体制走向市场经济体制的转型模式，为经济社会发展提供了制度性上的基础和保障。

其次，从对"发展"的贡献来看，中国经济特区寻找到从区域性一般城市走向现代化、国际化的全国重要的中心城市的发展道路，这条道路，达到了从普遍贫穷走向共同富裕的根本目标。

再次，中国经济特区是对中国"精神"的贡献，形成了特有的创新精神。这种创新精神不仅为中国内地城市的发展贡献了一种敢闯敢冒的精神和意识，而且集中反映在思想解放和由此引发的结构调整与升级上。

苏东斌教授对经济特区怀有深厚的感情，是一位极有政治敏感度与责任感的学者，始终为中国经济特区发展进行理论论证，为改革开放服务，为党和政府建言献策。他创办了15年的《建议活页》以其独特的文风和思想魅力，已经成为国内具有相当大影响的内部咨询刊物。苏东斌教授曾任广东省政协常委和深圳市政协常委、深圳市民盟副主委。参政议政的每一次发言与他的每一次学术演讲一样，都以深刻、渊博、犀利、生动，深深影响、感染着每一个人。

苏老师本人是一个精彩的演讲者。他是民盟深圳市委副主委，也是受盟员欢迎的演讲者。民盟几乎每次活动必有一讲，盟员们对苏教授的演讲赞不绝口："苏教授的演讲一定要去听！""等苏教授身体好了，再给我们做一个精彩的演讲！"他在第七届中国经济学年会上的大会主题演讲，题目是《捍卫市场经济》，那时他的病已确诊，但发言之深刻、精彩，打动了中国经济学界。教育部社会科学委员会委员、经济学学部召集人、厦门大学学术委员会主席胡培兆教授说："读他的专著，就不得不钦佩这位中国经济特区学重要奠基者在新研究领域的拓荒精神，就会明了这位才思敏捷的多产著作家的创新之路，在于善能吸收已有人类文明优秀成果，使他犹如站在巨人肩上高瞻远瞩，视野开阔，洞察创新点之所在。"

图8　苏东斌教授在"市民文化大讲堂"开讲《国富论》

五　"一旦解放了思想，也就解放了人"

苏东斌教授的研究在制度、人与市场这一重要而敏感的学术领域做出了突出贡献，为以人为核心的主体经济学奠定了重要理论基础。"人"和"选择"一直是苏教授学术研究中的永恒主题。人与主体经济学这个领域的著作有《选择经济》《人类经济路径》《人与经济》《人与市场》《人与制度》《制度人假设》，等等。苏先生在"主体经济学"中研究的人就是劳动者本身，不仅是一个社会的人、制度的人，同时也是一个感情的人、性格的人。他说："主体经济学研究重点是人不是物。"

苏先生论及"劳动者价值"，最早见于1985年第3期《经济科学》发表的论文《开放社会主义劳动力市场的三大理论难点》。他在文中提出，值得强调的是摆脱人身依附之后，这个劳动者到底还意味着什么？他说，"除了劳动力所有者身份，以及能够自由配置自己劳动力这个最一般的意义以外，这应该是在启蒙时代之后到古典经济学家提出来的，拥有对自己劳动力的自由处置权"。苏老师在这里提出，除了这个意义以外，在社会主义条件下还有更深刻的意义，因为那就是他实现劳动力及其价值的前提。

1987年，苏东斌正式提出"社会主义经济学核心概念是劳动者价值"。此后"劳动者价值"的理念一直贯穿苏先生学术研究的主要作品，从1987年到2009年、2010年，在他生前出版的最后两本著作中，都始终贯穿这一主题。从劳动者价值到选择经济有一个超越，并且也反映了苏先生经济研究的内在持续超越性。

苏先生在1987年提出劳动者价值这个概念之后，一直探索"人"，并且他的全部研究都集中在论证人在经济当中的主体位置。到了2009年的12月出版的《当代中国经济思想史断录》中，他这样感慨"人总是生活在以往的牢笼里，一旦有了思想，也就开始了解放的历程。而一旦解放了思想，也就解放了人"。

苏老师还提出，"解放思想的根本条件在于切实给这个主体（人）以获得自由的基本权力"。

苏先生一再引用阿玛蒂亚·森的话，因为森就是以人为中心，并且他认为最高的价值标准在于自由。苏老师对森的作品的引用，就集中在森所说的那个核心诉求上面，叫作"让个人自由成为社会的承诺"。苏教授基于森的发展观说，"从这个意义上说，我们的目标并不是裕民富国，而是追求每个人的真正幸福"。"而真正幸福只能存在于法治社会的大环境中。"他的研究就是在追求、追逐着对人的解析和人的"自由"。

到 2010 年出版的《中国经济特区导论》的前言"历史的天空"中，苏老师也这样总结中国经济特区的经验，有两条。第一条是市场经济，第二条也是这个主题，从深层动力来总结，就是尊重与拓展对人的解放。也正是在这个前言当中他提出来："人不仅活在物质中，更要永存于天空星云，江河湖海的精神中！"

不灭的灯光

——怀念我的导师牛憨笨院士

屈军乐

人物简介：

牛憨笨院士，1940 年 2 月出生，山西壶关人。1966 年毕业于清华大学无线电电子学系。中国光电子学和超快诊断技术专家，中国工程院院士，中国共产党党员。曾任深圳大学光电子学研究所所长，光电工程学院名誉院长。2016 年 7 月 4 日 15 时 30 分在深圳逝世，享年 76 岁。

牛憨笨院士研制成功中国第一个得到重要应用的高速静电聚焦变像管；研制成功 9 种变像管和 7 种变像管相机，为中国地下核试验、激光核聚变、X 光激光等研究提供了有效的诊断设备，并销往法国、美国和中国台湾，为中国的国防建设和高科技发展作出重大贡献，同时也使中国在变像管诊断技术领域跻身于国际先进行列；他发展了动态电子光学理论，论文被英、美、俄、德、法、日等国的学者引用近百次。牛院士曾获国家发明奖二等奖 2 项、国家及中国科学院科技进步奖多项；发表论文 150 余篇。

　　2016 年 7 月 4 日上午刚下飞机，就接到了满老师电话，说牛老师的病情不好，我直奔医院。尽管医护人员尽力抢救，但还是无力回天，老师于当天下午 3 时 30 分去世。难以置信，却也没时间细想，紧接着就拟唁电，通过各种渠道发消息，向各级领导汇报，准备老师的追悼会。这几天常常深夜惊起，突然想起某位要人熟人没通知到，某件事情没办好，恍惚之中，仿佛不是在为老师而忙碌。直到老师的追悼会如期开始，我看着他静静地躺在鲜花之中，安详而沉静，如同睡去一般，再也忍不住悲伤，释放对老师的哀思与怀念。

　　牛憨笨院士是我的硕士和博士导师，也是我人生的导师。我1992 年从西安交通大学电子工程系毕业，考入中国科学院西安光学精密机械研究所，攻读硕士研究生。我考研成绩还不错，面试时，有个操浓重山西口音的老师问我电真空系统方面的问题，我是说陕西话的，按说不至于听不懂山西话，可是兴许是紧张，加上在学校学习的都是理论知识，我感觉回答的偏理论，没有切合实际系统，觉得效果不是很好。面试后，有个高年级师兄（后来知道是潘栋师兄）找到我，告诉我说提问的是牛憨笨研究员，潘师兄说："他姓牛，学术上也最牛，师弟你考得好，就应该选择最牛的人做导师。"因此，就选择了老师，并有幸得偿所愿被老师收入门下。1995 年我硕士毕业，年轻任性的我放弃了直博指标。牛老师找到我，批评我在科研上没有追求，还说我有潜质，应该目光远大。我当时感到很惭愧，被先生提耳之后，我立刻报考了当年的博士研究生入学考试，又考到老师门下，得以在老师的指导下继续攻读博士学位，直到 1998 年博士毕业。

　　牛老师是著名的光电子学和超快诊断技术专家，其实他不仅是杰出的科学家，也是一位对学生指导有方的教育家，在深圳大学这些年他培养了 70 多名硕士生和博士生，都是亲力亲为，全程参与，绝不假手他人。他对学生的要求非常严格，不仅要知识面广，而且要勇于创新，必须有理论和实际结合的动手能力。每个学生入门之初，老师都会找其谈话，发现其兴趣与创新点，制订科研计划和目标，目标定下来就必须达到。其间如果有困难随时可以找老师讨论，我们都喜欢晚上去找他，牛老师的生活非常规律，几乎每天晚上都在办公室，而且晚上打扰少，有足够的时间谈话，往往我们之间的讨论能持续到深夜。不仅是我，他所有的学生，无论遇到了什么问题，只要看到了牛老师这盏亮着的灯光就看到了希望，充满了勇气。他自己也说过，希望自己这盏灯，能够带动深大校园里更多的灯都为学术而亮。

我硕士主要研究的是超快诊断相机系统及实验，博士课题是将超快诊断技术和生物医学相结合，实现荧光寿命成像，牛老师应该是国内最早开展这方面研究的科学家之一。我做博士课题时有段时间卡壳，牛老师鼓励我多看些研究资料，多思考。在资讯并不发达的 20 世纪 90 年代初，找点资料不容易，牛老师在课题组经费已经非常紧张的情况下，送我去北京国家图书馆学习一周，我很珍惜这难得的学习机会，一周后带回了一厚摞文献资料。现在我跟我的学生讲当年做博士课题，实验期间尤其是博士答辩前几周激光器的紧张调试，从扫描管的组装到相机系统的研制等面临的困难、挑战，以及漫长、艰难的实验过程，种种情形还历历在目，可以说没有老师的指导、鼓励和帮助，我不可能在读硕博的 6 年打下了此后科研的基础，牛老师对科学的执着追求、严谨的治学态度、实事求是的工作作风，都让我受益不尽。

图1 牛院士与同事、学生在一起做科研

　　老师有大爱，不仅对我，对每一个学生都是如此。通常来说，名气越大的教授，带学生越多，忙不过来，有些导师基本是挂个名，学生主要交由课题组其他年轻导师或高年级学生来指导，学生一年也见不到导师几次。牛老师则始终如一，无论是他年轻的时候，还是他当选院士之后，无论对硕士生、博士生还是博士后，他都从选题、设计、到实验、研究论文，全程指导。甚至在他病重住院期间，也要求学生电话、短信，或者当面去汇报科研情况。我们这些学生唯一令他有所失望的，是恨铁不成钢的感慨和不能全力以赴取得更高科研成就的遗憾。尤其令人敬佩的是，为了给国家培养更多的人才，鼓励更多优秀的学生从事科研工作，牛老师从2005年起设立了牛憨笨奖学金，每年从自己的工资里拿出15000元，奖励在光电学科领域从事科研工作的优秀硕士和博士研究生，至今已资助了12届硕士生和博士生。为了支持家乡的教育，他担任太原理工大学的兼职教授，在接受这个职位时，他明确表示分文不取，要求太原理工大学用给他的 50 万元设立光电奖学金。奖学金自从设立，牛老师在身体允许的情况下多次赴太原理工大学讲学，亲自给获奖的学生颁奖。

图 2　牛院士用自己的工资在深圳大学和太原理工大学设立奖学金

1998 年博士毕业后，我本来要出国，听说牛老师要调到深圳，我没有太多犹豫，经过短暂的曲折之后，随牛老师调入深圳大学，从此我与老师之间多了一层同事关系。工作以后，在牛老师的指导下，完成了很多科研项目，也锻炼了自己各方面的能力。在实际的科研工作中，牛老师非常认真，我记得很清楚的一个例子是老师关于我们实验室的对外交流与合作方面的态度，体现出一个科学家求真务实的品格。每次他都强调："合作一定是双赢，通过不同形式的合作与交流来提高自己的水平，一定要把真正的科研成果做在我们深大自己的实验室，不能简单为了文章的数量做人家的劳动力。"有一年我完成了一个国家自然科学基金仪器专项，尽管已顺利结题，但牛老师认为我本应该做得更好一点，做出更有用的东西。他常说，不要老想着眼前的短平快，做科研要有板凳甘坐十年冷的精神，要有十年磨一剑的勇气。我毫不讳言老师对我的偏爱，从我跟着他读硕士起，他就说我有潜力，应该有所成就。讷于言而敏于行，老师的感情较少表露，能跟我说这样的话，是很难得的。

图3　牛院士在讲学

关于牛老师1999年大举南下，很多人不理解，当时就有人劝他完全无须如此折腾，陕西省的领导为了挽留他，甚至把官司打到了中央。当时他已59岁，早已功成名就，就个人而言，南下完全没有必要。但是牛老师是一位新中国培养起来的科学家，对科学的追求，对国家的忠诚是牛老师精神最主要的两个注解。老师一生追求科学，其目的也是让科学为国家强盛和民众富强服务，坚持科研与产业化相结合的道路，将自己的科研成果转化为国力民力是老师一生的追求。因此，我们就不难理解他的决定，先生希望借助深圳这个改革开放的大平台，推动自己的科研更上一层楼，也为了让年轻人，包括他的学生们，能有更好的条件没有后顾之忧，全力以赴搞科研。作为先生一生的追随者，我可以负责任地说，南下之举他考虑的是国家的整体利益，考虑的是学生的前途和未来，很少考虑到他自己。今天，我们可以自豪地说，老师的南下没有辜负一个红色科学家的信仰、没有辜负深圳人民的信任，牛院士团队的到来，至今已经快17年了，从无到有，一点一滴，把光电子学研究所发展成现在专业设置齐全、研究方向特色鲜明的光电工程学院，为深圳大学争得博士授予权，建立了第一个博士授权点，建立了第一个博士后流动站，建立了广东省光电子器件与系统重点实验室、光电子器件与系统教育部重点实验室……这些都是有目共睹的成就。而我们这些追随先生的人，借助深圳这个平台，科研和生活都有了巨大改变。无论从哪方面讲，老师当初的决定都是令人敬佩的。

近些年，我本人开始承担一些行政工作，老师对我说："小屈，现在你肩上的担子更重了，但科研上不能放松。行政上要勇于担当，甘当人梯，多抬举别人，就能做好。"从1992年我在老师门下读硕士开始，牛老师就喊我"小屈"，无论公私场合，让我觉得非常亲切自然。老师这么要求我，他自己也正是这样做的。人如其名，牛老师在生活上非常低调。他常说："我这个人很没有自信，所以不要把我抬得太高。"有时遇到一些我们觉得没有必要自降身价的事情，他总是说："没啥的，把身段放低一点，别人不会怎么你的……"他是个孤儿，清华大学毕业，英国帝国理工大学留学，师从国际电子光学领域大师Bradley教授，曾和国家前领导人有较大的交集，很年轻的时候就获得了包括王丹萍科学奖、国家科学进步奖和中国科学院科技进步奖等重量级奖项。如此传奇的经历，他从不多说。

2013 年初，就在过春节前一周，一直身体健康的牛老师突然病倒，诊断为壶腹癌，第一次手术后，身体稍微康复一点，他又投入了工作，他念念不忘自己承担的"973 课题"、国家自然科学基金重大专项、重点项目以及科技部重大仪器项目，也急于回到实验室见到他的学生。我们看到牛老师召开小组会或者和学生单独讨论，就劝他多休息，他总说没事儿。第二次手术后住院期间，牛老师也不顾我们的劝阻，要求学生和他及时沟通课题面临的问题和研究工作进展。我们劝他多休息时，他说："我身体虽然不方便动，但是脑子可以动，可以思考问题。"在住院治疗期间，牛老师构思酝酿了三本书，说要把最新的工作进展和自己一生的工作进行总结，但由于身体原因没有完成。他身体虚弱，但每次和我们讲到学院工作，尤其是科研，却又有说不完的话，有一次与我和满老师的谈话竟然从中午一直持续到晚上吃饭后，远远超过了我们原来预想的半个小时。我们想和他多说几句，又怕他身体受不了。当年身体很好的老师，消瘦虚弱，腹部和鼻腔插着导管，每次见面我们都很难受。牛老师夫人阔老师始终保持积极乐观的心态，并对牛老师悉心照顾，这也是牛老师始终坚持和病魔做斗争并永不放弃的原因。在生命的最后阶段，老师说他受点苦没关系，之所以这样坚持下去，就想多陪陪老伴几天，听来不禁令人唏嘘。上周一（6 月 27 日）去医院看望老师，在进入重症监护室前，我握着老师的手跟他说："很多人都来看您了，阔老师和满老师就在外面，牛莉（老师的女儿）他们一家人一会儿就到，我们稍后再来看您，您要坚持，没有什么大不了的!"他尽管非常虚弱，还是在短暂的清醒时刻冲我点点头。没想到，这一刻竟成永别。

　　我不是文学家，不知道用什么样深切的语言来悼念我敬爱的老师，但我的感情是深切的，我们这多年的交往，这么多的交集，他给予我的无以计算。先生的离去，使国家失去了一位杰出的科学家，同事失去了一位敬佩的学术带头人，学生失去一位优秀的老师。而于我，则还失去了人生的导师。

深切缅怀我的导师牛憨笨院士。

热爱科研，悉心教导
——王家远教授

谢　彬　采访、撰稿

人物简介：

　　王家远教授，1961 年 10 月生，云南大理人。国家注册监理工程师、国家注册造价工程师。1982 年 1 月毕业于重庆建筑大学地下建筑专业，后留校任教，1987 年 7 月毕业于重庆建筑大学岩土工程专业，获工学硕士学位。1987 年 7 月开始在深圳大学任教至今，其间 1993 年在香港茂盛咨询有限公司在职进修工程项目管理，先后任土木工程系实验室主任，建设监理研究所常务副所长，土木工程系系主任，建筑与土木工程学院副院长、土木工程学院党委书记兼副院长、院长等职。王老师长期从事教学工作，讲授《工程管理的理论与实践前沿》《工程项目管理》《建设项目风险管理》等课程，出版了《工程监理的法律责任与风险管理》《建设项目风险管理》《建设工程法规及相关知识》等专著和教材。王老师专注科研，悉心育人，2014 年、2015 年、2016 年连续三年获得优秀硕士生研究导师称号，曾指导的研究生获"广东省优秀学生（研究生阶段）"称号。

王家远教授 1987 年来深圳大学工作，2001 年开始担任结构工程专业研究生导师，迄今培养硕博研究生 60 余人（含在读），王老师曾多次获得"优秀导师"称号，连续三年指导研究生获得国家奖学金，研究生曾获"广东省优秀学生（研究生阶段）"，王老师培养研究生以细心严谨著称，深得学生敬爱。

一 爱自己的专业

王家远老师是一个对待学术科研比较严谨的人，对学术科研上有着自己独特的见解。在与学生相处中，王老师要求很严格，但同时又能从学生的角度出发，设身处地为学生着想。王老师学术领域上颇有建树，因此有许多的学生想跟王老师学习，做王老师的博士研究生和硕士研究生，王老师因此桃李满门。王老师说："不管是博士研究生还是硕士研究生，首先是一名科研人员。"科研人员要具备两个素质。第一，要具有追求学科真谛的精神，热爱自己的专业，在热爱自己专业的前提条件下，勇于探索学科的真谛，勇于追求真理。一个科研人员，只有热爱自身的专业，才能保持对专业的好奇心，才会有更多的动力和时间用在科研工作上。第二，科研本身是一项很枯燥的工作，因此要静下心来，去掉浮躁的心理，踏踏实实，脚踏实地，不去搞一些虚假的东西。因此，热爱自己所学的专业才有可能出成果，有的学生做科研只追求眼前的利益，不顾长远未来的发展，希望一下子就能把东西给搞出来。他教育学生要认识到科研工作本身有自身规律：投入时间和精力，甘于寂寞，不急于求成。

二 学会沟通，学会提问

每一届学生，开学第一课，王老师都不着急讲专业知识，而是教育学生学会沟通，学会提问。

王老师发现优秀的研究生身上都有一些相似的特点，他们不仅热爱自己学习的专业，学习态度好，也会主动找老师沟通，主动问问题。老师的时间精力有限，有的研究生甚至基础比较差，但因为积极主动，获得了老师的更多指点，因此进步非常快。而有的研究生，总躲着老师，生怕老师找他。一个主动一个被动，经过两三年的学习，差别特别明显。而主动沟通也反映了一个人的积极主动的学习态度。为鼓励研究生主动沟通，王老师要求研究生定期汇报科研进度。并且，手把手教研究生如何进行研究汇报。

这种汇报一般分为两种形式，一种是大型报告，一种是小型报告形式，前者的次数较少，一般为一年两次，后者的次数较多，一般每隔一月或者每两月一次。第一次大报告总结在7月份左右，主要是年中总结，所有的博士生和硕士生都要将自己半年来的工作情况汇报，以便老师了解他们的科研进度，以及帮他们提出一些建议以供他们参考，使他们更好地开展下一步的研究。另外一次是11月份或者12月份，因为这段时间刚好是新生入学后不久，同时又临近年末，既能起到一个年终总结的作用，又能让新入学的学生感受报告总结时的学术氛围。这次报告有时候也会跟国外老师的学术交流一起来搞，国外的老师也非常愿意给我们的研究生介绍他的科研工作。通过这些定期举行的学术汇报，既督促了学生的学业，又锻炼了学生的表达能力，还能融洽学生关系，利于同伴交往。

对于研一的新生，最大的困难是如何让学生进入科研角色，即如何有效地指导学生开展科研工作。在高中生阶段乃至大学阶段，学生学习的大都是现成的知识，从某种意义上来说，答案是唯一的。但研究生阶段要培养学生的创新能力，发现问题并解决问题才是培养的重点。因此，研究生要自己想做什么，怎么做，问题是什么，问题的边界在哪里。王老师的方法是要研究生学会提问题。就像苹果树上掉下苹果，所有人都认为它是天经地义的一件事，然后牛顿却想到了为什么苹果树下会掉下苹果这个问题，为了解决这个问题，牛顿做了很多的实验，最后发现了万有引力。他经常跟学生说，做研究生一定要多问几个"为什么"，要想清楚你想做什么，为什么这样做，即提炼出一个真问题，一个好问题，一个你想做的问题。为此，王老师经常这样问学生"你有没有什么发现？""你是怎么想的？""这个想法要如何实现？"通过这种追问，迫使学生进入一种研究的状态，一种探讨的状态，保持对问题的敏感度。王老师说："找答案往往比找问题容易。"没有问题，是无论如何也不会成为一名合格的科研工作者的。

三 实践要与专业相结合

工程管理是一门实践性较强的学科，因此王老师非常重视理论与实践的结合，关于学生利用寒暑假或其他业余时间去实习实践的问题，王老师一直是鼓励的，并且还介绍实习机会给学生。这样既能深化理论知识的学习，又能增加实践经验，方便以后毕业时找工作。但同时，王老师反对盲目实践，利用课余时间去赚钱，他认为这是对宝贵学习机会的巨大浪费。他支持并帮助学生在实践中去提炼问题、搜集素材、获得数据和案例，也支持学生在实践中积极验证自己的课堂所学，支持学生将自己的知识转化为财富。在实习单位的择取上，王老师总是认真把关，如果实习单位没有为学生提供良好的工作氛围，不能利于提高学生的专业水平，他是坚决反对的。曾经有学生找了一份很好的实习工作，单位很不错，进去实习的时候，别人都以为他是该单位的工作人员，对他毕恭毕敬，客客气气，可是这反而养成他心浮气躁的习气。经过一段时间后，他觉得搞科研是一件枯燥乏味的事情，不甘心坐冷板凳，不安心学习和研究。到实习结束后回到学校，不能把心思用在论文写作上，甚至在论文数据上弄虚作假。这让王老师非常生气，也让他对研究生的盲目实习多了一分警惕。

在研究生的培养中王老师会尽量给他们争取一些好实习实践机会，比如说去国外进行访学交流，合作进行项目开发，等等。王老师将自己的中外合作科研项目与研究生的培养结合起来，经常派一些学生去澳大利亚、中国香港等地访学，合作开展科研项目。这样合作多了，许多研究生的专业素养和学术视野就锻炼出来了。国外高校的导师觉得王老师的学生不错，专业扎实，容易沟通，当他们拿到新的科研课题或者科研任务时，会主动联系王老师，请王老师推荐合适的研究生过去，有的研究生毕业之后直接做了合作导师的博士生。而有些临近毕业却未能找到好工作的学生，细心的王老师会安排他们做科研助理，给他们发工资，等他们找到好的工作，再出去就业。"就当是为社会缓解就业压力。"王老师笑着说。有些学生能力突出，可是一时找不到好工作，他看着也着急，努力帮助学生寻找更好的就业机会。让他们一进入社会就能够有舞台去施展拳脚。

四　工作乐在其中

王老师对科研严谨认真，对学生细心培养，他要求学生做的，自己也将之付诸实践。尤其是担任土木工程学院院长后，平常工作比较忙，但他主动练就自己"弹钢琴"的工作方式，巧用时间，化解科研、教学、行政之间的矛盾。白天处理行政工作的，晚上处理科研工作，一般到 8 点左右才下班。他自称工作乐在其中，如果工作不快乐，那还不如不干。加班这种苦差事在王老师看来根本不足挂齿，他自称家里的小孩长大了，不用赶着回家煮饭，况且学校食堂的饭菜也不错，既然学校有这么好的条件，那不如吃完饭，然后把该干的活干完，再回家。王老师认为，正确地看待科研、教学、行政工作三者的关系非常重要，三者之间有矛盾，但也有相互促进的地方。态度端正了，时间也就挤出来了，工作效率也能提高。因此，在担任院长的这几年，他的科研工作并未放松，每年都有成果出来。由于他带的学生比较多，而且愿意给学生投入时间，学生成长很快，反过来能够为老师分担许多科研工作。王老师在多任务管理中找到了工作的乐趣，所做的工作很快得到了同事和学生的认可，他也获得了成就感。因此王老师说："学会快乐地工作，你就能把事情办好，如果你痛苦地工作，事情一般都办不好。"

教学相长，师生共进，在学科领域取得了一个又一个成功，王老师堪称模范。对于研究生，王老师细心地培养他们的好奇心，守护他们对专业的热爱，鼓励他们去探索真理。同时，磨炼他们的耐心，锻炼他们的意志，希望他们耐得住寂寞，脚踏实地地走好未来的路。正是这种细心与严谨，对学生的关心和爱护，带出了一批又一批的优秀学子。

凡心所向，素履以往

——吕元礼教授

黄鹤子 邱思怡 采访、撰稿

人物简介：

吕元礼，深圳大学新加坡研究中心主任、当代中国政治研究所特邀研究员，长期研究华人政治文化与政党政治，重点研究新加坡政治、行政与李光耀思想。他的多本著作中，《新加坡为什么能》一书受到中新高层关注，新加坡李显龙总理在国会发言中专门介绍该书，为该书作序并亲笔题签，该书概括的新加坡廉政体系——"以德倡廉，使人不想贪；以薪养廉，使人不必贪；以规固廉，使人不能贪；以法保廉，使人不敢贪"被书法家写成横匾，悬挂在新加坡执政党——人民行动党总部。吕元礼教授潜心治学，精心育人，迄今已发表学术论文100余篇，著述14本，开设的"我读李光耀"课程深受学生喜爱。

有一句赞扬老师的对联："三尺讲台，三寸舌，三寸笔，三千桃李；十年树木，十载风，十载雨，十万栋梁。"用来描述1994年开始在深圳大学任教的吕元礼教授来说再恰切不过了。一般人认识吕元礼教授是从通过《新加坡为什么能》这本书，在这本书中他将新加坡的廉政体系概括为四句话："以德倡廉，使人不想贪；以薪养廉，使人不必贪；以规固廉，使人不能贪；以法保廉，使人不敢贪。"这四句话引起了广泛的反响，也引起了新加坡高层的关注和认同，新加坡人民行动党将这几句话悬挂在总部以警戒党员。当吕老师这本书出版的时候，新加坡总理李显龙为书作序。

春风化雨，哺育新苗，比起瞩目的学术成就，吕老师的教学与培养工作更像是一场凡心所向，素履以往的长途旅程。备课、上课、谈话、选题、调研……直到答辩。在吕元礼教授心中，成为一个好的老师，首先要帮助学生成才，这是国家和社会赋予教师的神圣使命，因此在教学上要足够专业，要能开出有深度的课程，要做学生学术的引路人。同时要注意学生的思想品德建设，关心关爱学生，教育学生树立高远的理想，肩负起时代的责任和使命，做学生成长的指路人。

一　得英才而培育之，教之乐也

自 1994 年到深圳大学任教以来，吕元礼教授就和学生结下了不解之缘，他不仅仅深深地爱着深大学子们，同时也深受学生喜爱。

在吕教授心中，刚刚开始做学生工作的那段时间是给他留下最深刻的印记的时光。那时的他也兼任系里的党总支副书记，当时深大还没有学院之分，分为不同的系，学生的演讲比赛、辩论赛都由老师负责，而吕元礼教授就是其中之一。初次与深大学生打交道的他，怀揣着一颗纯粹的心，热情而充满活力，"那时候跟学生们交流很多，大家都能打成一片。打辩论的时候我们聚在一起想辩词，直到办公楼关门了才各自回家"，时至今日，他还能回忆起那种怀揣着梦想同学生们一起奋斗的激情。在吕教授心里，对学生的付出是不需要回报的，他经常给学生买夜宵，并且在最终的决赛之时，带领所在的系拿到了全校辩论赛冠军的桂冠。

"过五关斩六将，唇作刀枪舌为剑；是战友亦同学，胜固可喜败欣然——这是决赛的时候我写给我们队伍的对联。"说起他的学生，吕教授的脸上总是溢满了自豪与骄傲。他开设的课程"我读李光耀"深受学生喜爱，研究新加坡所带来的刻印引导着他的人生与他的教学方式，对于新加坡"国父"李光耀的深刻解读也使得这个国父更加立体的出现在学生的脑海之中，学习过这门课程的学生都感觉自己受益颇多。

二　师德之本，必先正其身，方能教书育人

吕元礼教授是学中文出身，深受中国传统儒家文化影响，他的一言一行都带着儒家的韵味。"有匪君子，如切如磋，如琢如磨"是吕老师做人治学的真实写照。1988 年，他漫步北大校园，浸泡在书海中寻找自己的航标，当时中国思想解放热潮涌动，亚洲四小龙的腾飞引起学人多方关注，热衷于儒家传统文化的他，发现李光耀的治国理念与儒家价值观存在不少交集，在浸润书海，查阅大量政治文化资料的间隙，他灵光一闪，研究新加坡，研究李光耀。同样沐浴儒家文化的光辉，"新加坡为什么能"这个问题于此开始萌芽。于他而言，所做的有关新加坡的研究与自己所感兴趣的儒家思想是分不开的。他感觉中国的改革需要从新加坡借鉴一些什么。

对中国文化有着浓厚兴趣的吕元礼教授在国学方面颇有见地，而研究生时期所学的政治学知识又使他将目光放在了政治与行政的领域。"把国学的东西和政治结合起来，形成了政治文化，

（我）本来是研究中国政治文化，到深圳之后开始研究东南亚、新加坡的政治文化。"教授对新加坡包含了中国人和海外华人而形成的这种特殊的"华人政治文化"很感兴趣，研究新加坡，不仅仅能够更好地了解新加坡的政治文化，也能够窥视到中国政治文化的影子。

"笔系狮城而胸怀社稷，开掘外围以反哺中央"，不做书斋学问，不做佛系学者，富国强民，经世济用，这是吕元礼教授的研究宗旨，也是他做人的原则。就学术而言，虽然他笔下所写的是狮城新加坡，但是在研究中，他心系中国，认为研究新加坡的经验能够更好地反思中国的政治文化，尤其是新加坡在一党独大的情况下"能"的地方——活力、廉洁、和谐，应当是中国可以借鉴的宝贵经验。吕元礼教授认为，做大学老师、搞社会科学研究，单单只是自己行得正、坐得直还不够，还要拥有一颗胸怀社稷的心。立功立德立言，穷则独善其身，达则兼济天下，在郁郁不得志的时候要管理好自己的道德修养；在得志的时候，要胸怀天下，反哺生民。他这样做，亦以此陶冶自己的学生。希望他们成为对国家、社会有用的人。

言传身教，教师的行为与品德对学生有重要的影响，在吕元礼教授的身上，有一种温润如玉的君子之风，而这也是他独特的人格魅力所在。学生在与吕教授相处时，总有一种如沐春风之感，他的修养和学识，激励一代一代学子成长成才。

三 师者，所以传道授业解惑也

每个学者在学术研究的路上都会遭遇瓶颈期，"三十而立，四十不惑，五十知天命"，四十余岁的吕元礼教授依然确定搞新加坡研究并且毫不动摇，他的学术之路也越走越坚定。针对学生们常常提出的"考博做学术，还是继续工作""虽然对做学术研究很感兴趣，但又怕自己做不出来什么成果"这样的迷茫，吕教授以自身为例，告诉学生要学会取舍，学会保持平衡，"做学问，尤其是人文学科是个长期功夫。一要打好学问的功底，不要太急功近利，读该读的书，做研究要规范，要有定力，另一方面对于学术成果要顺其自然，人的天分、境遇不同，书读得差不多了成果自然就有了"，他认为，"对研究生来说，能否成功成才，价值观、兴趣和志向是三个关键要素，正确的价值观保证你不犯错误，远大的志向让你充满活力，兴趣让你在学术道路上走得更远，如果单纯为了拿个博士学位而读博的话，学术研究便失去了本身的趣味"。

他总是鼓励学生们要充满激情，对中国的未来和自己的未来充满信心。他关心学生的生活和发展，积极为学生的工作和生活奔走。他希望自己的学生就像马斯洛需求理论所阐释的，在生理、安全和社会需要得以实现的情况下，勇敢地去追求自我实现的最高价值。"司马迁的《太史公自序》中说'五百年必有王者出'，从周公到孔子历时五百年，从孔子到现在也有五百年。司马迁说'意在斯乎！小子何敢让也'，我的意念就在此，要接着孔子有所作为，定是当仁不让。对于年轻人来说，满足生存需要的同时，要怀有理想和抱负。年轻人是最需要有理想的时候！"

不积跬步，无以至千里，而千里之行，始于足下，在做学术的路上，既要看有理论框架的东西、阅读其他人的文献和想法，以培养批判思维，也要有向前迈出第一步的勇气，在吕老师看来这不仅是研究过程的指引，同时也是他对研究生人生旅程中的指引。

感受学术的生命力

——王立新教授

范 芳 雷 婕 采访、撰稿

人物简介：

王立新，教授，黑龙江省青冈县人，1962 年 5 月出生于科尔沁东草原上的吉林省通榆县，1986 年毕业于山东大学哲学系，自此投身教育，矢志躬耕于中国古典哲学和中国传统文化的祖遗精神田园之中。曾先后任教于东北林业大学人文学院、湘潭大学哲学与社会学学院，2005 年 9 月调入深圳大学文学院。1995 年破格晋升副教授，2001 年晋升教授，2003 年入选中国哲学博士研究生导师。曾任湖南省孔子研究会副理事长、湖南省船山学社副社长、湖南省周濂溪思想研究会副会长、湖南省佛教文化研究会副会长、湖南省道家道教研究中心学术委员等。现为深圳大学文学院教授、北京大学湖湘文化研究会顾问、武汉大学中国传统文化研究中心兼职教授等。

王老师长期驻心宋明儒学，出版《胡宏》《开创时期的湖湘学派》《理学开山周敦颐》《王立新讲〈论语〉》《开山大儒王船山》等著作，撰写小说《大宋真天子——一代仁君赵匡胤》。发表《王船山人性论及其思想史意义》《王船山与胡文定的"春秋学"》等学术论文50余篇。主持国家社会科学规划项目"开创时期的湖湘学派"，结题鉴定等级优秀。王老师任教以来，多次被评为"优秀硕士生导师"，指导多名研究生获得深圳大学优秀硕士学位论文奖。

王立新教授是深圳大学文学院哲学系的硕士生导师。任教以来，深受上进青年学生喜爱，与很多学生结下了深厚的师生情谊，多名研究生获得优秀学位论文奖，出版学术专著，他也多次被评为优秀硕士生导师。

一　学术之路：兴趣和机缘碰头

王立新教授从小喜欢古典的深邃，学生时代便熟读司马迁。这是他学术的缘起。回忆起读书岁月，王教授感觉特别充实，虽然物质比较匮乏，但是省吃俭用也要读书，一个月70元的工资用30元买书。而对于感兴趣的书更是一读再读，愿求一个甚解。

第一次与学术交集是司马迁，上大学时，王立新把自幼对司马迁的了解加上新的学术视角尝试撰写了一篇《司马迁的自然哲学试探》，论文获得了学校的学术论文奖。该奖鼓舞了他，让他对学术研究产生了更大的兴趣和动力。沿着司马迁，他继续深入钻研，独立思考，大学毕业论文《司马迁的历史通变哲学研究》就这样问世了。此后，王立新教授转而进行更为广阔的中国古代哲学思想研究。开始读庄子还有西洋哲学，1992年，因为机缘巧合在一次淘旧书中与王船山相遇，从此便30年如一日，每天都读一个小时王船山，开启了一片新的学术探索天地。

二 治学之路：将学术融入生命

王立新教授认为学术研究要贯彻格物致知，具体问题具体分析的方法，从实践出发去了解事物，从逻辑的角度去分析事物。学术探索不忘联系实际生活，以批判的精神来观照当代社会，从传统文化中汲取养分。王老师对宋明理学研究颇深，深爱王船山、王阳明，在二王身上，王老师感受到了中国古典哲学善待天下苍生的人文情怀，对事业的执着和对人生的坚韧精神，这些都对当代生活有着积极的意义。在王老师看来，研究传统文化不仅是对现代社会生活的一种观照，也是对研究者本人的一种观照。

在对研究生的培养上，王老师也是这样要求的。他直言现在的研究生不大坐得住，这是不可能取得学术成果的，研究中国哲学需要特殊的定力，研究成果是外功，研究本身才是生命的成长。在谈起如何开始学术阅读和写作时，王立新教授强调，研究中国哲学要从自己出发，从兴趣出发，从需要出发。在具体的指导方式上，王老师特别讲究因材施教，有的学生满腔热情，但无奈也啃不动晦涩难懂的原典，王老师就会注意保护他的热情，鼓励他从通俗化的学术作品入手，将学术研究和人生实际相联系，感受学术研究的生命力。王立新教授特别推荐了贺麟的著作《文化与人生》。从学术谈及人生，王立新教授认为学术探索必须融入生命之中。学术研究就是教人要"活得明白，活出善恶、是非、美丑和深浅"。

三 为师之道：严师，亦友

王立新教授1997年便开始当导师带研究生，至今已超过20

年，指导经验非常丰富。他的学生有的当上了教授，王老师直言和很多学生成为了朋友，是亦师亦友的关系。

王老师在当导师带学生方面有自己独到的见解。他认为："让学生难受的不一定是坏导师，让学生好过的也不一定是好导师，做导师要张弛有度，以导师自身的学问和思想感染和感动学生，引导学生的学术兴趣。"梅贻琦《大学一解》中有一段话："古者学子从师受业，谓之从游。……学校犹水也，师生犹鱼也，其行动犹游泳也，大鱼前导，小鱼尾随，是从游也。"在教授学生方面，梅先生与王老师可谓所见略同啊。

王老师虽然个性随和幽默，但在学问上对学生的要求是很严格的。他认为，人生和做学问是很相似的，做学问要脚步踏实，稳扎稳打，一步一个脚印地走好学术之路，做老师要在一点一滴上严格要求学生，每一次讲课，每一次作业，行就是行，不行就是不行，改一遍不行就再改，坚决不放水。他不怕学生资质差、底子薄，就怕学生心不正。他非常注意培养学生的学术兴趣，培养学生的研究能力。他的方法就是写论文，认为这是一个很好的训练的过程，他给学生建议："开个博客，坚持写作。一个礼拜写300字。从小文章开始，打磨写作逻辑和文章组织能力，集小成多，论文写作能力就这样一点一滴培养起来了。"他说："选题要学会由近到远，搜索材料，进一步扩大，进行比对。沿着自己的兴趣来选题，多阅读专业原典读书。"他特别忌讳学生选择"大题目"，经常给学生强调，论文题目"越小越好，越大越坏"，希望学生们在论文选题上从小处着手，他说"做论文就是把一个细小的东西研究出它的来龙去脉"。往小了选题，要把一个小的问题研究透彻，研究出"所然"和"所以然"来，小问题做好了也不容易。

王立新教授很注重以言传身教感染学生，培养他们对学术的兴趣。他很注重激发和唤醒被教育者进行自我教育的机制，让受教育者内心有一杆秤，随时记住约束自我。学术上的严格训练使研究生成长很快，他的硕士生章飚尚未毕业时就出版了学术专著《自由主义思想与中国传统的创造转化——韦政通自由主义思想研究》。王老师的学生毕业后都能独当一面，成为单位的骨干。很多人深受他的影响坚持学术道路，成为知名学者。对于现在由于社会环境的影响，学生忙于找工作，无暇沉下心来读书的现象，王立新教授认为，对此不能一概而论，导师的学问和真本事就在于用自己对学术的热忱和思考牵引着学生。王老师认为，每个人都是独立的个体。人生并不是一定都要做学问，他尊重并鼓励学生的自主选择，这与对学生的严格要求并不矛盾。对于选择就业而非继续走学术道路的学生，志存高远、心系天下、独立思考、规范做事，对每一个人做任何事都是受益无穷的。读中国哲学的研究生，就是在感受古人哲学魅力的过程中学会独立思考，完成一篇像样的毕业论文。这个任务要完成了，一个人就获得了成长，做什么事都能成功。王老师的学生说：遇到这样一位有很高的学术造诣又尊重学生自我发展的老师，真是学生的一大幸运。

奉献科学，为国育才
——张晗教授

李 萌 采访、撰稿

人物简介：

张晗，汉族，1984 年生。2006 年 7 月，武汉大学本科毕业，获理学学士学位；2011 年 7 月，新加坡南洋理工大学博士研究生毕业，获工学博士学位；2010—2012 年，比利时布鲁塞尔自由大学进行博士后研究；2013 年至今，在深圳大学光电工程学院工作，任特聘教授、博士生导师。他是一位全身心致力于科研事业的优秀青年典范，在他所研究的领域上取得了丰硕的科研成果和荣誉。2010 年，获留学基金委"优秀自费留学生"奖学金；2011 年，入选教育部"新世纪优秀人才支持计划"；2012 年，获得国家优秀青年科学基金；同年，获得中组部青年千人计划；2015 年，成为深圳市孔雀创新团队项目的负责人；2017 年，获得深圳市青年科技奖。

一 没有天赋，只有规律

张晗教授 2013 年被深圳大学特聘为教授和博士生导师，当时还不到 30 岁。作为深圳大学最年轻的教授和博士生导师，很多人都好奇这位年轻的科学家是如何做到的。张晗教授认为这是自己的运气好，选对了路，遵循了教育发展的规律。

张晗 21 岁去新加坡读书，举目无亲，天气、住宿、饮食、语言等各方面困难接连不断，很多困难都让他步履维艰。但他很快调整自己，适应了环境，并且在新的环境里成为一个王者。读博士期间张晗所有科目都是 A＋，创了南洋理工大学的纪录。可以说在国外读书这几年，打下了他人生的重要基础，使他更加明白了一个道理：天赋需要正确的教育来开发，否则未经开采的宝藏毕竟不是宝藏。他自言，目前深圳大学的实验条件、科研条件、生活条件都要优于南洋理工。他经常跟学生说，既然条件这么好，没有什么理由做不出好东西。人的成才有规律，天赋是一方面，但教育更重要。恰当的教育才能将天赋发挥出来。正是坚信这一点，他对学生的培养格外用心，他培养的学生都很优秀，很多在读期间就拿了国家奖学金，有的博士才毕业就被聘为教授，最突出的一个已经在哈佛大学做正教授了。他鼓励学生树立信心，爱因斯坦 26 岁就写出了相对论，佛朗克 23 岁博士毕业就世界闻名了，有的数学家十多岁就引领科学前沿。因此天赋是排在第二位的，更多的应该说是教育规律，他希望把这种观念带学生，让学生相信：自己是最棒的。年青一代一定比老一辈强，否则国家还有什么希望。

二　奉献科学，为国育才

来深圳大学工作的五年间，张晗教授带领自己的团队从事非线性光学、二维材料光电子技术、激光纳米医学等研究，在国际著名期刊上发表论文共计 180 余篇，在石墨烯、黑磷光电子器件方向取得了一批原创性的成果，达到了国际一流的水平。他是国际上率先开展了黑磷医学领域研究的科研工作者之一，引起了国内外业内媒体的关注。他的文章被 *Nature*、*Science*、*Nature Photonics* 等 200 余种国际知名学术刊物引用已超过 11000 余次，H－index 为 50，其中，单篇 SCI 引用大于 100 次的论文就有 30 多篇，单篇论文最高引用已超过 1000 次；以通信作者发表 SCI 一区论文 60 余篇，其中包括 *PNAS*、*Nature Communications*、*Advanced Materials* 等国际顶级期刊；他的文章中被顶级期刊作为封面论文报道的多达 25 篇；有两篇还被选为年度"中国百篇最具影响国际学术论文"，深圳大学获此殊荣的仅此一人；两篇论文入选 2015 年物理领域中国作者发表的高被引研究论文 TOP10；两项技术被 Of Week 光通讯网评选为 2016 年激光年度十大进展。2015 年以来已申请 60 个发明专利，35 项已进入实质审查阶段，2 项软件著作已授权。这些都是张晗教授长期奋斗在科研一线，带领学生在实验室不断探索创新、辛勤付出的收获。

张晗教授在二维材料光电方面的研究处于国际领先水平，得到国内外广泛关注、跟踪及引用，被认为引领"二维材料超快非线性光子器件"研究方向；所从事的"基于二维材料可饱和吸收体的锁模光纤激光器"研究超过十年，取得的成果获得国际同行强烈反响；为克服传统"电子瓶颈"问题（如大功耗、处理速度较低等）提供了新的解决方案，实现了二维材料全光信号处理技术，研制出具备品质因子高、转换效率高、速率快的全光信号处理器件。全光信号处理技术被认为是未来宽带通信网最具潜力的新一代光交换技术。他担任主持了国家自然科学基金重点项目，是该项目获得者中最年轻的一位。他个性开朗，严于律己，宽以待人，长期活跃于国内外的学术交流活动中，在 CLEO、

OECC、OGC 等各种国际/国内学术会议上做特邀报告 30 余次，并且在业界有着权威的影响力。目前，张晗教授长期担任 *Nature* 子刊、*PRL*、*Advanced Materials*、*Optics Express* 等 50 多种 SCI 杂志特邀审稿人。受邀分别担任 *OSA Photonics Research*、*Optical Engineering*、*Optics Communications*、《中国激光》等期刊专题主编，及 *Scientific Reports* 期刊编委。荣获 "2017 年度美国光学学会最佳审稿人" 称号。他还是全国光学青年论坛副主席、中国激光杂志社青年编辑委员会秘书长等。

在学生眼里，张晗教授具有高瞻远瞩的学术眼界，对学术前沿有着极准确的把控能力。2017 年，张晗教授课题组是深圳大学高水平论文和基金项目收获最多的团队。在他带领的课题组里，博士后共获得了八项国家自然科学基金，创造了深大第一。这些成果的取得都离不开他对学生文献学习、实验操作、写作技巧等方面事事躬亲、关怀备至的指导。他团队里的学生都认为自己是幸运的，庆幸能遇到张晗教授这样用心为学生制定目标，规划工作，激励学生奋发向上的正能量导师。每当学生实验失败、进度缓慢、思想懈怠的时候，张晗教授总能激励他们重燃对科研的兴趣和希望，再次斗志满满地投身到工作中去。他说，每一位研究生都值得被重视，值得精心培养、塑造，教书育人，为国家培养越来越多优秀的人才是他永恒的追求目标！

张晗教授是民盟盟员，任民盟中央委员、广东省政协委员、深圳市政协委员。他说，民盟是知识分子的政党，正如费孝通老前辈所说的那样，"正是这样一批人，作风正派、学有专长、有社会影响、愿意为国家做事情，大家走到一起才有了民盟组织，有了更好的做事情的条件"。有为才有位，只有在工作岗位上干出成绩才是对践行社会主义核心价值观最好的承诺，学有专长，甘于奉献的精神将时刻激励着他前进。张晗教授就是这样，用他热爱事业、无私奉献的精神，感染着他的学生、激励着大家。他对工作敬业严谨，对学生认真负责，对社会感恩回馈，充分展现了一名青年科学家的信念和追求，也充分展现了政协委员无私奉献的高尚品德与情操。

三　心系社会，为民谋福

张晗教授学识广博，对他本专业之外的其他学科也有着浓厚的研究兴趣。他经常带领课题组与其他不同方向的课题组交流经验建立合作关系。众所周知，癌症是目前危害人类健康的主要疾病之一，癌症的高发病率和高死亡率在让不少人谈"癌"色变。癌症治疗手段包括手术、放射疗法和化学药物治疗，所面临的挑战包括药物利用率低、效果差且易复发等。张晗教授心系社会民生，用科学的力量服务大众需要。2018 年，张晗教授团队的一项跨学科研究成果取得了突破性进展。他联合深圳市人民医院、瑞典卡洛琳斯卡医学的教授团队创新性地设计研发了光响应的黑磷水凝胶材料，用于抗癌药物的负载和可控释放。这种材料可以通过无创方式注射到体内肿瘤组织，并在近红外光的照射下自动、可控地释放药物，释放速率可以通过多种参数进行精确调控，最终达到根除肿瘤的效果。张晗教授表示，在医学上的研究只是起步，后面会面临更大的困难与挑战。但他会迎难而上，在材料和医学交叉学科方面继续深入学习研究。他和自己的学生一起，希望自己的科研工作能够对国家、社会多一些贡献，用科学的力量给老百姓谋福祉。

四　德业并举　以德施教

张晗教授直言选拔研究生看重人品，对刚进入课题组的学生，他总是要花上一段时间观察。他的课题组节奏很快，一开始很多学生不适应，这是一个窗口期，这时，他就把自己管理的理念告诉学生，学生要是能够认同，那就能承担进一步的工作，算是通过了窗口期的考察。如果不认同，他也会尊重学生的个性和意见，绝不强迫。在他的实验室里，每年大概有4：1的比例留或去。他认为深大的学生很优秀，特别是近年来，生源质量越来越高，只要引导得好，不会比985、211高校的差，一样能出成果。

积极、阳光、正能量，这些形容人的词语是张晗教授的真实写照。他常说，科学家要常怀赤子之心，做老师要有一颗仁爱之心，"国家、父母把一个个年轻学子交到我手里，我得对得起国家的托付，对得起自己的良心"。因此，在培养学生科学精神的同时，张晗教授非常注重培养学生的品德修养。他直言喜欢努力、有闯劲的学生，而他的学生深受他的影响，跟他非常相像。他不怕学生基础差，只要肯努力，他都会比较偏爱。这样的学生能很快建立起情感上的联系，工作上也很默契，工作之余也能成为很好的朋友。他从自身成长的经历出发，认为老师和学生是相互影响的，而读研究生这几年是世界观形成的关键时期，小到选择一个什么课题，大到科研成果的运用。抱着什么目的做科研，以什么样的态度做科研，应当是每一个年轻的科研工作者思考的首要问题。他从不介意跟学生"泡"在一起，经常带学生去实习，做课题研究，参加国际会议，带着学生做实验，参加学术组织的各种活动，经常一起吃饭。教育影响是无处不在的，可能就是吃饭的 10 分钟，两个人已经交流了很多东西了。他经常自勉：你得记住你在为国家培养人才，为国家的创新培养人才，这样国家才有希望。做一个温暖的老师，能力有限，但是会最大限度地去履行使命。

除了工作，张晗教授是一个非常容易打交道的人。他常说学生的某些方面可以做他的老师。他实验室有一个学生，很有工匠精神，可以花费 24 小时在一件事情上，把一个东西做得很精致，这让张老师非常佩服。他觉得老师要有情怀，也要有胸怀，看到比自己厉害的学生要高兴，他曾指导一个学生完成了技术转化，很多企业都找那个学生，张晗就鼓励那个学生自己去创业，去实现产业化。"做老师的告诉你哪里有鱼，教会你方法能钓到鱼，但鱼具体在哪里你得去研究，怎么个钓法，你得自己去实践。能钓多大鱼，还得看造化。"他经常用这个形象的比喻来激发学术主观能动性。因此他的学生都很灵光，不落窠臼，善于创新。深大自 2012 年开始优博资助计划，宁缺毋滥，成熟一个资助一个，每年获得资助的博士生都不多。张晗教授迄今为止已有四名博士生获得了优博计划资助，他的不少学生也像他一样少年成名。不能不说跟他这种开放创新的指导理念是分不开的。

而张晗并不以此为豪，他自言，感谢深大给了自己用武之地。学校这几年发展十分迅速，社会影响越来越大，越来越多的优秀学者加盟进来，一定会有更多的王晗、李晗出来，作出更大的成绩，培育更多的英才。

身体力行，胸怀天下
——张建军教授

谭倩文　张义文　采访、撰稿

人物简介：

张建军，江西九江人。1981 年，16 岁的他步入安徽财贸学院校门；1995 年，博士毕业于上海财经大学；1997 年，他被确定为财政部首批学科学术带头人，1999 年，被评为教授。是当时深圳大学"最年轻的正教授"。他曾任教于江西财经大学，任会计系副主任、会计学院副院长，2001 年调入深圳大学，曾任深圳大学经济学院院长。著有《审计概念体系研究》《财务分析技术》等专著、译著、教材十余部，其中《审计学》《审计学案例》为教育部面向 21 世纪高等院校会计学专业主干课程教材；在《审计研究》等学术刊物上发表论文、译文 70 多篇，并多次获奖；主持财政部"九五"科研规划课题"衍生金融工具会计研究"、江西省高校社会科学重点科研课题"风险导向审计研究"、财政部课题"财政税务审计研究"等省部级课题多项。兼任全国会计专业技术资格考试命题专家组成员，中国内部审计学会理事、中国中青年财务成本研究会常务理事、《会计研究》杂志特约编辑。

张老师是一个富有专研精神的人。不仅在学术上取得了突出成就，而且生活的方方面面，如果他感兴趣，都不轻易放过，他勤奋好学，以研究的精神来做每一件事。

他对羽毛球感兴趣，便在网上搜索、观看大量羽毛球比赛视频，积极向学校体育系的羽毛球老师学习羽毛球技巧，每次上场，他都认真揣摩和反复练习每一个动作，精准到每一个细节。这样时间不长，羽毛球水平便突飞猛进了。他喜欢摄影，便购买大量的摄影杂志，经常翻阅、琢磨，并经常用相机拍摄照片，分析每一张的优劣得失，总结拍摄的技巧方法。这种认真执着的精神使得他将一个个爱好变成了特长，生活非常丰富。

各国文化也让张老师深深着迷。他是教授，给本科生、研究生上课，在深大带的研究生累计有100人左右。却还有时间"玩儿"，并且能玩出花样，实在非常难得。无论工作再忙，他经常会抽出时间来教室旁听学校的外教课。他喜欢听外教讲授美国文化、欧洲文化、绘画艺术等，并且经常和外教们相聚，交流中西方文化。在国外，他经常会去一些艺术馆、博物馆参观，有时候一待就是一整天。他说虽然自己不会绘画，但非常欣赏绘画艺术。"生活不止眼前的苟且，还有诗和远方的田野"，一个对艺术、对美有着浓厚追求的人，也总能将日子过成诗。

他喜欢阅读各类书籍，对英文小说更是爱不释手。他英文阅读速度快，口语也非常流利。每晚坚持睡前阅读英文小说，既锻炼了阅读能力，也培养了语感。这些兴趣爱好让他能够更好地阅读英文文献，跟外籍教师也保持着很好的关系。

张老师建议，年轻学子在学习本专业知识的同时，应该广泛涉猎其他学科的知识，广泛阅读各种著作，增强自己的文化底蕴，开拓视野，提高文化修养。"文科生容易小肚鸡肠，眼睛不多看一点，怎么胸怀天下？"他说。他教导自己的学生读书时少一点功利主义的追求，多一点不为什么的坚持。我们所接触所学习的东西，也许并不能为我们带来什么直接的利益，但抱着学习的心态去积极融入这个世界，会发现世间更多的精彩。

张老师从教 20 余年，指导过的研究生已达 100 人左右。

他经常组织学生们一起探讨问题，让大家各抒己见，进行思想交流。通过交流，去了解每一位学生的性格和特长，以便因材施教，发挥专长。张老师治学民主，善于倾听，对学生多加以引导和鼓励，让学生有信心、有条件去提高自己的学术能力。关心学生的思想和生活，经常请学生吃饭，了解他们的生活和学习情况。他经常在学生们晚上聚餐结束后，开车护送学生回宿舍，保障学生安全。张老师有很多项目、课题，他会为学生争取每一次增加知识、拓宽视野的机会。作经济学院院长的时候，他既有教学和科研任务，又有行政工作，还要带学生。但张老师从来没有落下任何一份工作，他精力充沛，自律性强，事必躬亲，以身作则。对待同事能够"一碗水端平"，让教学资源充分发挥最大价值，对待学生能严格要求的同时关怀备至。曾有学生想要拜读在张老师门下，无奈家境贫寒，张老师了解情况后方知该生聪明好学，具有培养潜力，毫不犹豫地伸出援手，雪中送炭，资助了该同学 5000 元，帮助他顺利入学，成为自己门下一名研究生。而这位同学果然不负老师的期望，在读研期间认真钻研学问，最终以优异的成绩毕业。

对于研究生的成绩，张老师更看重的是身体力行地为他们树立一个科学严谨、真诚处世的榜样。因此，对于学生而言，张老师不仅仅是一位好导师，更是一位总是于细节处润人无声的好长辈。

好为人师，乐在其中

——周裕琼教授

陈玉婷 采访、撰稿

人物简介：

周裕琼教授，1998 年毕业于南昌大学信息管理科学系，2001年毕业于复旦大学新闻学院获硕士学位，2005 年毕业于香港城市大学英文与传播系获博士学位，2013—2014 年，受国家留学基金委资助赴美国华盛顿大学（西雅图）传播系进行访问研究。主讲《新媒体概论》《新媒体研究》《市场调查与统计分析》《受众研究》《舆论学》等课程。主持省部级以上课题 5 项，发表高水平学术论文数十篇，曾获首届全国新闻学青年学者优秀学术成果奖，深圳市第五届社会科学成果奖"优秀学术论文奖"一等奖，广东省"千百十工程"省级培养对象，深圳大学"荔园优青"，深圳市教育系统优秀教师，2011 年被认定为深圳市高层次人才地方级领军人才。

周老师最初的梦想是做一名"铁肩担道义，妙手著文章"的记者。但出身教师世家的她似乎注定了与讲台的不解之缘，大学毕业后一步一步走上学术的道路。

她说自己对很多事情都有着强烈的好奇心，而这一好奇心只有通过深入的学术研究才能得以满足。周老师潜心学术，并希望通过自己的研究唤起社会的关注。她说她在本硕期间曾想过当记者，也到很多媒体实习过，但她后来意识到，记者所写的文章虽然也能唤起一定的社会反响，但记者所发掘的东西是紧跟社会风气的，是社会上已经存在并成为热点的现象；而做一个大学老师、做一个学者能倡导从未被人关注的领域，在自己的努力之下唤起社会的关注，这更符合自己的个性，也是作为一名记者无法体验到的莫大的成就感。

周老师的研究领域广泛、成果丰硕，在谣言传播、抗争性话语等研究领域，周老师先人一步，著述颇丰。如今她又转向数字反哺、数字代沟领域的研究。她写的东西，非常学术化，但是她的选题和研究过程，则非常生活化。在一次演讲中，周老师关于数字反哺和数字代沟这一话题展开阐述，表达了数字时代对老年群体的不友好的现实，让观众知道该以何种态度去面对身边的老年人群体，以及数字反哺的重要性。这是生活中大量存在，并且被大家习以为常的东西。很多人觉得老年人不需要智能手机、不需要微信和其他手机 App。但周老师能发现这一问题的社会意义。谈及这个选题，周老师说她曾经注意到老年人在新媒体浪潮面前不知所措的窘迫，因此产生了强烈的好奇心去做进一步研究，她以这个主题指导学生做了一个关于家庭内部代沟的毕业设计，然后在学生研究的基础上撰写了一篇学术论文，为研究打下了一定的基础。有一次父亲生病，她在陪护期间教父亲用 ipad，其间各种不便。她突然意识到自己研究的重要性，中国正在加速老龄化，数字代沟、数字反哺这个问题和所有的家庭都息息相关，所以她决定在前期研究的基础上，深入下去，并以此成功申请了国家项目，并发表了一系列文章。

不仅如此，2017 年 12 月，周老师受邀在 TEDx 做了"跨越数字鸿沟"的演讲，呼吁人们关注老年人的数字代沟问题。2018 年 7 月 26 日，周老师和腾讯研究院在北京发布了关于这一研究的全国性调查数据"吾老之域：老年人微信生活与家庭微信反哺"报告，报告产生了很大的反响。这些良好的社会效益，让周老师非常高兴，她说："这是一个讲情怀的研究。"这种情怀体现了一个学者对社会的特殊价值。或许，也正因为周老师是一个有情怀的人，才会注意到这一群被数字化社会排斥的老年人群体，并进行深入挖掘、研究。

谈到教学，周老师脸上的笑容更加灿烂洋溢。她曾获校长教学奖，指导的研究生获得优秀学位论文，被评为优秀导师。周老师自言："很享受教学，看到学生的进步，是教师最大的幸福。"周老师在教学岗位上孜孜不倦，对学生的要求比较严格。每学期开学第一堂课，她都会直接告诉学生自己的课堂要求、考核方式等，让学生做好心理准备。她给本科生上课，一学期有五次的平时作业，同学们叫苦连天。给研究生上传播学研究方法课，每星期都有任务，这些平时作业大部分是个人作业，而不是小组作业，她认为研究生的学习是高度个人化的，每个人的研究方向都不太一样。小组作业，可能有个别学生会偷懒，浑水摸鱼，享受别人努力的成果，不能真正学到东西。到了期末，她通常会以研究生很少进行的闭卷考试进行考核。周老师说："期末考核如果给研究生布置论文考核，他们可能会草草了事，甚至提前回家，或者找人帮忙完成，只有采取闭卷考试形式，才能督促他们去学习，把该要掌握的内容转化为自己的知识。"虽然周老师的课，任务很多，但同学们普遍反映听她的课是一件很享受的事情，跟着周老师学习能学到东西。周老师自嘲说，在学生面前她就是一位"装嫩的老阿姨"。她在教学上以鼓励为主、增强学生的自信心，也常通过邮件、微信等及时解答学生的疑惑；她的课堂节奏略快，但又不乏轻松的语调、令人回味的案例。周老师注重从教育者的角度出发，主张生活与事业并重，因此她的课堂善于从生活实际出发，常以生活中的例子引导学生，深入浅出，让学生发现生活的乐趣、发现学术也可以很好玩、发现生活中处处是学术，从而激发他们的自主的求知欲。

课堂之外的周老师，跟学生的相处方式更加轻松融洽。每次在项目完成得差不多的时候，她会请研究生到餐厅聚餐，有时也会邀请他们到家里吃火锅、包饺子，让他们感受到家庭与事业的平衡。在轻松的氛围里，师生之间的感情增进了不少，多年后的回忆长廊也增添了很多温馨的画面。女研究生时而也会跟她倾诉一些情感问题，她都会耐心倾听，并适时地给她们一些指导。而且，周老师不仅注重维系和在校研究生之间的感情，也不忘关心已经毕业的研究生，她带的研究生毕业后大部分留在深圳工作，因此她每年都会邀请大家欢聚一堂，分享各自的工作和生活。

传播学领域女生较多，加之周老师心思细腻，多年来她的学生大都是女生，没想到有一年她带了一个男生，平时还好，但是到了毕业论文的关键期，这个男生却掉链子了。周老师觉得男生的研究选题很好，思路也可行，但不能闭门造车，必须去事件的发生地实地调查、搜集资料，但是男生似乎不是很理解她的意思，催了几次都没反应。周老师急了，把他叫到办公室，严厉地批评了一次。可能语气比较重，感觉男生当时快哭了。这种事可是周老师遇到的头一遭，以前带女生都是上课严师道下课慈母心相聚姐妹花，一届一届也不是没说过，但都相处甚好，从来没红过脸哭过鼻子。周老师觉得自己还不大懂得照顾男生的自尊心，话说重了，便赶紧和学生解释致歉，说自己说话太重了。过后，周老师经过思考，还是认为男生的选题做不好太浪费了，尽管担心学生的安全，但由于对学术的追求以及希望学生能顺利完成一篇好的毕业论文，她最终还是坚持说服学生去完成了调研。这个男生也不负众望，在周老师的指导下，调研获得了大量一手资料，很好地完成了毕业论文，毕业后，在腾讯集团找到了很好的工作。

周老师因为专业的缘故，对高校研究生与导师关系紧张的话题比较关注，也有一些她自己的思考。她说："高校导师占据权力的相对优势，不应利用自己的这种优势去利用学生。"她自己虽然做不到像父母一样把学生当作自己的孩子，但会尽可能地尊重学生、关心学生，在学术及各方面扶学生一把，让他们实现自己的梦想。她带的研究生中，不管是选择就业还是继续深造，周老师都会尊重他们的选择，有的学生周老师认为非常有做学问的天分，可是志不在此，周老师也只能听之任之。成为师生是一个缘分，她不愿把自己想要的东西强加给学生。周老师以学生为本，因材施教，一般在学生研二的时候，就会根据他们的未来规划来安排学术任务。对于选择读博的学生，她会让他们深入参与自己的研究课题中，也会和他们分享自己的研究。对于选择就业的学生，则会注重培养他们的执行力，让他们能在毕业后找到自己满意的工作，并有资本和能力去胜任这份工作。

正如她所说："做老师是一个良心活，你付出多大的努力，就会有多大的回报。"近年来周老师的教学测评几乎每年是全院第一，她所指导的研究生毕业论文多次荣获优秀硕士学位论文称号。传道授业解惑，教师固然是一个奉献的角色，但周老师坦言从学生身上也获得了很多。与学生的交往，让她多了一些对新事物的刺激，让自己保持年轻的心态，有时也会获得学术上的启发，甚至影响自己的研究方向。她过去做研究喜欢"单打独斗"，但自从带研究生以后，她逐渐学会了如何带领团队、如何协调团队之间的小矛盾、如何让团队更好地成长等。

"捧着一颗心来，不带半根草去"，周老师很享受这份教书育人的工作，脸上总是洋溢着笑容。作为研究生导师，周老师希望自己的研究生不管将来是否走学术道路，都扎扎实实地做好学术训练。她认为，研究生的训练不是本科生的加强版，而是一个学习如何规范地进行学术科研的训练过程。她不支持研究生在研一研二期间找实习，觉得这是一件浪费时间、因小失大的事情，这类型学生毕业以后，并不一定会比本科生更强。其次，她希望自己的学生做事情保持专注。面面俱到常常面面不到，人的时间精力有限，应当瞄准一点矢志不渝地做好，再去做下一个任务。

做有意义的事

——张会生教授

刘　佟　赵　婷　采访、撰稿

人物简介：

张会生，深圳大学医学部生物医学工程专业教授，深圳大学IVD实验室主任，深圳市体外诊断仪器公共技术平台主任。体外诊断仪器方向学科带头人，科研上一直专注于体外诊断仪器共性技术、关键部件及系统整机研发及其产业化。主持国家科技支撑计划、国家自然科学基金重大仪器专项等科研项目30余项，合计经费2000余万元。在全自动化学发光免疫分析、全自动生化分析等分析方法与系统研制上取得突破性成果，申请国家发明专利10余项，发表论文近20篇。所研发的产品在全球近100个国家近万家医疗机构得到应用，研究成果产业化实现产值超20亿元。获国家级新产品两项，国家高技术产业化示范工程项目1项、广东省科技进步奖1项，深圳市科技进步奖4项。

张会生教授是深圳大学医学部生物医学工程专业体外诊断仪器方向学科带头人，主要从事的是与体外诊断相关的医疗器械研发。"体外诊断"对于非医学专业者来说，是一个既陌生又熟悉的词语。我们每个人都多多少少接触过并受益于"体外诊断"，却对之不甚了解。事实上，作为"临床医生的眼睛"，体外诊断与我们每个人关系密切，临床诊断70%的信息来自体外诊断，比如验血、心电图、超声、CT等，都属于体外诊断项目。由于我国人口结构老龄化加速，慢性病、传染病及癌症发病率居高不下，体外诊断仪器在疾病预测、诊断、愈后观察和健康状态评价等方面，发挥着越来越重要的作用。因此，体外诊断仪器的研发，是一件非常有意义的事情。

治病救人与教书育人一直被认为是人类最伟大的两大事业，而张会生教授恰好既是"医者"也是"师者"。在实验室里，他带头研发我国最先进的体外诊断仪器，为无数国人的生命健康保驾护航；在三尺讲台之上，他是春风化雨的人民教师，用自己的专业知识与人生智慧灌溉培育一届又一届优秀学子。

在生活上，张会生教授基本过着"极简主义"的生活，对大千世界的虚假物欲看得很淡，也不愿被繁乱混杂的网络信息裹挟，他用前半生积累的经验智慧为自己构建了一个简单纯粹的意义世界，不论社会变成何种模样，他自有一番道理面对生活，不卑不亢，自在安然。都说"好看的皮囊千篇一律，有趣的灵魂万里挑一"，当他的学生因缘际会邂逅这个有趣的灵魂，故事便由此展开。

一 做研究要以国人需求为导向

在本科和硕士阶段，张会生老师学习的是化工类专业，偶然的原因，他接触了体外诊断仪器这一研发领域，产生了浓厚的兴趣。毕业后，张教授在外企工作了3年，然后进入深圳大学当老师，先后在应用化学系和计算机科学与技术系任教，后来深圳大学成立生物医学工程系，张教授把握机会如愿调任到该学院任教，开始致力于体外诊断研究。

这一方面是兴趣，另一方面是张教授对国家、社会抱定大爱无疆、无私奉献的信仰，后者才是促使他在体外诊断领域取得丰硕成果的重要因素。在他看来，人的一生很短暂，要做一些有意义的事情才不算浪费时间。"在以前，我们国家比较多的体外诊断仪器都依赖进口，核心技术的缺失导致国人检查费用大大提高。此外，大多数体外诊断仪器大而笨重，想要做检查就必须去大型医院，这就是我们常常说看病难的原因之一。"张教授说。此外，随着人体内的生物标注越来越多的被检测出来，对体外诊断仪器精准度的要求也越来越高。在以前，鉴别病毒与感染源是以白细胞为对象，但在这其中有40%误诊的概率，现在则以PCT（降钙素原，procalcitonin，一种蛋白质）为对象，而PCT在人体中的含量非常低，在医学上一般以纳克（1纳克 = 0.000001毫克）为单位计量，这就对诊断仪器的精准度与速度提出了更高的要求，但这项技术在以前完全依赖于进口。张教授举了一个例子来阐明技术垄断带来的高额检查费用："在广东省，测血糖、血脂或者肝功能只需要5元，但做PCT检查则需要180元。"这种重大社会民生问题，出于科学家的担当和对国家社会的责任感，张教授披荆斩棘，攻坚克难，带领研究生研发出了国内第一台半自动生化分析仪和第一台全自动化学发光免疫分析仪。国际同类产品此前主要被罗氏、贝克曼、西门子、雅培四大公司垄断。张教授的发明一举打破了垄断，产品申请国内外发明专利十余项，并实现了产业化。在全国5000多家大中型医院得到应用，并出口到意大利、印度等几十个国家和地区，产值10亿元。

21年来，张教授带领他的学生在体外诊断器械的研发上取得了不少突破，其中有数个科研项目都是以产学研相结合的方式完成的。他认为，生物医学工程既然被称为"工程"，那么相关科研项目的开展就必须以当前国人的需求为导向，技术成果必须以投入实际应用为目标。而产学研相结合的方式能充分调动产业、学术、研究人员等多方面资源，更有利于科研项目的顺利进行。例如，在现阶段，他和他的学生们正在研发可以用于社康中心的体外诊断仪器，这项课题就是多方联合发起的，如果能研发成功，一些普通的体外检查就能直接在社康中心做，分级诊疗政策也将发挥更大的作用。对于科研壁垒，张教授说："在研发过程中技术问题不可避免，但要不断学习，最后时间会给出答案。"

二 带学生以因材施教为主

谈到自己的学生，张教授很自豪，他从 2007 年开始带研究生，截止到目前，一共带了 30 多个研究生，有 5 位已成为所在公司的研发总监了，其中一家公司的研发骨干基本上是他的研究生。"

一直以来，张教授都以因材施教的教育理念对待学生。在研究生入学之初，他会询问每一位学生对未来的规划。在他看来，自己的研究生大体可以分为三类，一类是想在科研领域有所作为，以后会继续读博或出国深造的；一类是想在毕业后进入企业做研发的；还有一类是想拿到硕士学位顺利毕业的。对于这三类学生，张教授会以不同的方法去教导他们，但会以同样严格的标准要求他们。

张教授说："我会倾向于以教导他们做事方法为主，基础知识当然也会涉及。"他认为，生物医学工程这个专业比较注重实践动手，学生的自主学习能力很关键，这样才能在实验中不断获取知识有所突破。对此，张教授对本科生的实践积极性表示了些许失望。他经常在一个"一起来做项目"的微信群推送一些实践机会，但愿意抓住这个机会的人屈指可数。

张教授谈到，每个学生资质不同，有的学生在考试和论文写作上很擅长，但科研实践的能力相对较差，而有的学生恰好相反。但总体来说，每一届的研究生的水平都还不错。与那些做基础科学的研究生导师不同，张教授把更多注意力放在学生的实践能力和动手能力上，他坦言这是一种选择，他认为当今中国全面发展，科学技术在全面进步，而他认为搞产学研结合，把科研成果产业化意义更大。为此，他很注意在本科生中选择有培养前途的学生，当年他还在计算机系任教时，指导两位女生的毕业论文，可是这两个女生做了很久都做不出来，张老师就从信息工程学院找了一个动手能力较强的男生帮助那两位女生做实验。果然，三个人都进步很快，张教授很欣赏这位男同学的实践能力，也看好他的发展潜力。张老师邀请这个男同学读自己的研究生，可是男同学没有读研打算，张教授便主动与他父母交谈，邀请这位男生做他的研发助理。在一起合作的过程中，该同学与张老师的研究生一起工作，进步很快，是名副其实的编外研究生，最终成了一家上市公司的研发总监。

张老师与行业联系紧密，与很多公司建立了良好的合作关系。在这些公司建立了研究生培养实践基地。这些基地不但是张老师产学研结合的平台，更是为自己的研究生搭建的学习平台，使他的学生能够具有学习—实践—学习—实践的良好条件，因此成长很快。他还为学生承接了一些技术研发项目，他作技术指导，研究生来完成，每周会和学生开分享会，项目的计划、实施、沟通基本都由学生完成，他只是在必要时提出恰当的意见。张教授说："我喜欢学校的氛围，更喜欢与学生交谈，因此我选择老师这一职业。在教师节的时候收到学生的问候和节日祝福还是很开心的事。"

三 至简归真、学会感恩、做有意义的事

张老师在事业上获得的巨大成功并没有使他迷失，他始终是一个纯粹的教师，一个热情的学者，过着简朴的生活。他为人谦和低调，自言不喜欢"过度重视物质"的生活方式。比起名利等身外之物，内心世界的平静更能让他感觉到幸福。

极简主义生活的代表性人物佐佐木典士曾说："每个人最初都是极简主义者……在后来的人生中，我们用自由去交换了太多的杂物。"的确，我们中有太多人终其一生也摆脱不了"杂事、杂物、杂念"的羁绊与束缚，而张会生教授无疑是比较幸运的。消费社会的资本家与生产者把生活必需品包装成了消费符号，广告在每时每刻建构着我们的欲望，而张会生教授却将这一切看得透彻。他习惯穿着简单而得体的西装，不在乎所谓华服的绚丽与多样性，衣柜里的衣服也从不"标新立异"，以减少搭配带来的烦琐。他不喜欢接收充斥于网络世界的良莠不齐的数据信息，工作之余，和三两好友喝茶聊天、散步打球便是最愉快的时光。他不是无法融入这个五光十色的世界，而是为了保持内心的宁静，"不愿效法这世界"，他理智地选择了超脱。正如他所说："任何一种生活方式都值得尊重，你只需选择自己真正喜欢的，每一种都能体会到其中乐趣。"所谓的至简归真，从来没有具体的模式，心安之处，即是答案。

每当学生向他倾诉"生活不易、前路迷茫"的苦恼，张会生

教授会结合自己的生活经验与人生感悟耐心开解。他能够理解年轻人为"赚钱、买房、买车"而忧虑的紧张心情，但他更希望我们不要本末倒置——很多时候，是我们的观念决定了生活的苦乐，而不是生活本身。诚然，夸大"观念"的决定性作用，很容易陷入唯心主义的误区，但我们不得不承认，在如今这个"基本不用担心温饱问题"的社会，过得是否幸福已经不是一个简单的经济问题，更多的，是一个"观念问题"，或者说是"心态问题"。人总要在经历许许多多的得失之后，才能清楚了解自己内心的真正需求。张会生教授回忆起曾经与家人住在"小房子"里的快乐时光，不禁感慨，住进"大房子"其实并不能在实质上提升生活的幸福感。或许，我们生命中最纯粹、最快乐的时光，恰恰是在没有"功成名就"之前。

在 2018 年的新生开学典礼上，李清泉校长寄语新生："要有分辨是非的智慧"，张会生教授十分喜欢并认同这句话。他说："人一定要明白，什么是对的，什么是错的，错的就不要去做，人一生的精力非常有限，要做就做有意义的事情……"正如我们的校训——自立、自律、自强——所告诫我们的那样，人贵在自律，任何时候都需要自律，"你沉浸于玩游戏、刷手机，时间一下子就过去了，但你并不清楚自己得到了什么"，我们的时间很有限，一旦陷入庞杂的网络信息中，就没有时间做有意义的事了。

张会生教授用自己的生活给"人间有味是清欢"做了生动的注脚，他喜欢在简单的生活中找寻质朴的快乐，他自律而自由的生活态度在敲打着这个不甚明朗的欲望社会。他用自己的实际行动告诉年轻人：我们作为每一个渺小的人类个体，或许改变不了这个世界，但至少可以不被这个世界改变。

他的学生说：张会生教授像一本神秘而有趣的书，越是靠近他、接触他、解读他，越能感受其内涵之高妙。他年过半百，却意气风发；身处繁华，却大道至简。他感恩于生活，热爱教育事业，为之持续而热情的付出，作为他的学生无疑是最大的受益者。

每个学生都可以成才

——龚峰副教授

李晓杰　牟晋东　叶淑源　邹馨影　采访、撰稿

人物简介：

龚峰，副教授，硕士生导师，深圳大学机电与控制工程学院副院长，深圳市后备级人才，广东省机械工程学会模具与锻压工程分会副秘书长，中国兵工学会精密成形工程专业委员会委员，中国机械工程学会塑性工程分会绿色成形制造技术委员会委员。2010年毕业于哈尔滨工业大学，获工学博士学位，2010年来深圳大学工作。主持省部级课题5项，主讲课程：《工程制图》《材料力学》《有限元分析及应用》《工程伦理》等。主要研究领域：光学玻璃模压成形工艺与装备；硬质合金模具表面涂层改性；塑性微成形工艺与装备。

一　求学贵在坚持

龚峰老师高考第一志愿是哈尔滨工业大学，但高考失利被调剂到了湘潭大学，选择材料加工工程专业只是服从学校安排的无奈之举。但当真正接触到材料加工工程这一专业时，他发现工程

领域的知识能让他向往科学的灵魂自由翱翔，不断开阔视野让心智更加成熟和理性。科学主义理想的觉醒，实质上是一个自我发现过程。"我们那个年代比较流行干一行爱一行，什么专业都有它可以发挥长处的地方，我的专业是机械类，而机械是工业的基础，是属于应用型学科，它的实用性非常强，每一个齿轮，每一个零件都是整个工业运转必不可少的。"他对材料加工工程进行了广泛而深入的涉猎，活跃于学术沙龙，成为湘潭大学图书馆的资深"座霸"，并着手去做一些简单的工程项目。但他心中一直没有忘掉曾经向往的哈尔滨工业大学，当了解到当时哈尔滨工业大学的材料加工工程排全国第一时，他决定报考哈工大材料加工工程的研究生。考研期间，他给自己定了一个最低目标：必须每天都到自习室里去，就算再忙也要过去，哪怕只是待一个小时或半个小时。就这样一直坚持到考研结束。成功考取哈工大后，他一口气读完了硕士和博士，专业始终未变，并于2010年入职深圳大学开始了教学生涯。龚峰老师身上有一股坚持的劲儿，他用来指导学生，正如他所说的："无论干什么，坚持下去本身就是这件事给你的成功回报，能坚持一件事也有信心坚持其他事。就像我曾经带学生发表论文，投稿被拒一遍又一遍时，学生问我要不要放弃，我说不行，要坚持，专家提出意见那说明我们的文章是有问题的，只要我们把问题解决了就可以了，坚持下去一定会有好的结果。"

二　学生一定比我强

龚老师在学生中广受好评，很多学生推荐他，说他为人随和，教学水平高，既有深度又风趣幽默。多年的培养经验使他形成了自己的一套导师观念。"我倡导尊重每个学生的个性，教育的目的是培养自由人格。研究生在刚开始的时候会有不同的想法，但最后也就是两类，一类是找一份好的工作，另一类是继续深造。我带研究生期间会根据学生自己的意愿和特点因材施教。"对于有就业意愿的学生，龚老师会让其先接触工程实际问题，在解决工程实际问题中提升自己的能力，方便学生就业后更轻松的上手实操项目。这类学生的课题也尽量偏向工程应用，做一些企业很需要但市场上没有的东西，鼓励学生在这个过程中多提出自己的想法，有了好的苗头就鼓励他们申报专利，发表论文。对想继续深造的学生，龚老师会布置偏向基础研究或者说相对比较前沿有一定应用前景的课题。并且会全面提升这类学生基本的学术素养。例如：加强英语学习，夯实基础理论知识，注重学术规范，鼓励他们去发表 SCI 论文。易中天说大学像是变成养鸡场，批量化、机械化的管理最终提供了无差别和无个性的人才产品，非常可悲地走向了教育的反面。而龚老师一直在为改变这种体制化教育的弊端而努力。他自称精力有限，在每年新生选导师阶段只会选择一两个学生做自己的研究生。身为导师，他清楚地了解每一个学生的状态，用心培养，尽其所能把招过来的每一个学生培养成为优秀人才。他对学生的培养毫无保留，他说："我希望我的学生以后的研究水平至少要超过我，我会毫无保留地把我所知道的研究方法和知识传授给我的学生。一个学生若没有成长，那就是老师的失职，学生有所成长，甚至超越老师，老师才是成功的老师。如果每一届毕业的学生都不比老师强，那中国的教育就完了，我们这个研究领域也不会有新的发展。"

三　教书先育人

龚老师非常注重学生的全面发展，认为成长比学艺重要。希望学生能积极上进，充满阳光，有一个良好的心态。他经常跟学生说："做学问，先做人。思想积极，修养良好，品行端正，做什么事情都很容易。"学校是一个小的社会，学业很重要，学会与人相处更重要。他并不想看到自己的学生成为只会做实验写论文的机器，他时常教导学生要学会真诚待人，多和同学师长沟通交流，从点点滴滴帮助学生更好地融入社会。他还经常督促学生加强体育锻炼，不要为了科研或学习把身体搞垮了。他跟学生开会时说："工作以后，特别是前两年时间会很紧张，工作强度会很大，没有那么多时间锻炼身体，我希望你们现在就要把身体锻炼好，打好基础。学校提供了体育经费，有的学生体育经费都花不完，这是不行的。"为了培养学生的人文思想，龚老师经常鼓励学生不要局限于专业范围而要广泛阅读。自由阅读让我们更像一个完整的人，阅读不是怀有功利的目的，而为了内在的愉悦，为了心胸的开阔，提升内涵。学术是很长的路，如果一个人从始至终只对一件事情有所了解，只在一个特定的领域钻研，成为一个所谓的专家，一个"学术爬虫"，那他必将失去宇宙和人类的情怀。针对有些学生为了评奖评优急于去发表文章，文章质量良莠不齐的问题。龚老师认真教导自己的学生，高水平的文章是需要沉淀的，奖励与荣誉都只是副产品，过于看重的话会迷失双眼。最重要的还是自身能力的提高。

四　导师的多重身份

在龚老师眼中研究生与本科生最大的不同是，研究生的性格趋于稳定和心智趋于成熟，这就要求老师在和学生相处过程中摆正心态，放下身段以平等的姿态去和学生交流。术业有专攻，闻道有先后，导师可能只是对自己的研究领域比较熟悉，对很多其他领域的事未必很了解，即使在专业领域研究生在一个具体的课题上接触的东西会可能比导师更多。因此龚老师自称非常乐意跟学生学习，相互提高。"我在教学或科研当中可能也有那么一些不是很全面或不对的地方，学生们也都可以指出来，师生共同进步的状态是最好的。"龚老师说。龚老师经常跟学生一起泡在实验室里，他丰富的经验可以帮助学生节约很多时间，在共同工作中可以手把手及时指出问题，强调重点，直至学生写出一篇像样的科研论文。龚老师认为："发表一篇像样的科研论文是研究生学业进步的一个标志。"龚老师认为当导师需要付出的，是善于观察，善于发现学生的问题。这种发现一般是从师长的角度明确地指出来，有时候却要像朋友一样去倾听理解，有时候还要像父母一样去关心学生，特别是当学生生活上遇到困难的时候，导师要及时给予学生积极的引导。在龚老师的努力付出下，他和研究生的关系都十分融洽和谐。常有已经毕业的学生回来看望龚老师，甚至毕业多年的学生碰到了一些比较复杂自己无法解决的问题，会特意跑回来请教龚老师，征求他的意见。龚老师说这些学生毕业之后还能想到自己，看到这些学生越来越优秀，发展得越来越好是最欣慰的事情。

越是在这技术时代的困境中，越是要将高尚的教育精神置于核心地位。龚老师就像是技术时代中一个普普通通的引路人，在后来者主动往前走的过程中给予必要的指引。但正是因为这些引路人，才会成就更多的人才，这个时代才会发展得更好。

第 三 章

导师观点：导师眼中的好导师

深圳大学历来重视导师文化建设，自 2012 年以来，编者陆续对一些爱生乐教、经验丰富的研究生导师进行了访谈，包括：牛憨笨院士、倪嘉缵院士、陈国良院士、胡经之教授等，本章节选了受访导师在访谈中关于师德师风、导学关系、指导方法等方面的观点和看法，汇总辑录，为进一步弘扬积极向上的导师文化、培育大学精神提供参考。本篇收录文章皆为受访者自述，为读者阅读之便，编者对录音文字做了编辑整理和补充修订。

牛憨笨院士：责任感与使命感

一　对导师工作的看法

研究生与本科生在培养上的一个很大的区别就是有导师，我给我们年轻的导师也说过，我说你看我们不是老师，是导师！导师就要导啊。凭什么导？你得有本事，有见识，还得有方法，要有针对性，每一个学生都不一样，每个研究生的特点都不一样，所以还要根据不同的人不同情况去指导他。

做导师最重要的是责任感与使命感，为什么这么说呢，这和我的身世与成长经历有关。我一个农村娃无依无靠，只能靠自己，后来国家资助上学，还出了国，看到人家外国人生活得很好，感受非常深刻。那时候我们国家还很艰苦，花钱把我们送出去读书，我们就只能拼了命学习。但另一方面那时候我们有些宣传不太实事求是，总觉得我们多了不起，人家外国人都生活在水深火热中，外国人都自私自利，其实不是这样，外国有很多东西值得我们学习，有很多学者是非常有社会责任感的。所以我下决心要做点事情，把对国家的责任感回报和在外面学到的积极正面的东西结合起来，做一点贡献。我们这一代人没办法改变，就是这样。

所以我弄了一个奖学金，最初的想法是觉得深圳这个城市商业气息太浓，年轻人正是长知识搞科研打基础的时候，不做应该做的事，时间浪费了非常可惜。我搞一个奖学金就是希望在学校能树立一个读书研究积极向上的正气，对学生研究科学问题做一个引导。另外呢，我发现有的学生很优秀，希望能给他们一些生活的资助。因此，奖学金不是一个钱的事情，是倡导一种风气。

二　对青年的期望

现在社会上有些负面的东西对年轻人影响非常大，尤其是我们的大学生、研究生，缺乏鉴别能力。国家培养你这么多年，有人说自己交学费，其实自己交的学费只占教育投入很小的一部分。因此，做老师首要的一点是要让年轻人学会对社会对人生的积极正确的判断，不能受了某些负面的影响以为社会就是这样。社会前进靠的是积极方面的推动，这才是社会的主流。没有这个基本判断就没办法解释社会为什么发展和进步。

我对研究生的要求不多，但思想道德素质是第一个。比如说诚信，现在的研究生就缺这一点，说话不算数，说了就忘了，口是心非，人前一套背后一套，我很看不惯这些。我们这代人爱讲责任心。责任心应该从小就培养，到了研究生阶段我们不得不经常提，不得不注意加强，如果导师不注意，那不能指望学生这方面素质有很大提高。我们有个别博士生，我看就很难毕业。他做事情没有坚持，不负责任，对自己、对国家都是损失，何苦呢？我跟他谈，谈几次还不改就没办法了。

三　培养研究生的方法经验

人才培养首先在于发现，发现好苗子，发现学生的优势和潜力，然后通过导师的培养把学生的优势发挥到极致，他就比较容易成为一个有用的人才。要重视发掘优秀生源，要主动去联系学生，鼓励他，启发他读研究生。招研究生光看考试成绩不行，我看一个研究生的素质，特别强调面试。我曾经遇到一个研究生，他在南开大学获得的硕士学位，想来我们这里读博士，笔试成绩很不错，当时是第三名，后来却没有录取。主要是面试的时候发现不行，思想没有闪光点，对专业缺乏热情，我们觉得培养前途不大。对于一些非名校毕业的，有的专业能力还差一点，但是很热情，很有想法，做事情有毅力，能坚持，我们觉得导师要重视发挥他的个人素质，勤能补拙，这样的人能培养成对社会有用的人才。

我对研究生有两个基本要求：一是责任感，另一个是——一定要发表论文。不管学校有没有要求，只要是我带的研究生只要在我名下你就必须有文章，否则不给你毕业。因为啥？不是要求学生有多少创造力，要发明个什么东西。硕士生一般不到那个程度，要求太高的话是不太现实的。但是作为一个硕士毕业生应该学会总结，将来到了工作岗位上你起码会做事情。写论文不只是写论文，你不会做事情，事情没做好怎么写，写出来也没人看。通过写论文有助于提高你的分析总结能力，从而提高你的认识，写过的东西你才会发现你做的这个事里面包含的内容远比你直接经历那些大得多。简单说，就是不但要做事而且要动脑筋做事。理工科学生不太爱写东西，但这个东西又那么重要，那我就在一定程度强迫他来做，假如不强迫，这个事就容易糊弄过去。我的学生我都强迫他写，写完后我还得给他改，改完还得跟他说为啥改，改的部分和你原来的差别在什么地方，修改的过程本身对学生也是一个很大的提高。所以我就给研究生讲，将来呀你一定会体会到这个事是非常重要的。另外呢，写论文也能培养他的责任心和学术道德，为啥呢，我给研究生讲，你这个写出来的东西一旦发表了就是白纸黑字，一旦有错你就等着挨批评吧，你就没办法了，还会连累导师。

倪嘉缵院士：指导研究生"四个学会"

　　我在研究生培养过程中主要从四个方面加以指导：第一个是学会做人；第二个是学会思维；第三个是学会做事；第四个是学会本专业的基础知识和基本技能。这四个问题归纳起来讲，前三个问题都是人文科学的问题，属于人文素养教育的范畴，第四个问题是科学的问题，属于学科专业教育的范畴。

　　第一个要指导研究生要学会做人。学做人要从世界观、价值观讲起，如果没有明确的人生观，没有正确的价值观和世界观，就无法开展科研工作。怎么做人是人文科学很重要的一个问题，古圣先贤，包括孔子、孟子的经典著作基本上都是教做人，这些古代的东西大部分的思维现在还是有用的，一小部分是不适合的，因为社会在进步。

　　第二个要指导研究生学会思维。思维实际上也是人文科学里边的问题，恩格斯讲过："一个民族要想放在世界科学的最高峰就一刻也不能没有理论思维。"他讲的理论思维，实际上含义是非常广泛的，包括辩证法、唯物论等方方面面的思维方式。研究生一定要有一个正确的思维方法。唯物辩证的思维方法是最根本的，但是思维方法并不局限于这些，具体到怎么总结工作、怎么归纳工作、怎么分析工作、怎么抓住重点等。一系列的科学都是思维的科学，思维科学的范畴应该属于人文的范畴。

第三个要指导研究生学会做事。人都是处在一个环境中，如何处理人际关系就是一个很人文的问题。它既反映在一个人看问题的角度、高度、分析、观察问题的能力，也反映在一个人与人相处的能力上。古代有很多经典著作都在教人与人相处，同时又在教人做事，这些东西我们都可以从古代的很多经典著作中得到，学古代文艺作品的时候我们可以汲取这些做人做事的那些精华。比如我们最熟悉的，"三人行，必有我师焉"，大家都会背。这几句话虽然很简单但是包含了很深的哲理，教你在人群中保持清醒的认识，不要自高自大，要谦虚谨慎，尊重比自己强的人。

第四要指导研究生学会专业知识与技能。培养学生的思想不外乎育人和育才两个范畴的问题。育人是第一位的，育人不能是简单的教条式的灌输，主要是两个方面，一是导师自身的人格魅力去影响学生；二是用实际行动感染学生，把育人贯彻到自己的业务上去。韩愈讲过，"师者，传道授业解惑也"，传道就是育人，把好的道德品质传授给学生。比如说一个同学没有树立正确的人生观价值观，也不知道读研究生为了什么，也有的同学从小到大受社会大环境的影响，功利主义思想已经深入脑髓了。导师就要一点一点引导他，让他树立正确的人生观、价值观，摒弃功利主义的影响。否则他怎么做科研呢？研究生阶段是比较艰苦的过程，我读研究生的时候每天晚上没有两点前回到家里的。现在的研究生并不是那么刻苦了，有人开玩笑说，叫九三点，九点钟匆匆忙忙来实验室，下午三点钟就走了。这个怎么能行呢？马克思早就做过一个形象的比喻，他说"进入科学的大门就犹如踏上了地狱的入口"。为什么说是"地狱的入口"呢？搞科研一定会碰到很多很多困难，要有信心去克服他，要有非常坚强的意念和正确的信念去从事这个科研工作。所以我认为人文教育起的作用就是非常大了。发现 X 光的德国物理学家伦琴说过一句很有意思的话，"把你们在学校所学的知识统统忘掉，剩下的就是素质"。从这个高度去培养研究生，使其获得创造新知识的能量和顽强力量，对未来发展是很有益处的。

陈国良院士：培养研究生的十个"如何"

陈国良院士是首届国家级教学名师，培养经验丰富，教育方法独到。陈院士对研究生的要求可以概括为三个词：精神、品格、理性。精神指的是人文素养，品格指的是道德素养，理性指的是专业素养。要培养精神独立，品格高尚，理性健全的人。在具体培养方法上，陈院士总结了十个"如何"，分别是：如何把学生引进师门，如何教学生读书（如何选读学术文章），如何教学生参加讨论班，如何教学生参加各种学术会议，如何教学生参加科研项目，如何教学生撰写学术论文，如何教学生写学位论文，如何把学生送出师门，如何教学生处理好师生关系，如何教给学生做好培养记录。

如何把学生引进师门？一是思想考核，对科学有没有心怀敬畏之心，有没有献身科研的勇气。二是专业考核，数理基础要好，有一定的工程技术实践经验，在应用技术方面有一定的涉猎。三是要求提交个人简历，跟学生初次谈话，给学生布置书单。

如何教学生读书？我会给学生开书单，然后提出读书要求：把书读懂不是目的，目的是把书读厚，读出自己的想法来，给书籍做出详细的评价。给书找不足，或者给书找出自己能补充、修改的地方。如果要把书读厚，那么怎么入手？如何选读学术文章？一是要读经典，读名作，认真读，反复读；二是视野要开阔，一个问题的多个角度的文章都要读，如果有相反的观点更要读；三是要过三关：读懂，找问题，设法改进。四是做笔记，记论文来源出处，记自己心得体会。

如何教学生参加讨论班？三个方面的要求：一是态度要认真，不迟到不早退，有事请假。做好笔记，认真听讲；二是不但要听，而且要讲。听别人讲必须发言，听后写心得体会。自己演讲前主动提交演讲 PPT，自行演练预讲；三是加强讨论训练。避免"言者有心，听者无意"，要求"言者有心，听者有意"，力求"言者无心，听者有意"。我的学生都会参加不同的讨论组，每个小组每周有固定的讨论会，在讨论会上我先讲，给学生一个样板，然后学生照这个样板讲，不能跑题，不能胡言乱语没有观点。

如何教学生参加各种学术会议？首先要了解自己专业有哪些著名的学术会议，要跟踪这些学术会议的热点动向，积极投稿积极参会。其次要端正作风，撰写高质量的论文去参会，会议期间三分表达，七分学习，多结交学术朋友。最后要敢于争论。争论是为了真理，不是为了高低，争论要谦和自律，即使在明显正确的情况下也不能盛气凌人。

如何教学生参加科研项目？态度上培养合作精神，刚开始甘当配角，增强责任感。精神上培养恒心，科研工作入境不易，要目光长远，贵在坚持，最终实现坦然业成。方法上培养总结反思能力。在工作中养成边工作边小结的习惯，充分利用理论知识，写研究论文，三分工作，七分提升。

如何教学生撰写学术论文？主要分三步：一是我写，给学生做示范，包括文字如何构思，如何落笔，如何画图，如何标注参考文献，等等。第二步，我写文章的提纲，学生补充内容，我来修改，至少修改5遍以上，发出去。第三步，学生自己选题，自己列提纲，自己写，写好后我修改，改好后发出去。

如何教学生写学位论文？选题开题阶段要求学生博览群书，认真调研，反复思考，确定选题。准备充分后再开题。素材积累阶段要求学生严格执行写作计划，认真读书做好笔记，规范引用，严肃文风。论文修改阶段要严格审阅论文的三级提纲，检查写作规范。论文答辩前将论文送小同行评审，给学生严格中肯的修改意见，要求反复修改。

如何把学生送出师门？人生哲理，一山一山又一山，毕业是又一个开始。告诫学生坚持真理，坚守底线。鼓励学生展翅高飞，勇闯社会，实现梦想。支持学生，为学生感到自豪。

如何教学生处理好师生关系？主要通过言传身教，尊重学生，平等待人，与学生保持同志关系。尤其是博士、博士后，学术上互相学习，取长补短，相互合作。

如何教给学生做好培养记录？给每个学生做培养笔记，每个学生一个本子，上面有学生的名字、学号、身份证号码、电话号码、研究方向、研究进展、答辩题目、答辩成绩、毕业去向等。

胡经之教授：注重研究生人文素养教育

一 应该给研究生开一门课——人学

现在研究生越招越多，而对研究生的培养出现了很多缺失，我认为最应该给研究生——尤其是新进来的研究生开一门课，叫人学——马克思主义人学。主要研究人来到世界上，使命是什么，怎么实现价值。这方面的书我也看了不少，研究成果也很多。我觉得首先应该处理好人在这个世界，与世界的关系问题，核心就是讲人的价值。人不光有对象意识，还有自我意识。动物是没有自我意识的，它们是适应社会的，人不光要适应社会，还要对社会改造。那么人自身的发展有没有规律与目的，也就是有没有他的价值。我觉得这个问题要搞清楚。对这个问题搞清楚了，做其他事情也就心中有数了。这个问题马克思说过，马斯洛说过，我也有我自己的归纳。

我的归纳是三个层次：生产创造，人的发展，人的自我完善。人既然到世界上来，生存是第一需要，要衣食住行，因此要进行物质生产，要创新创造，这是基本的。物质生产逐渐丰富之后，人不再为生存发愁了，接下来就是发展问题，于是就产生人类社会。第三，人要不断地完善，追求自然、社会与内心的和谐，这是无止境的。因此马克思的人学认为，人要得到自由和全面的发展，共产主义就是要创造一个人人都能得到自由和全面发展的社会。马克思把这个讲得很清楚，而且人的精神要很高，从精神上得到解放，最终的要求就是达到真善美。这个基本道理我觉得人人都要懂。

具体在研究生的培养上，一份好的工作是应有之义，如果我们的研究生追求这个没有什么问题。但这只是满足第一层次，不能停留在这一层次。人既然来到世界上了，追求什么，这辈子要怎么过，这是学校和导师要做的事情，这就是教育的价值。社会发展要以人为本，我们的教育更要以人为本。

二 中国梦要落实到人身上

习近平主席提中国梦，我在想从教育的角度看，怎么理解中国梦，怎么落实中国梦。我想，教育领域的中国梦具体要落实到每个人身上。人首先要生存、发展，其次才有独立人格的形成和自由个性的彰显。可以说，人生的发展的三个阶梯，最后就是要达到自由，这是符合马克思主义人学思想的。人活一辈子，实际上可以把时间可以分为三部分：1/3 是睡觉，1/3 是工作，1/3 就是自由时间，随着社会的发展，人的自由时间越来越多，这个时间应该用在发展自我上。有了自由时间，人就可以发展自己的兴趣，所以自由时间是社会发达的标志。另外，发达的社会必要劳动和自由劳动是可以打通的，现在很多自由职业者就是在往这方面靠拢。

所以激发研究生的创造力，就不要对他有过多的限制，要激发他的自我意识，让他看到人类的未来和自己的未来。不要满足于埋头做一个工具。我觉得我们做老师，把人的东西想明白了，把自己的学生培养成人，让学生成为一个有责任，有梦想，自由发展的人就能完成习近平主席说的中国梦。

三　加强人文教育才能守住发展成果

人的发展和社会的发展有很多东西是相通的。改革开放以来我们的社会发展很快，但是没处理好人与自然的关系，现在暴露出很多问题。环境污染、生态破坏、贫富差距。这个发展成本太高了，甚至会葬送我们的发展成果。这不完全是技术问题，这是人学问题，对我们高校和老师来说，这就是一个教育问题。好在新一届政府意识到这方面的问题越来越重要。人的发展也是一样，人要科学地生活，也要人文地生活。要学会控制自己与外界的关系、调整人与人的关系、要学会调控自己内心的秩序。

我们几十年的大学教育，都强调给你一个专业知识，然后让你能够从事这方面的工作，可是很少思考，人应该有什么样的人文精神，人应该拥有什么样的生活。

因此，如果我们对研究生的培养只注重知识性教育，那么他必然带来两个缺失：学生无法学会如何处理自身和世界的关系。我们经常讲教书育人，因为中国古代科学不发达，"书"就是人文社会的东西，教书就是育人，可是现在不同了。科学的东西必须人文的东西来弥补，一方面是由于科学发展太快，对人类的作用很大。另一方面如果人文的东西你不学，就会被丢掉。人的发展就迷失了方向。知识教育探索世界，人文教育探索自己与世界的关系。邓小平同志不是说了吗，改革最大的失误在教育。教育失误在哪里？人文素养！到现在没弥补过来。如何处理高科技与人的关系？基因要不要制造人？化学武器怎么处理？如何防止贫富两极分化？

四　审美教育能让年轻人拥有丰富的精神世界

对年轻人来讲，我觉得审美素质应当是个人素质的一部分。审美教育不属于知识教育，是一种价值观的教育，美不美是一种评价，由价值才产生感情和兴趣。托尔斯泰都说，感情问题，是同情、厌恶还是反对，属于价值评价，这就是人文。不然的话人文作品和社会科学就完全一样了。我总体上觉得现在的研究生缺失人文教育，而在人文教育中审美教育尤其缺失。最直接的表现就是美丑不分。本来应该是厌恶的，有人觉得有趣，一般是有影响的人，于是年轻人跟风觉得有趣。艺术的审美本来就是这样，喜欢什么不喜欢什么，就跟着他走了。但是如果没有一点审美的素养，价值呀，批判呀，那就没有了标准。炒作就是这么个问题。之所以会炒作，把坏的说成好的，把丑的说成美的，就是利用了人们这点不足。我举一个明显的例子，《红楼梦》和《金瓶梅》，两个都是名著，但为什么我们认为《红楼梦》比《金瓶梅》艺术价值高？差别其实就在审美这一块！我们对《红楼梦》的评价高，是因为作者对封建社会的没落现象有批判，但同时对生活上美好的东西有赞扬，对丑恶不赞成，对美好有歌颂，都写得很深刻。而《金瓶梅》呢，虽然也对社会有批评，也很深刻，并且西门庆那些人的所作所为，都是否定的。其中很多细节写得过于投入，这就好像是你写禁毒题材，过多、过于投入地描写了瘾君子对毒品的享受。这就出现了价值观上的偏差，三十年来我们的很多作品就出现了类似的情况，不是文艺水平不高，而是审美志趣不高。

郁龙余教授：学为人师，行当典范

我 40 多年的教学生涯，教承于学，我很幸运，在读书时遇到了很多好老师。高中时代的班主任蔡任民，他教我们要发奋图强，敢于争光。语文老师陈一冰，他是围棋国手陈祖德和著名作家陈祖芬的父亲，鼓励我报考北大。进了北大，遇到了东语系的一大批名师，如季羡林、金克木、刘安武、金鼎汉等。其中，对我教益最多最深的是业师季羡林先生。在他逝世后，我总结了他的五条学术品格：1. 勤勉不怠，惜时如金；2. 预流弄潮，追寻真理；3. 用宏取精，灵构妙筑；4. 学术道德，以身作则；5. 真情切磋，从善如流。另一位老师是谭云山先生。我和他从未谋面，在我的研究中特别是读了谭云山的《谭云山与中印文化交流》之后，深刻地认识了他。他应诗圣泰戈尔之邀，赴印度创办中国学院，担任院长 30 多年，可谓"功比玄奘，德配鉴真"。

我的教育经历所有的成就感与快乐都来自我的学生。孟夫子说，天下有三乐，其中之一是"得天下英才而教育之"。面对这些青年俊彦，我快活还来不及。我对教育是非常敬畏的，几十年对于教育的感受，可谓如履薄冰，生怕误人子弟。教书，是天下最讲良心的职业。在我的体会中，全身心的投入，对学生培养是最实在的。1999 年中秋节，学校组织教师和研究生联欢。席间，我作了一首诗《萤喻》：我本草中生，羞对星斗明；君有囊萤志，愿将此身赠。诗以明志，也是我努力的方向。

总之，我在大学教书，不仅仅是一份职业，也不仅仅是一份事业，而是作为报答父母和国家的一份应尽的义务。这种态度和感情我可以概括为六个字：博望，精进，卓越。这也是我1998年为深大建校十五周年写的一篇文章所倡导的。

中华民族是一个有着悠久历史文化传统的民族，曾对人类文明社会进步作出过重大贡献。进入近代，由于各种原因，我们落伍了，于是有了清末的维新变法。"变法之本，在育人才。"于是北京大学（京师大学堂）应运而生。在西太后为代表的保守势力的围剿下，维新变法失败了。然而，北京大学作为唯一的成果则被保存下来。到了蔡元培上任，陈独秀、胡适、李大钊、鲁迅、毛泽东、梁漱溟、辜鸿铭等一大批文化巨人云集北大，北大成了中国最具活力的思想、学术的策源地，上庠翘楚。蔡元培因此声誉鹊起，被喻为孔子再世。美人杜威说："拿世界各国的大学的校长来比较一下，牛津、剑桥、巴黎、柏林、哈佛、哥伦比亚等等，这些校长中，在某些学科上有卓越贡献的，固不乏其人，但是，以一个校长的身份，而能领导那所大学对一个民族、一个时代起到转折作用的，除蔡元培外，恐怕找不到第二个。"

北大是在中华民族危急关头维新变法的产物，深大则是中华民族在新的历史条件下为谋求新的发展而实行改革开放政策的产物。所以，深大的诞生，在中国高教史上绝不仅仅是一个数量问题。深圳，地处中西文化搏浪交会之处，改革开放的最前沿。经过近20年的努力，综合实力和可持续发展能力，在全国名列前茅，被喻为一夜之城，新东方神话。办好深圳大学，是深圳这座现代化国际新都市的呼唤，是中国高等教育改革、开拓、发展的需要。在我的心目中，深大非同寻常，肩负着高教改革开放神圣的历史使命。能作为深大的一分子，我感到无上光荣，于是在这块土地上安身立命，将自己的事业、荣辱与之紧紧相连。办好深大，把她办成一所先进的、国内外知名的新型大学，无愧于我们的民族，无愧于我们的时代，这就是我们深大人的意志。

如何做一名真正的深大人呢！

首先要做到博望。就是要解决好眼光的问题。博望以明志。眼光对于有事业心的人来说，至关重要。古今中外，那些鼠目寸光的人干成过什么大事业吗？

所谓眼光，应该包括空间和时间两个方面。

我们要了解中国，也要知道世界。眼光要远大，胸怀要广宽。文化交流尤其是国际文化交流，是人类社会前进的一大原动力。实行鲁迅的"拿来主义"，大胆引进国内外先进的知识和经验，充分利用"移植优势"，以收"人耕我获"之效。这方面，我们真应该好好学习汉朝的博望侯张骞。他的眼光和志向很远大，终于凿空西域（张骞语），开辟了丝绸之路。正是因为有了这条丝绸之路，丝绸、铁器、穿井技术、四大发明等等源源西去，各国的葡萄、核桃、琵琶以及佛教等等滚滚东来，极大地促进了中国文化的发展。

从时间上说，我们要了解历史，要懂得中国的历史，也要知道外国的历史。割断历史，就会陷入虚无主义。中国是世界四大文明古国之一，世界文化的一大基因宝库。有历史常识的外国人都对我们的古文化推崇备至，我们应当自豪。但不能将历史当成包袱，否则就适得其反。在了解历史的同时，我们更要瞻望未来。我们的先辈，经过一百多年前仆后继的奋斗，终于为我们开辟出新的天地。比起我们的先人来，我们是幸运的。我们将要迎接的 21 世纪是一个全新的世纪。在这个新世纪中，东方文化将要全面振兴，东方和西方将比肩发展，共同繁荣。自然，这样的一个新世纪，需要我们用实际行动去迎接。

如果说，我们中华民族曾经以大无畏的气魄，在第一次中外文化交流的进程中，引进了以印度佛教文化为代表的外国文化，与中国固有文化交融结合，造就了彪炳千秋、福泽四海的汉唐文化；那么，经过数百年的中西文化的交流和融合，在第二次中外文化交流的进程中，必将造就出比汉唐文化更加雄浑瑰丽的中华现代新文化。我们就是那用自己的双手来迎接这一新文化到来的幸运一代。

其二，要精进。这是应取的工作精神。有了很高的眼光，远大的志向，还必须有扎实、不懈的工作精神。不然，所谓眼光远大，就会变成眼高手低、好高骛远。精进是佛家用语，大乘六度之一，是指精心一志，前进不怠。中国历史上，法显、玄奘不畏浩瀚沙海，舍生忘死，历尽九九八十一难而取得真经。这西天取经的精神，是精进最生动的写照。精进也是中国儒家的一贯作风，知其不可为而为之是这种精神的极致。今天我们讲，只要有百分之一的希望，就要尽百分之百的努力，也就是这个意思。

在深大做一名教师，还需要有这种精神，是否太夸张？不。由于深大特殊的地位，她有许多其他院校没有的优势和有利条件，也有许多其他院校没有的困难和矛盾。中央、省市对深大的关心，财政上的大力支持，对内对外交流的便捷，已拥有一支数量较多，个体素质较高的教师队伍，等等，都是有利条件。但是，深大地处商海狂涛区，对教师有太多的诱惑。社会上有些人对深大的误解和偏见，挫伤了不少教师的积极性。最大的矛盾是深大这所地方性大学的现状与深圳这座现代国际新都市不相适应。目前有关的办学条件，包括政策定位、投入、生源、体制以及深大自身的一些积弊等都是深大的困难。面对这种困难，我们必须精心一志，弘毅坚忍，需要像当年法显、玄奘面对戈壁沙漠那样的一往无前、百折不挠的精神。前途肯定是光明的。只要深圳有希望，深大也一定有希望。

其三，讲卓越。这是追求的目标。深大，由于其特殊的地位，只有不断追求卓越，才有生存空间，才有出路。同样的道理，深大师生员工也必须不断追求卓越，才能符合一个真正深大人的要求。办大学，不同于办小学、中学，更不同于办企业、办公司，它要有一个必然的积累过程。而我们处在飞速发展的一夜之城，世界著名的经济新热点，各行各业日新月异的发展，这种形势不允许深大按常规路子办学，要求深大教师特别能干，特别能吃苦。我们的教师白天上的课比内地高校多一、二倍，晚上、节假日还得搞科研。为了开拓新学科，我们不少教师不得不同时在新老两个学科中拼搏。例如，文学院有一位美学博士，为了开拓广告学新学科，他投入大量精力，讲课、编写教材和专著，在广告传播学界声名卓著。但他是花出了双倍努力的，他在文学、美学领域还得照样教课、写论文、出书。不然怎么评副教授、教授呢？我们深大像这位美学博士这样的教师，绝不在少数。这就是深大的希望。卓越，就是出类拔萃，就是第一。在现代社会中，往往只承认第一，不承认第二。真正的竞争是公正的，只要肯努力，就能胜利，就能获得第一。我们文学院申报文艺学硕士点，前后花了10年时间，竞争十分激烈，但最后我们终于获得全票通过。当然，这只是一个初步的成绩，我们还要申报更多的硕士点，还要申报博士点。我们中国在政治上站起来了，在经济上慢慢富起来了，在国际上有了一定的发言权，在学术上也要强起来，也要有发言权。深大是改革开放的产物，应该有所作为，应该在国内外论坛上拥有较多的有影响力的学术话语。

卓越，是我们深大人全体师生坚持不懈的追求。

愿深圳大学日升月恒，为中华民族、为我们的时代作出应有的贡献。

杨移贻教授：坚守高等教育的核心价值

　　1989 年，小平同志说，"十年来我们最大的失误在教育"，改革开放过去这么多年，可以说这个失误还在延续，高等教育规模扩张很快，但是高等教育培养什么样的人的问题却没有很好地解决。我们现在的教育思想比较偏向经济的人，所以整个社会把经济看成社会进步的指标，这个也不能说是错的，但是人才培养最根本的东西却因此受到歪曲。教育从根本上来说是人文的。这个问题 19 世纪纽曼在其名著《大学的理念》中就做了精彩的阐述，什么是教育，什么是大学精神，高等教育应培养什么样的人等问题。一直到今天这个问题都存在，仍然在不断为人们所思考和讨论。纽曼的观点属于古典派，认为大学应该是传授普遍知识的，并非科技这种实用知识。二战以后，德国的思想家雅斯贝尔斯则认为大学里面传授的科学知识是必要的但不是唯一的，因此提出培养完整的人。我们的教育方针一直是"培养德智体全面发展的人"，"全面发展的人"是马克思提出来的，跟雅思贝尔斯提出的"完整的人"其实有很多一致性的东西。但实际上中华人民共和国成立以来我们并没有真正去培养"全面发展的人"，走了很多弯路。改革开放以来，以经济建设为中心，高等教育也因此受到巨大影响，实用主义、工具主义、功利主义盛行。很长一段时间里大学蜕变成了职业训练所，对大学应该培养什么样的人的认识比较模糊。加上现在这种多元文化和信息开放，青年人显得比较浮躁，比较看重物质利益和眼前利益。

高等教育比较倾向于向经济建设服务，向市场妥协，适应社会的需求，而缺乏一种对高等教育核心理念的坚守。我曾经写过一篇文章，认为高等教育在演变的过程中他不断地扩大，不断地跟社会接触，边界变得扩大和模糊，但是他还是应该有一个核心，或者说是高等教育的核心价值观，美国雅罗斯拉夫·帕利坎在《重申大学的理念》一书中说："大学是一个传授普遍知识的地方，她通过教学推广知识，通过研究推进知识，通过著作保存知识，通过出版传播知识。""大学是教师与学生通过教学与研究结成的学者自由而负责的共同体。""大学的职责是心智的培养，它的最终目标是使受教育者适应这个世界。""大学要把对真理的追求和对社会的服务辩证地结合起来。"大学之所以称为大学，就是因为大学有一批坚守高等教育的核心价值观、把握核心质量观的人。

这些东西具体到每一个老师，就是老师对培养什么样的学生自己应该有一种理念，不仅让学生掌握他所需要掌握的专业知识，而是有计划有目的的培养的一个人。我认为，联合国教科文组织提出的"四个学会"很有参考意义。"四个学会"是一个很重要的教育思想，不但要从中小学要抓起，到大学、研究生阶段，我们还是有必要补上这一课。第一是学会学习。我们处在一个不断发展的社会，学习是一种生存状态，不是一次学习就能够享用终生的，所以要不断地去学习。第二就是学会做事，因为人总是要到社会上去工作，所以应该是学会做事，学会做事既是一种能力的培养也是一种人文素质的培养。第三是学会合作，这主要讲人与人之间怎么去交往，我们处在一个和则共赢、分则俱损的时代，只有合作才能携手迈向未来。第四是学会生存和发展，主要是指现代社会人会面临各种各样的挑战，如何化解这些挑战，并且自由地发展进步是现代人必须具备的能力。

陈继会教授：研究生要有点才气

　　我感觉我们现在的研究生培养要着重解决两个问题，一是理想教育。研究生普遍缺乏远大的理想，人生目标不明确。这个问题不解决，同学们就不知道珍惜宝贵的学习生活。二是学风教育。普遍比较浮躁，不踏实。佛家讲戒定慧，入不了静，心态浮躁，怎么能够生慧，怎么能学有所成。研究生的学习必然涉及一个博和专的问题，我们现在都是专业教育，导师都是各个领域的专家，专业的知识储备肯定是没问题，遗憾在于缺乏广博的普通文化修养，表现出来就是现在的研究生无论文科生还上理科生，都缺乏一种才气。

　　才气是智慧的表现。首先要有专业知识，在自己的专业领域能占有一席之地，能够安身立命。同时也要有必备的人文科学知识，要了解中华民族悠远文明历史及世界文明发展史，熟悉本民族及其他民族积累下来的经典的文学艺术、词赋诗章，还要有必要的哲学修养、科学素养等。人类的智慧，从大的方面说有两类，有形的与无形但有神的。所谓有形的，是指见于典籍的人文知识。文化的传递，文物典籍是一个渠道。但还有一个重要的渠道，这就是要靠一个民族代代不息的文化、心理、精神的积淀、传播，我们一般叫中华民族优秀的文化遗产。这部分即我说的，"无形但有神"的。这部分传承就需要通过价值观念，行为方式、生活态度、思维方式、情感取向……方面的一代一代人无形的濡染、继承、传递，也要靠社会大环境的熏陶和提升。

才气也是一种与自己身份匹配的品位和境界。社会上经常有一些新闻，比如某人做了什么违法犯罪的事情，一说是大学生、研究生、博士、教授，就能引起大量注意，为什么？因为社会对这个群体有角色期待。前一段时间新闻说某个大学的教授在致辞时读白字，被人笑掉大牙。其实中国字那么多，中国语言学的教授也未必认全，念一两个白字很正常。但社会舆论就是不谅解，就是要挖苦嘲笑。这其实也是一种角色期待的一种表现。近些年高校升学率越来越高，大学生似乎不稀奇了。研究生还相对比较少，老百姓认为研究生学历比较高，见识比较广，是社会中应该比较优秀的群体。你一说你是研究生就会对你有相应的期待。这是一种情结，可是我们的研究生能对得起这份情结吗？我们读了三年，能达到自我完善的一个高境界或高品位吗？你是一个有理想、有自尊、有强烈的求知欲望和社会责任感的人吗？言谈措辞、行为方式有没有表现出受过高水平教育的样子？这种气质很难用语言表达清楚，但又明明白白存在，明明白白不见了。

才气的形成有一个从他律到自律的过程。他律是学校的责任，老师的责任，自律是研究生自己的事情。他律是过程，自律是结果。研究生都是成年人，已经有很强的自律性了，但是社会经验不足，三观已经基本形成但还不固定，他律仍然很重要。所以我们在传授专业知识的同时不能忽略普通文化知识的传播，不能忽视社会正确的价值观的传播。

黄卫平教授：启迪新知，服务社会

随着高等教育大众化，研究生培养的规模也越来越大。研究生教育在不断地去精英化，像我们学院，20 世纪 80 年代末 90 年代初时本科生一个班也就招生 20 多人，现在研究生招生的数量都远远超过这个数量了。如果从精英教育的角度看，现在研究生的水平相当于过去本科生的水平，甚至还不如。但从提高整个社会文化知识的角度来说，研究生招生扩大化，使受教育的人更广泛了，不仅整个社会受教育的权利得到更多尊重，而且社会整体的文化素质也在提高。这是一个客观现状，也是我们当前进行研究生教育的背景。

除了理解当前教育发生的宏观背景，还要理解当前教育的制度背景。比如随着研究生规模越来越大，带来的生源质量下降问题，这是不言而喻的。过去 100 个人里面选 3 个，现在选 30 个。这的确跟我们的整个教育制度密切相关，而教育制度又跟我们国家发展的需要与现状有关。生源质量下降有人就抱怨我们的招生选拔制度，诚然这跟我们越来越功利化的升学制度有关。但这种制度客观上有它合理的方面，通过考试来择优选拔人才，无论是上大学还是研究生都相对公平。尤其是在目前社会转型过程中，整个社会伦理价值取向比较混乱的情况下，如果没有考试或简单地否定考试，将陷入更大的混乱。考试是一个标准，公平就是一条底线，教育是国之公器，如果没有这个底线，对于公平享受教育资源将非常不利。但是同时，我们还应该看到，这种太功利化的考试制度，对于选拔真正优秀的、有培养前途的学生不利，比如现在的研究生阅读的广度、深度、文化修养都普遍比较偏窄。考什么学什么，对考试有用的就学，毕竟我们不能什么都考，全部都考的话，学生的负担就太重了。这就形成了人知识面的马太效应。其实不考的东西往往是很重要的，例如伦理道德、思想品质，这些东西无法通过简单的考试来验证。这就要求我们在研究生选拔和研究生培育过程中进行一定的调整，也就是需要发挥学校和导师作用的地方。

我们进行研究生教育不能故步自封，要与时俱进。在现有的条件下坚持教育的底线，尽量为社会贡献有用的人才。我1996年开始带研究生，那时候我们学校还没有获得学位授予权。我一直比较控制研究生的数量，现在每一届大概带一两个，三届不超过6个。我带研究生主要是通过让研究生参与学术课题进行的，以学术研究、参与课题为主要载体带动研究生的成长。我们有些硕士研究生是很优秀的，能力也很强。由于我们没有博士点，经过一段时间的学习，硕士生就要承担很多研究任务。这反而是一个优势，相比较很多有博士点的学校来说，我们的硕士生参与重要课题研究的机会比那些博士点高校的硕士生要多。我们是把硕士生当博士生在用，严格要求，悉心培养，效果还很不错。

培养研究生的方式跟老师的个人风格有很大关系。我一般比较关注现实问题，关注深圳、关注广东，做一些实证调研。这些课题研究也是社会需要，尽量使我们政治学研究对党和国家治国理政有所帮助。我们的专业学习和人的基本价值观有密切关系。作为一门社会科学，我们的研究对象又是处在社会转型中很敏感的政治问题，这里面就少不了关于价值观、人文关怀以及对公共事务的关注。因此，我们一般不太做太抽象的学究式的研究。纯理论的原创性研究不是我们这类学校的长项，而我们又处于中国改革开放的前沿，有很多新兴的政治社会现象很值得我们去关注，它们为我们政治学的发展提供了取之不竭的新知识，新视角，新方向，需要我们去总结阐释。我尽量把这些现实问题和研究生教育结合起来，培养他们关注中国改革开放进程中出现的新现象，去做这方面的跟踪和研究，以求能为中国的政治发展积累一些新的知识。加上我们长期和中央有关部门在合作，10 年来一直和中组部及各级党建部门进行党建方面现实问题的研究，我们很多研究生都参与了这方面的研究。这么做一方面是为党和政府服务，另一方面让研究生多做一些治国理政方面的事情，为将来就业从事这方面的工作做一些训练。

景海峰教授：守住教育的初心

　　改革开放以后，中国的人文价值取向处在一个多元的状态。如果改革开放之前，是文化集约化的体制，人们的价值观念和对很多问题的看法相对比较单一，也比较一致。因为那时候革命思想背景下形成了一套某种带有强制性的、不容置辩的话语环境。改革开放以后，这种格局就完全打破了，不但是青年无所适从，从那个年代走过的人同样无所适从。粗线条地看，这其中有三种声音。第一种人是比较保守的传统的，大讲过去的好时光，过去人的精神面貌怎么怎么好，精神生活多么丰富。第二种人觉得中国现在什么都不如意，最好是全盘西化，把西方的价值理念全部来引入，舍弃掉自己的一切，把传统的尾巴都割掉。第三种人呢，大概是一种持中间路线的人，既对传统的东西有一个深刻的反思和批判，同时又对西方的东西有一个警惕，试图在这两个中间找到一个均衡，或是找到一条中间道路。我觉得大部分人是在中间这一块。那中间这一块就非常复杂，各色人等，背景很多，想法很多，思路不一，多样性和多元化就是在这不断变动当中产生了。

　　因此，你看现在的年轻人，他们生长的环境就是这么一个在不断调整和融合的环境。这未必是一件坏事，它是我们进行教育培养的背景和环境，人类的精神世界本身就处在一种不断寻求、不断调整、不断完善化的进程当中，所以不必担心，更不必大谈"垮掉的一代"或"一代不如一代"。经常听人说现在道德滑坡，道德倒退，有点挖苦的意思。而他们只是和五六十年代的现象做一个类比，而不去考虑这个类比后面复杂的社会背景，如果我们导师带着这个想法，认为现在的研究生素质不行了，或者认为研究生想法多、追求多是胸无大志，那就太简单化了，不利于我们的人才培养。过去的人大都处在一个单位或者说一个行业中，体制相对封闭，与社会上其他行业的交流和相互影响非常有限。这几十年的情况我们看到，行业的界限在不断弱化，尤其是互联网时代，信息传播的壁垒被打破，比起教育的影响，社会普遍的东西在传媒手段的推动下对学生的影响更大，我们在学校里，身份是老师，我们看到的学生是大学生或研究生，但实际上并非如此，现在大家接受的是一种流动性信息，一个人的身份可能是大学生或研究生，但实际上他更像是社会上各种层面的各种因素的汇聚，他身上不仅仅是现有身份环境里给他的设定，也能表现出从其他方面得来的各种信息。所以说教育的问题往往不光是教育的问题。

既然如此，我们做老师，对学生施加影响就要特别注意这个多元信息背景，对学生施加积极正确的教育和指导，保护好我们的教育初心。

具体到我这个专业，我对研究生的要求，第一是读原典。过去经常用一个模式来管学生，有点不分青红皂白的一刀切，造成了很多不必要的错位。不同的学生应该有他的特殊性，应该充分尊重教育规律，不要用太多的行政管理的方法把学生一律化，造成他们很缺乏特色和发挥的空间。从中国哲学专业来讲，还是重在基础训练和培养底子。不一定对很多社会问题有多少接触和深入了解，只要在他学的这几年中，相对来讲专注在古典知识，打好中国传统学术方面的底子就很不错了。我不太强调学生去实践、去了解社会，这个以后机会多的是。我们这个专业要求你必须下功夫去读原典。中国哲学史主要是由一些思想家写的经典构成的，对这些东西要是不掌握，一切无从谈起，这是我对研究生基本的要求。我培养研究生的主要心思和精力都在这上面。

第二就是研究方法。研究生跟大学生最大的不一样，是学习方法不一样。我对硕士生没有很高很苛刻的要求，读书算一个，规范的研究方法是第二个。学习了三年至少要摸到研究的门径，进了这个门槛，以后假如有机会有条件，再往里走，走多远那就是自己的事情了。现在很多研究生学了三年可能连门都没有找到，这是我最担心的。毕业时可能得一些皮毛，对主要的东西不得要领，这我就认为是误人子弟了。搞研究最重要的是弄清楚我在我这个专业领域，在整个知识板块地图里找到一个位置，我要解决什么问题，或者说我的研究意义何在？价值何在？没有形成这么一个清楚的意识，研究生就白读了。最后他作出来的论文，只能说是受技术主义的影响，很零碎地做了一个什么课题，但这个课题在整个知识体系中的位置，要解决的问题却不知道。研究生教育应该是一个系统教育，学生通过专业学习获得一个专业自我，形成自我意识，具有自我发展的能力。就算守住了教育的初心。

张祥云教授：回归教育的本体属性

我们的教育包括高等教育有很多缺失，最大的缺失在于外在化和表面化。我们的小孩从小到大受教育的方式都类似小狗小猫一样，做得好了，给个小红花当奖励，做得不好了，就各种惩罚。这种教育方式，心理学上叫强化。这种教育有效果，但局限也非常明显。把人物化，过分强调了目标的达成，忽略了人的内在因素的调动。例如，小孩做很多事情都是给大人看的，过早失去了童真，没有了想象和创造性。强化还会导致一个问题，就是认为素质有高低之分，表面文章做得好的人，给他三好学生，给他一个优秀。而没有做好的人，自然就低人一等。我们都说教育应该尊重每一个人，但我们的很多教育方式与这个理念是背道而驰的。

因此，我提出一个观点叫：超越对象化回归本体性。在教育思想上超越构成论，回归生成论；超越认识论，回归功夫论；超越脑力，回归心力。简而言之，我们教育的很多问题，过于强调"客观"和"科学"，教师常常有意或无意地把自己与学生完全分离开来，在教育过程中，普遍满足于自己的"经师"角色和责任，将学生对象化，自认为能对学生的逻辑能力、分析能力有所培养就已经是很优秀、负责的教师了。教师的普遍心态是为生存而教，为生存而学，为生存而研，其本身并没有成为教育生活的一部分。究其根本，把教育中人与世界的关系看作主客二分的对象化和外在性关系。因此我们要超越，要回归到教育本真来。关于教育的本真中国传统哲学有丰富的营养可以借鉴，中国传统的教育观念特别强调"本体性"，教育就是"人文化成"，就是以人为本，从人出发，立足生命特性的教育。本体论是生成论、生长论，而非构成论、嫁接论。教育除了"练脑"（专业教育），还要"哺心"（人文教育），二者不可偏废，如果忽视了人文教育，无论脑力多么勤劳和发达，都能以"转识成智"，甚至有可能脑心分离，偏离正道。

　　我培养研究生很强调沉静、专一、平等的对话交流。老师和学生，并不是谁是谁的牧羊人，而是一种学术、思想甚至人格上的师徒关系，双方是学术上的同道，人格上是平等的。在本科的时候你说你不喜欢老师，大不了不听课，我自己干我自己的事，但是在研究生阶段你要是不喜欢自己的导师，那是很痛苦的，师生面对面，逃没法逃，那就很难了。所以说研究生的师生关系，对学生来说，必须要学会真诚、诚恳、敬重。为学之道必须先学会对老师有一份敬和诚，如果没有这个态度，就没办法跟导师交流，也就不可能学到真正的本事。反过来说，导师也要像个样子，如果你德业不配，靠表面功夫，话说得再漂亮，也难以激发学生对你的敬和诚，那你就不配当导师。

第 四 章

制度创新：深圳大学导师文化建设的制度成果

　　本章为深圳大学近年来出台的与研究生导师文化建设相关的制度措施，包括对导师遴选、基本职责和工作方法的规定；针对年轻导师较多的实际，我们倡导建立导师培训制度；针对导师多、项目多、研究生少，为激发效能，我们建立了招生条件审核制度；为加强研究生思想政治工作，我们倡导建立学院研究生工作例会制度。更有我校资深教授关于导师行为规范的十条建言。正是通过这些举措，将研究生导师队伍建设的思想落到了实处，同时也是我们进行导师文化建设的一种实践探索。

深圳大学关于进一步加强研究生
指导教师培训工作的意见

研究生指导教师（以下简称"导师"）是研究生培养的第一责任人，负有对研究生进行学科前沿引导、科研方法指导和学术规范教导的责任。为贯彻落实《关于加强和改进新形势下高校思想政治工作的意见》精神，根据《关于深化研究生教育改革的意见》《学位授予单位研究生教育质量保证体系建设基本规范》《学位授权点合格评估办法》等文件要求，进一步提高我校研究生教育质量，现就导师培训工作，提出如下实施意见。

一 指导思想

全面贯彻落实研究生教育改革精神，以立德树人为研究生教育的根本任务，以研究生和导师为主体，以学科为基础，以绩效为杠杆，以改革为动力，建立一支遵纪守法、治学严谨、作风正派，自觉践行社会主义核心价值观的高水平的导师队伍。

二 培训目标

以提高导师综合指导能力、服务于导师顺利开展工作为目标。健全教师职业道德规范，加强师风建设，提高师德水平，充分发挥导师对研究生思想品德、科学伦理等方面的示范与教育作用。

三　培训对象

具有深圳大学研究生指导教师资格的教师。

四　培训内容

1. 导师学术道德。开展学术规范、学术诚信、师德师风等方面的培训，使师生在科研活动中遵循实事求是的科学精神和严谨认真的治学态度，导师熟悉研究生思想政治教育工作特点，能对其学习生活、思想动态及个人发展等方面存在的问题给予指导和帮助。

2. 导师岗位职责。组织学习国家、省和学校关于研究生教育的有关规定和政策，介绍国内外研究生教育的理念、现状和发展趋势，使导师全面了解所在学科的专业基础和培养方案，熟悉研究生教育教学改革内容，明确导师的权利和义务。

3. 导师业务能力。开展导师教学授课技能、研究生指导技巧、现代教育技术以及研究生招生、培养、学位授予工作等方面的培训，提升导师的业务水平，切实培养研究生良好的学术规范和严谨求实的学风。

五　培训类型及方式

导师培训分级分类进行：按被指导学生类型，分为博士导师培训和硕士导师培训；按学位类型，分为学术学位导师培训和专业学位导师培训；按担任导师时间长短，分为岗前培训、在岗培训和网络培训。导师培训采取学院自主培训为主，学校集中培训为辅的方式。

（一）学院每学期至少开展一次在岗培训，可采取以下方式：

1. 组织导师学习讨论一级学科学位点、专业类别（领域）学位点的学科简介及学位基本要求、培养方案等；

2. 邀请校内外知名专家、优秀导师，通过专题报告、座谈会等形式，交流传授育人经验和心得体会；

3. 组织观摩研究生课堂教学，交流教学经验与教学方法；

4. 根据工作需要，采取其他形式的导师培训。

（二）学校每年举行三次集中培训，由研究生院负责实施：

1. 每年 4 月，对当年新增的硕士导师进行岗前培训，着重了解、学习当前国内外（特别是我校）学位与研究生教育的历史、现状以及发展趋势；

2. 每年 9 月，对独立招生未满三届的硕士导师进行在岗培训，重点学习国家、省和学校有关学位与研究生教育的重要文件，交流导师的工作职责、权利与义务等，导师应在当年师生互选前参加岗前培训，最多参加两次；

3. 每年 10 月，组织博士导师及独立招生超过三届的硕士导师进行网络培训，重点学习国家、省和学校在学位与研究生教育领域的新法规、新政策等，导师每三年应参加一次网络在线学习。

六 培训结果及考核

1. 学院开展培训工作后，须将培训资料及照片留存，年底报送学校。

2. 学校组织的三类培训须进行考核，岗前培训和在岗培训采取书面考试、提交学习心得的考核方式，网络培训采取网络考试的考核方式。

3. 培训考核结果分为合格、不合格。不合格者须重新学习测试，直到合格，否则暂缓招生。

4. 所有在岗导师均须参加导师培训及考核，否则暂缓招生。

深圳大学

2017 年 4 月 29 日

深圳大学博士研究生指导教师资格
遴选与招生条件审核办法（修订）

第一章　总则

第一条　根据国务院学位委员会《关于选聘博士生指导教师工作的几点原则意见》（学位〔1999〕9 号）和教育部《关于深化研究生教育改革的意见》（教研〔2013〕1 号）、《关于全面落实研究生导师立德树人职责的意见》（教研〔2018〕1 号）、《新时代高校教师职业行为十项准则》（教师〔2018〕16 号）等文件精神，结合我校实际情况，制定本办法。

第二条　博士研究生指导教师（以下简称"博士生导师"）的使命是培养社会认可、国家信赖、人民满意的高层次创新创业人才。博士生导师要坚持社会主义办学方向，坚持教书和育人相统一，坚持言传和身教相统一，坚持潜心问道和关注社会相统一，坚持学术自由和学术规范相统一，以德立身、以德立学、以德施教。

第三条　博士生导师招生条件审核的目的，是提高导师队伍活力，鼓励以高水平科研项目支撑高水平博士生培养，限制无科研项目和经费的导师新招收博士研究生，以适度竞争促进培养质量。因此，博士生导师的资格遴选和招生条件审核坚持下列基本思路：

（一）强化岗位意识，打破资格终身制，加强博士生导师资格与招生培养质量紧密衔接。

（二）有利于学科建设，有利于导师队伍结构优化，有利于人才培养。

（三）博士生导师总体数量与博士生教育规模相适应。

（四）均纳入相应的博士授权一级学科进行资格管理和招生条件审核。

第二章　资格遴选

第四条　博士生导师资格遴选工作遵循"自愿申请，分级审议，坚持标准，保证质量，公正合理"原则。

第五条　遴选的组织

博士生导师的遴选工作由学校学位评定委员会负责，一般每2年进行一次，日常工作由研究生院学位办公室负责。

遴选工作实行回避、保密和监督制度。校、院两级学位评定（分）委员会成员本人或直系亲属为申请人的，应主动回避。遴选有关环节和内容应当保密的，一律按保密规定进行操作，并接受纪检、监察部门的监督和检查。对于在遴选过程中违纪或舞弊的人员，将按照相关法规，严肃查处。

第六条　申请博士生导师资格的基本条件

（一）师德条件

政治素质过硬，师德师风高尚，能模范遵守教师职业道德规范，谨遵学术规范，恪守学术道德，能正确行使导师权力，有责任心和使命感，有仁爱之心。

（二）专业技术资格条件

具有博士学位且受聘深圳大学副教授（或相当技术职称）以上岗位，具有五年以上的教学科研工作经历。

原则上不接受校外人员新申请担任博士生导师。

（三）科研条件

在本校现有博士授权一级学科的"学科范围"或"相关学科"领域内从事较高水平的科学研究工作，有稳定的研究方向，学术水平位居国内本学科前列，能及时掌握本学科的前沿领域和发展趋势，科研成果丰富。

1. 科研项目条件

近5年（以遴选当年6月30日为截止日，下同）内主持过国家级科研课题1项以上，申请时主持在研省部级（含）以上科研项目（包括学校科研管理部门认定的深圳市重大科研项目）1项以上，科研经费充足。

2. 科研成果条件

近5年取得的科研成果（获奖、论文、著作等），不低于学校规定的申报教授职称"教研科研业绩条件"的相应要求。

具体由博士授权一级学科所在学院根据学科特点、发展目标、学位点合格评估要求等因素，参照《深圳大学专业技术职务申报条件》、《深圳大学教学单位教授副教授申报条件》制定后报学校备案。设有目录外二级学科博士点的，应征求相关学科或学院的意见。

（四）教学条件

具有丰富的教学科研和研究生培养经验。至少已完整地培养过一届学术学位硕士研究生，或参加过博士生指导小组工作并完整地协助培养过一届博士生，培养质量较好。能承担高水平的博士研究生学科前沿课程教学任务。

（五）健康状况及年龄条件

身体健康，年龄应在56周岁以下（以遴选当年6月30日为截止日），如获得博士生导师资格并在下年度招生，在退休前能完整指导新一届博士研究生。

新增博士授权学科在首次组织资格遴选时，参与申报的学术骨干成员（以最终上报上级政府部门的《申请博士学位授权一级学科简况表》为依据）发挥了重要作用、做出了突出贡献者，在推荐限额内，经本单位学位分委员会审议批准，上述科研条件和教学条件可适当放宽。

第七条　遴选程序

（一）发布通知。研究生院学位办公室可根据学科点建议和学校决定，在遴选通知中对当年的申报条件进行补充并提出相关学位评定分委员会的推荐限额。

（二）个人申请。拟申请博士生指导教师资格者，填写《深圳大学新增博士生指导教师资格申报表》，并提供本人符合上述基本条件的相关材料。其中科研成果证明材料由科研管理部门审核并签署意见。

（三）推荐评议。受理申请的博士授权学科可根据学科发展的实际需要，对推荐限额在学科方向间进行调配，并负责对本学科范围内申请人的材料进行核实、初审和评议。是否聘请校外同行专家进行通讯评议或现场答辩，由学科自主决定。学科评议排序后的名单交由所在学院学位评定分委员会讨论，以无记名投票方式进行表决。同意票达到全体委员半数以上者，将获得被推荐资格，其申请材料提交研究生院学位办公室。

（四）材料公示。研究生院将申请者有关材料在校内公示七天，接受评议和监督。

（五）资格审批。校学位委员会召开会议，对通过上述程序的复审名单进行审议，并以无记名投票方式进行表决。同意票达到全体委员半数以上者，其担任博士研究生指导教师的资格才被确认。

（六）学校统一发文公布。

第三章　资格确认

第八条　博士生导师资格确认有直接确认、简化程序确认、一般程序确认三种。

第九条　直接确认

符合以下条件者，根据不同情况，采用直接确认程序：

（一）新增博士授权学科各学科方向的第一带头人（以最终上报上级政府部门的《申请博士学位授权一级学科简况表》为依据）、新设目录外二级学科博士点的第一带头人（以《自主设置目录外二级学科备案表》为依据），由研究生院学位办公室直接上报校学位评定委员会主席确认其博士生导师资格。

（二）已获得其他单位博士生导师资格，且在原单位的招生专业属于我校已有博士授权点的学科范围（即符合《一级学科简介》的"学科范围"）者，申请人提供相应证明交对应学位授权学科及学位评定分委员会审核后，由研究生院上报校学位评定委员会主席审核批准。

（三）博士授权学科点所在学院（中心）引进的高端人才（与学校人力资源部签订全职特聘教授聘用合同者），其主要研究领域属于《一级学科简介》相应"学科范围"的，经所在博士授权学科点同意推荐后提交所属一级学科博士点及所在学院学位评定分委员会审议，由研究生院上报校学位评定委员会主席审核批准。直接确认程序可根据工作需要适时启动，及时处理。

第十条　简化程序确认

同时符合以下条件者，采用简化程序确认：

（一）已获得其他单位博士生导师资格。

（二）属于学校引进的高端人才（与学校人力资源部签订全职特聘教授聘用合同者）。

（三）专业技术资格和研究领域属于我校已有博士授权学科的"相关学科"（即符合《一级学科简介》的"相关学科"范围）。

符合以上条件的申请人填写《博士生指导教师资格确认表》并附上相关证明材料后，交博士授权学科所在学院学位评定分委员会主席研究确认。分委员会主席应在参考学科点负责人意见的基础上两周内作出决定。如同意确认，则上报校学位评定委员会主席审核批准；如不同意确认，则向校学位评定委员会主席书面报告理由。

简化程序确认可根据实际需要随时启动，及时处理。

第十一条　一般程序确认

已具有其他学科/专业博士生导师资格，申请确认为我校现有博士授权学科博士生导师（申请跨转学科者）者，采用一般程序确认。基本程序与一般遴选程序相同，时间安排原则上与博士生导师遴选工作同步进行。

第十二条　一级学科博士点获批后（以上级发文时间为准），除前述情形外，不再受理外校博导资格获得者以直接或简化程序方式的确认申请。

第十三条　博士生导师资格确认后，由学校统一发文公布。

第四章　招生条件审核

第十四条　除院士外，已获博士生导师资格 3 年者，在第 4 年新招收博士研究生前，均应提出申请且符合规定的招生条件。

第十五条　博士生导师招生的基本条件：

（一）培养质量高。所指导的博士学位论文在上级部门组织的抽查评审中全部合格，近 3 年所指导的博士研究生科研成果突出。

（二）学术水平高。近 3 年来在学校认定的刊物上以深圳大学为作者单位发表高水平学术论文或获得过高层次学术奖励。

（三）科研活跃。持续从事高水平科研工作，在提出申请时主持有以深圳大学为申请单位的在研高层次纵向科研项目（不含未经批准的延期项目）。

（四）培养条件好。科研经费充足，能为所招收博士研究生开展科学研究、进行学术交流等提供良好资助。

（五）在退休或全职聘用合同到期前能至少完整地指导一届博士研究生（至少需要 3 年）。突破年龄条件的申请者，在依次获得校人力资源部书面同意、一级学科博士点所在学院学位评定分委员会审议表决通过后，由研究生院报学校研究决定。

第十六条　博士生导师招生条件审核的基本程序。在下年度招生前，研究生招生管理部门发布通知，申请人填写《深圳大学博士生导师招生申请表》后交研究生院学位办进行初审（初审内容主要是学位论文抽查评审和承担课题情况）。初审通过者交学科授权点评议审核。学科点应综合考虑学科发展需要、招生指标、师德表现、学术水平、科研任务和培养质量，做出是否同意下年度招生的决定。通过招生条件审核的名单由学科点报研究生招生管理部门并列入招生简章。

第十七条　在第十五条和第十六条的基础上，各博士授权学科应根据自身学科建设实际，在贯彻适度竞争的原则下，确定本学科博士生导师招生的具体细化条件和操作性程序并进行公布。

第十八条　除院士、主持国家级重大课题者外，每位博士导师每年的招生人数不超过 1 名。在读博士生数超过 6 人（含 6 人）的博士生导师，暂停招收新的博士生。以上限制不含留学博士生。

第十九条　连续三年未能通过招生条件审核或符合招生条件，但连续三年未招到学生者，将自动丧失博士生导师资格，需要招生时，需重新参加资格遴选。

第五章　责任与奖惩

第二十条　博士生导师是博士生培养的第一责任人，负有对所指导研究生进行学科前沿引导、科研方法指导和学术规范教导的责任；要着力提升博士生的思想政治素质、学术创新能力和实践创新能力，增强其社会责任感；要加强对博士生的人文关怀，认真指导其恪守学术道德规范，做博士生成长成才的指导者和引路人。学校对博士生导师中的突出贡献者予以表彰、奖励。

第二十一条　博士生导师应熟悉国家博士研究生招生政策、博士学位论文抽检、学位点合格评估等管理制度和政策，应了解《学位授予和人才培养一级学科简介》《一级学科博士学位基本要求》和本学科培养方案的相关内容，熟悉并遵守政府及学校有关博士生招生、培养、学位论文等方面的制度规范。

第二十二条　根据《高等学校教师职业道德规范》《教育部关于建立健全高校师德建设长效机制的意见》和《新时代高校教

师职业行为十项准则》等规定，未能履行立德树人职责的博士生导师，将根据教育部《关于高校教师师德失范行为处理的指导意见》和学校的有关规定依法依规处理。发生师德失范行为的，实行一票否决，经由校学位评定委员会主席批准，取消其博士生导师资格，其所指导的博士生由所在培养单位决定转换导师。

　　第二十三条　在上级部门组织的学位论文抽检、学位授权点合格评估中，因所指导的博士学位论文被认定为存在质量问题，或者因其他工作失误而直接或间接导致单位领导被约谈、所在专业被暂停招生、评估不合格等情形者，将视具体情况做出约谈、停止招生、取消导师资格、解除聘用合同等处理决定。所指导的博士研究生发生学术不端行为的，导师应承担相应责任。

第六章　附则

　　第二十四条　本办法自公布之日起施行，原《深圳大学博士研究生指导教师资格遴选与招生条件审核办法》（深大〔2017〕51号）同时废止。

关于建立学院（部）研究生导师
专题培训制度的通知

各研究生培养学院（部）：

导师是研究生培养的第一责任人。今年初《教育部办公厅关于进一步规范和加强研究生培养管理的通知》（教研厅〔2019〕1号）进一步明确要求，"培养单位要把落实立德树人根本任务、增强导师培养人才的责任心和事业心作为着力点，筑牢质量第一关口。建立完善导师培训体系，切实提高导师指导和培养研究生的能力"。为落实《深圳大学文化创新发展纲要》"师德师风工程"的有关要求，根据《深圳大学关于进一步加强研究生指导教师培训工作的意见》（深大〔2017〕92号）和我校研究生教育工作的实际，现就建立学院（部）研究生导师专题培训制度（以下简称"导师专题培训制度"）的有关事项通知如下：

1. 目的与意义

作为学校研究生导师培训体系的重要组成部分，研究生专题培训旨在强化研究生导师培养质量第一责任人的责任意识，不断加强导师的师德师风建设，持续提高导师业务能力，引导导师以"高尚的情怀、清正的节操、卓越的学识，敬畏讲台、站稳讲台、热爱讲台，让讲台成为教师人生出彩的大舞台"，为学校研究生教育质量的稳步提高和内涵发展提供支撑。

2. 频次与主题

专题培训活动每个学期至少举办一次。每次的培训主题可以由研究生院或党委研工部根据上级要求进行规定或给予指导建议，也可以由学院（部）根据自身的实际情况自主确定。培训主题包括但不限于以下：新时代研究生导师的新要求新使命、如何培养研究生学术创新能力或实践创新能力、如何增强研究生社会责任感、如何指导研究生恪守学术道德规范、如何对研究生人文关怀和心理疏导、如何提高生源质量、如何恰当处理师生关系等等。

3. 形式与考核

导师专题培训应讲求实效，方式应灵活多样，如上级文件的学习宣讲、指导经验的分享与交流、不同学院/学科导师的座谈、校外单位的参访、有关案例的教训警示等等。专题培训结束后，学院（部）应在校内公文通告或学院网站发布相关消息，同时将参加培训导师的名单、培训资料、活动照片、培训效果等资料存档。学院可对导师参加专题培训的义务提出明确要求，参加专题培训或培训考核情况，可作为导师招生条件审核、年度考核、评优评先等的依据。

4. 关于首次专题培训

根据教育部、广东省教育厅的有关要求和学校本学年工作重点安排，学院首次专题培训的主题建议为："新时代研究生导师的立德树人职责"。各学院（部）应按照前述要求，面向本院全体导师培训宣讲《教育部关于全面落实研究生导师立德树人职责的意见》《广东省学位委员会广东省教育厅关于落实研究生导师立德树人职责的实施意见》《深圳大学文化创新发展纲要》"师德师风工程"的有关要求。

特此通知。

研究生院

党委研工部

2019 年 6 月 3 日

关于建立学院（部）研究生学生
工作例会制度的通知

各相关学院（部）：

目前，我校每年研究生招生专业超过 90 个，招生规模超过 2600 人，在校研究生规模近 8000 人，占全校学生人数的近四分之一。总体上看，我校研究生的思想政治状况是积极健康向上的，但在一些研究生身上仍不同程度地存在着功利思想严重、集体观念淡薄、学术道德失范、知行不够统一等问题。特别是研究生面临学业、就业、经济、婚恋、住宿等实际困难及压力，有的导师和学院（部）对研究生重业务督导轻德育要求，有的对本学院（部）研究生的基本情况和潜在风险不掌握不了解，有的高年级研究生甚至长期游离于导师和所在单位的教育管理之外，出现人际矛盾、心理障碍甚至突发事件的概率有加大趋势，迫切需要建立健全问题发现和预警响应的制度和机制。

为贯彻落实中央《关于加强和改进新形势下高校思想政治工作的意见》中"切实抓好各方面基础性建设和基础性工作"要求，结合我校研究生培养管理的实际，经研究，决定建立学院（部）研究生学生工作例会制度。具体要求如下：

一　总体要求

各学院（部）及研究生培养单位要认真学习中央《关于加强和改进新形势下高校思想政治工作的意见》和习近平同志在全国高校思想政治工作会议上的主要讲话精神，将研究生学生工作例会制度作为围绕学生、关照学生、服务学生开展全程育人、全方位育人的基础载体和工作抓手。要把思想政治工作与培养管理工作相结合，德育与智育相结合，及时总结研究生培养过程中产生的经验和出现的问题，做好情况通报和意见收集，坚持问题导向，重视教育引导，周密组织筹备，力求工作实效。

二　组织形式

各研究生培养单位党委书记为研究生学生工作例会召集人，副书记、主管副院长、研究生秘书、辅导员和全体在籍在读研究生参加。必要时可邀请党委研工部/研究生院、学校保卫部、学生部心理辅导中心、社区管理中心等职能部门派员参加。

例会规模可根据各研究生培养单位实际情况灵活安排。人数较少的培养单位，可以召开全体研究生大会；人数较多的学院，也可按照学科/专业、或年级等分别组织。原则上每个学期召开一次，或者每学年至少召开一次，建议在每学期初报到注册后召开。可择时单独组织，也可纳入新生入学教育系列一并进行。

三　主要内容

围绕立德树人这一中心环节，各研究生培养单位要注重发现和收集研究生工作中出现的新问题、新情况，在研究生工作例会上予以通报，做好信息传达、事务提醒、风险预警、优秀典型宣传工作，引导和教育广大研究生树立安全意识、诚信意识、责任意识，铸就理想信念，掌握丰富知识，锤炼高尚品格。

（一）基层党建和社团管理

加强研究生基层组织和社团方向把握思想方向，引导健康发展。通报研究生基层党组织建设情况，包括：党支部数量、党员发展情况、党日活动情况等。通报研究生会等学生社团管理情况，包括：社团成员、活动计划、工作进展和管理过程中出现的问题等。目前，我校研究生组织存在着活动宣传力度不够、学生参与性不高等问题。各培养单位要加大支持力度，重视研究生第二课堂建设，注重打造校园品牌活动，对积极策划、组织、参与文化活动、实践活动的个人和单位予以表彰。

（二）理想信念教育

进行习近平新时代社会主义思想和社会主义核心价值观教育，引导研究生树立正确的世界观、人生观、价值观，防止错误思想渗透。进行时政教育，传达学习关于思想政治工作政策文件，弘扬积极向上的时代精神。进行校情校史教育，引导学生把握大学精神，传承优秀传统，珍惜韶华，为校添彩。进行民主与法制教育，宣传校纪校规，通报表彰奖励、违法违纪和研究生思想异动情况。进行科学精神、科研规范、科研道德教育，通报本学院/专业/学科学位论文不端行为检测结果。

（三）安全教育

加强公共安全教育，注重民族团结，通报公共安全事件，提高防恐反暴意识。加强人身安全教育，通报校园活动、实验操作、用水用电、宿舍管理、外出实习交流、非法传销等安全事件和排查结果，提高研究生安全防范意识。加强卫生饮食安全教育，通报饮食卫生、传染性疾病等安全事件，引导研究生注重公共卫生和个人卫生，科学饮食、健康作息。

（四）心理健康教育

做好研究生心理健康教育，对家庭困难、学业困难、就业困难和大龄单身研究生加强人文关怀和心理疏导，在关心人帮助人中教育人、引导人。做好入学新生心理排查，在注意保护当事人隐私的情况下，通报宿舍矛盾、突发事件或心理异常事件，普及心理自查和疏导的方法和渠道，不断提升研究生心理健康素质。

（五）学业教育和培养情况

鼓励研究生专注学业，投身科研，勇于创新，重视研究生培养工作，鼓励研究生参加高水平学科竞赛。通报本学院（部）/本学科新学期报到注册、学业预警、退学休学、延期毕业等情况，通报超过最长学习期限及其清理情况、学位论文抽检情况、学位申请/授予情况、高水平科研成果发表情况等。

（六）奖励和资助情况通报

宣传国家和学校对研究生的奖励、资助政策，通报研究生国家奖学金、学业奖学金等奖学金的评选情况，研究生助学贷款申请、困难学生资助、勤工俭学、"三助一辅"岗位的使用情况等。重视模范效应，树立青年典型，做好优秀学生的表彰和宣传工作。

（七）就业/创业指导和服务

加强就业创业指导，优化管理服务程序。宣传就业和创业政策，通报本单位/本学科研究生就业、创业情况，包括就业困难学生登记和帮扶情况、就业招聘情况、就业率、毕业生去向、毕业生攻读高一级学位情况、就业/创业典型毕业生、往届优秀校友情况等。

四 责任分工

党委研究生工作部全面领导全校研究生思政工作，对研究生工作例会进行统筹协调、监督指导。应各研究生培养单位需要，提供相应数据、案例、典型等基础资料，派员参加例会。

各研究生培养单位应发挥学院在研究生工作中的主体地位，定期组织召开研究生工作例会。党委书记为会议召集人和第一责任人；副书记和主管副院长要紧密配合，做好例会的组织、协调和会议资料修订工作；负责研究生工作的辅导员、研究生秘书落实例会执行，做好思想政治教育、培养管理等环节的数据、案例、资料的收集和整理工作，征集研究生代表意见建议，积极组织研究生参会。

校内其他涉及研究生服务和管理的部门，应积极配合，保障研究生例会制度的落实。

五 其他

建立学院（部）研究生工作例会制度，是贯彻落实《关于加强和改进新形势下高校思想政治工作的意见》，根据新形势下研究生工作的特点和我校研究生工作的实际情况做出的一项重要决定，具有强烈的政治意义和现实意义。各单位要高度重视，加强组织领导，认真制定方案，明确责任，分工合作，确保这一制度落到实处。

　　特此通知。

研究生院

2019 年 6 月 5 日

关于进一步改进和加强研究生导师年度招生条件审核工作的通知

全校各单位：

我校已建立相对完善的研究生导师遴选和管理制度，其中导师资格与招生相分离、实行严格的导师年度招生条件审核机制，是我校研究生导师管理制度的基本特点。目前，全校每年博士生导师招生条件审核通过率一般为75%—80%，学术硕士生导师一般在70%—75%，基本达到了"以适度竞争激活导师队伍活力"的制度效能。

教育部《关于全面落实研究生导师立德树人职责的意见》（教研〔2018〕1号）和教育部办公厅《关于进一步规范和加强研究生培养管理的通知》（教研厅〔2019〕1号）等相关文件，明确要求切实加强导师队伍建设，"筑牢质量第一关口"，落实"导师是研究生培养第一责任人"。《深圳大学文化创新发展纲要》中"师德师风工程"倡导老师"敬畏讲台、站稳讲台、热爱讲台"。为落实教育部上述文件精神和学校"师德师风工程"的要求，在新形势下更好地执行《深圳大学博士研究生指导教师资格遴选与招生条件审核办法》（深大〔2019〕44号）和《深圳大学学术学位硕士研究生指导教师管理办法》（深大〔2014〕135号）等文件中有关导师招生条件审核的规定，现将有关事项通知如下：

一 切实加强师德师风的把关审核

师德师风是评价导师素质的第一标准。研究生导师管理严格实行师德师风一票否决制，一旦出现下列情形者，不予通过下年度的招生条件审核：

（一）违反《新时代高校教师职业行为十项准则》、教育部、广东省或学校关于研究生导师立德树人职责、招生考试政策、培养管理制度、学术道德规范等文件规定，已经进入学校职能部门或上级部门的调查处理程序者；

（二）被学校主管部门认定出现三级（含）以上教学事故者（包括本科教学事故）；

（三）年度考核或聘期考核中被确定为基本合格或不合格等次者；

（四）未按学校或学院（部）规定要求参加导师业务学习或专题培训，或虽参加培训但未通过考核者；

（五）将自己名下的研究生委托他人实际指导者；

（六）不按照规定或承诺及时发放应由导师科研经费支付的研究生（包括留学研究生）科研津贴或生活津贴者。

师德师风条件审核的责任主体是学院（部）党委。学院（部）可提请学校纪委（监察室）、人力资源部、教务部、研究生院等职能部门予以协助，相关职能部门也应将师德师风案件调查处理信息及时反馈给相关学院（部）。

二 进一步细化培养质量条件审核

导师是研究生培养质量的第一责任人。培养管理和学位论文等环节一经出现下列情形者，不予通过下年度招生条件审核：

（一）在学位论文抽检中，所指导的研究生学位论文被上级部门认定为"存在问题学位论文"或者累计出现 2 篇次"不合格"专家意见者；

（二）所指导研究生出现学术不端行为受到学校处分或在研究生院组织的学位论文技术检测中文字复制率≥40%、或已毕业研究生因学术不端行为而被撤销学位者；

（三）所指导的研究生被动退学处理 2 人次者（能证明自己已尽到指导督导责任者除外）；

（四）所指导的在读学术学位硕士生超过 8 名（含）者，下年度暂停学术型硕士招生；在读专业学位硕士生超过 10 名（含）者，暂停下年度专业型硕士招生；所有在读研究生（学术型硕士、专业型硕士和博士生，不含留学研究生）超过 15 名（含）者，暂停所有类型研究生招生；

（五）在博士招生过程中不积极开展招生宣传工作，连续两年未有合资格报考者；

（六）学院（部）认定的存在培养与学位论文质量方面的其他负面情形者。

三　进一步优化科研条件审核

高水平的研究生培养必须以高水平的科学研究为支撑，参与科研项目是研究生培养的手段途径而不是目标宗旨。招生条件审核倡导"顶天立地育人"的科研文化，各学位点应该把"育人"要求落到实处。

（一）导师提出下年度招收学术学位研究生时，应主持有学校规定的科研项目。其中人文、艺术类学科申请者如不在科研项目，应提供自己近三年在学术研究方面活跃程度和成果业绩的证明。各学位点应以通过学位点合格评估为底线目标，根据学科特点、学科发展目标、招生指标等情况制定可操作的科研条件审核的细则，报研究生院备案；

（二）既无科研项目、近2年又无学术论文和科研奖励的申请者，如果被学位点或学院审核通过，研究生院将按照1：1的比例扣减学院（部）招生指标。但下列情形除外：能提供近三年研究生培养质量或培养成效显著的证明，且被学院（部）教授（学术）委员会会议审议认可通过的；

（三）导师（含校外导师）申请招收专业学位研究生，应符合各自专业学位授权类别和教指委规定的工作资历等条件。

四 进一步优化年龄条件审核流程

年龄审核是导师招生条件审核的重要内容之一。针对个别教师以指导研究生为由要求延迟退休或返聘、个别教师退休后所带研究生学位论文无人实际指导或委托他人指导、博士招生指标稀缺导致年轻博士研究生导师难有机会招到博士生等情况，要进一步优化年龄条件审核。

（一）所有导师在提出下一年度研究生（硕、博）招生时，应对拟所招研究生的基本学习年限充分了解，自觉评估本人在办理退休手续或聘用合同期满前所指导的研究生能否全部毕业。确因特殊情况需突破招生年龄限制者，须按规定程序提出申请并获得学校批准；

（二）除符合条件的博导外，任何人不得以指导和培养研究生为由，要求学校人力资源部或本单位给予延退或返聘；

（三）正在申请办理延退或处于延退期者、已办理退休手续或聘用合同期满者，均不得再招收新一届研究生。

各研究生培养单位要进一步认真组织学习《关于全面落实研究生导师立德树人职责的意见》和《关于进一步规范和加强研究生培养管理的通知》等文件关于导师队伍建设的基本要求，深刻领会学校"师德师风工程"倡导的导师文化，结合本学科或学院（部）实际认真执行以上规定。

学校原有导师管理相关政策文件与上述规定要求不一致的，以本通知的要求为准。

特此通知。

深圳大学

2019 年 6 月 27 日

深圳大学导师十条（征求意见稿）[*]

　　研究生导师是研究生培养的关键，肩负着培养高层次创新人才的重大使命。长期以来，我校研究生导师贯彻党的教育方针，教书育人，敬业乐教，爱校爱生，默默奉献，为国家发展和社会进步作出了重大贡献。为深入贯彻党的十九大和全国教育大会精神，认真落实《教育部关于全面落实研究生导师立德树人职责的意见》《深圳大学文化创新发展规划纲要》等文件要求，加强研究生导师队伍建设，弘扬我校导师信念坚定、情操高尚、学识扎实、爱心仁厚的优良传统，引导敬畏讲台、站稳讲台、热爱讲台的教育情怀，结合我校建设发展的历史与愿景、研究生教育工作的实际，特制定如下十条准则：

　　第一条　研究生导师必须政治素质过硬。坚持"四项基本原则"，坚持社会主义核心价值观，深入贯彻党的路线方针政策，严格执行国家法律法规和教育规章制度，具有高度的政治责任感；自觉维护党的领导、祖国统一、民族团结和社会稳定，做先

---

　　* 编者按：该文件源于深圳大学高等教育研究所原所长杨移贻教授关于导师文化的建言，杨教授是我国高等教育战线的资深专家，对高等教育管理的理论与实践有深入的研究，建言对我们思考建立富有深圳大学特色的导师文化深有启发。在建言基础上我们草拟了《深圳大学导师十条（征求意见稿）》面向全校征求意见，该十条准则，旨在培育符合新时代中国特色社会主义高等教育规律和深大实际的研究生导师文化，规范研究生教育，推进学校研究生教育健康快速发展。待集思广益，修订完善后，报学校批准后发布执行。

进文化的传播者和社会进步的推动者，以专业知识和素养为改革开放和社会主义现代化建设服务。

第二条 研究生导师应以师德师风作为立身施教的基本前提。要有高尚情怀、仁爱之心、清正节操、卓越学识，要敬畏讲台、站稳讲台、热爱讲台，让导师这一平台成为人生出彩的大舞台。要自觉遵守《中华人民共和国教育法》《中华人民共和国高等教育法》《中华人民共和国教师法》等法律法规，模范遵守社会公共道德和教师职业道德，恪守科研学术道德，对国家负责、对社会负责、对学生一生发展负责，以高尚的道德情操和人格魅力教育感染学生，引导、陶冶学生成长成才。

第三条 研究生导师要坚持育人为先。自觉学习先进的教育理念，关注学科前沿动态，学校支持和鼓励导师结合专业进行育人模式的研究探索，不断提高业务水平和指导能力。要关注社会需求，正确行使导师权力，尊重学生人身权益和学术权益。要确保足够的时间和精力启发和指导研究生，定期与学生交流学校科研情况与思想情况；坚持因材施教，善于发现和发掘学生的优长与潜力，提升研究生的基本学术素养和创新实践能力；坚持立德树人、德业并举，坚持全方位育人、全过程育人，履行实际指导责任，做研究生成长成才的指导者和引路人。

第四条 研究生导师要对研究生进行政治思想教育。要积极引导研究生坚持正确的政治方向，树立正确的世界观、人生观、价值观，培养研究生健全的人格品质、行为师范。不在教育活动中发表损害中央权威、违背党的路线方针政策的言行，不在课堂或学术活动中传播与教学活动无关的信息。要及时了解研究生的思想动态，对研究生出现的不良思想倾向进行干预和引导，支持研究生积极参加党团活动和社会公益活动，培养研究生的家国情怀和社会责任感。

第五条　研究生导师要坚持科研育人。提倡和鼓励研究生导师以高水平科研带动高水平人才培养，将科研与育人结合起来，给予研究生高远的学术视野、丰富的学术资源、高尚的学术理想、规范的学术训练，反对导师为了完成科研任务而招收研究生；提倡导师将研究生当科研的"潜力股"和合作者，反对导师将研究生当科研的小工和廉价劳动力；在科研训练中指导研究生恪守学术道德规范，对研究生进行科研诚信与学术规范教育，增强知识产权意识，杜绝抄袭剽窃、试验造假、篡改数据、论文买卖、代写论文等学术不端行为；对研究生的科研成果和学位论文承担审核责任，及时回复研究生的学业询问和论文审阅诉求；根据实际贡献进行成果署名，不强行在研究生学术成果中安排无关人员署名，不侵犯研究生学术权益。

第六条　研究生导师要注重培养研究生的实践创新能力。要贯彻分类培养、因材施教的理念，强化学术指导，支持研究生参加国内外学术交流，引导研究生在学术前沿开展创新研究；鼓励研究生积极参加学科竞赛、专业实践、社会实践等活动，支持和指导研究生将科研成果转化为市场应用，推动产学研创结合，提升研究生的创新创业能力。

第七条　研究生导师要注重对研究生的人文关怀。要定期与研究生谈心谈话，关注研究生的学业压力和身心健康；协助家庭困难的研究生申请绿色通道、奖助学金和勤工俭学岗位，帮助困难研究生解决实际问题，引导研究生树立正确的择业就业观，指导研究生制定切实可行的职业发展规划，并提供力所能及的就业创业帮助。

第八条　研究生导师要保障研究生的培养条件。要提供必要条件和经费支持研究生参与科学研究，按时足额发放研究生助研津贴，不得以研究生名义虚报、冒领助研津贴，不得违规故意迟发、克扣研究生助研津贴；不得安排研究生承担属于私人领域和家庭生活的事务，或强行安排研究生在与自己有利益关联的单位从事与学业无关的劳动；研究生导师出差、出国（境）等期间，应安排好研究生的培养工作，研究生导师调离单位，应协商做好研究生转导师工作，确保培养过程和培养质量不受影响。

第九条　研究生导师要加强研究生教育教学研究。要主动学习国家研究生教育的方针政策和相关理论知识，学习国内外研究生教育的先进经验和发展趋势；熟知本学科研究生的培养目标、应具备的学术能力、学位论文的基本要求等；跨学科招收研究生的导师更要积极学习和了解所属一级学科的学科内涵、学科领域、研究方向、学位授予的标准等；要善于将本学科最新研究成果融入教学内容和指导培养工作中，善于运用信息化手段，大力加强课程建设，积极推进教学改革，不断探索研究生教育规律。

第十条　研究生导师要增强岗位意识加强业务学习。积极参加学校组织的导师培训，熟知学校研究生培养的相关规定和流程；在培养过程中导师要注意发现和培养优秀人才，对研究生要给予鼓励和更好发挥其才能的意见和建议，对不宜继续培养的研究生，要及时向主管部门反映，提出处理意见；要加强过程管理，在研究生入学一年后，导师应对其课程学习和论文准备情况进行审查，并协同有关部门对研究生的实际表现进行中期考核，区别情况提出意见；指导研究生根据国家需要和实际条件选择好研究课题，制订论文工作计划，审查选题报告，对研究生的学位论文进行切实有效的指导。严格审定研究生的学位论文，注重学术水平和实际意义，提出实事求是的评价，指导研究生申请相应学位。

参考文献

一　中文

（一）著作类

阿特斯兰德：《经验性社会研究方法》，中央文献出版社 1995 年版。

柏拉图：《柏拉图全集》，人民出版社 2003 年版。

陈阳：《传播学研究方法导论》，中国人民大学出版社 2007 年版，第 314 页。

陈玉婷：《硕士研究生专业适应性及其相关因素研究》，广西师范大学出版社 2010 年版。

丹尼斯·麦奎尔、斯文·温德尔著：《大众传播模式论》，上海译文出版社 1987 年版。

费孝通：《乡土中国》，人民出版社 2008 年版，第 1 页。

梁启超：《国家思想变迁异同论．饮冰室合集（文集之六)》，中华书局 1989 年版。

［美］唐纳德·肯尼迪：《学术责任》，新华出版社 2002 年版。

钱穆：《道统与治统》，中国台湾联经出版公司 1998 年版。

王石番：《传播内容分析法——理论与实证》，幼狮文化事业公司

1991 年版。

沃纳·塞弗林等：《传播理论——起源、方法与应用》，郭镇之等
　　译，华夏出版社 2000 年版。

吴国盛：《自由的科学》，福建教育出版社 2002 年版。

《习近平谈治国理政》第二卷，外文出版社 2017 年版。

《习近平新闻思想讲义》，人民日报出版社 2018 年版。

《习近平新闻舆论思想要论》，新华出版社 2017 年版。

易中天：《易中天中华史·总序：文明的意志与中华的位置》，浙
　　江文艺出版社 2013 年版。

张增荣：《电化教育管理》，高等教育出版社 1995 年版。

周辅成编：《西方伦理学名著选辑（下卷）》，商务印书馆 1987
　　年版。

（二）文章类

白强：《切实履行导师育人职责培养学生学术诚信品格》，《学位
　　与研究生教育》2016 年第 9 期。

包红燕：《导师对研究生培养质量影响的调查研究——对宁波大
　　学部分师生的问卷比较》，《科技信息》（科学教研）2008 年第
　　18 期。

毕鹤霞：《教师·教学·学生——新课程改革新变化之管见》，
　　《教书育人》2005 年第 S6 期。

蔡茂华：《大众化教育下研究生与导师关系的调查与分析》，《教
　　育与职业》2013 年第 14 期。

柴俊青：《中国传统师生关系理念透析》，《中国社会科学院研究
　　生院学报》2004 年第 2 期。

陈桂生：《导师与研究生关系的事态述评》，《江苏大学学报》
　　（高教研究版）2004 年第 3 期。

陈恒敏：《导师、研究生关系的内在属性冲突及其超越——兼论
　　一元主义雇佣关系的建构》，《江苏高教》2018 年第 1 期。

陈恒敏：《论导师、研究生关系的经济性》，《学位与研究生教
　　育》2018 年第 4 期。

陈俊珂：《文化反哺视野中研究生师生关系构建之思考》，《学位
　　与研究生教育》2010 年第 9 期。

陈巧云、周川、汪广涛：《硕士研究生对导师指导方式满意度的
　　调查分析》，《大学（研究与评价)》2007 年第 11 期。

陈世海、宋辉、滕继果：《高校导师与研究生关系研究——以华
　　中地区某高校为个案》，《青年探索》2003 年第 6 期。

陈亚芬：《提高研究生教育质量的几点思考》，《宁波大学学报》
　　（教育科学版）2002 年第 3 期。

陈悦、李想：《研究生学术创新能力的概念界定、意义及量化体
　　系》，《教育现代化》2018 年第 11 期。

楚永全、陈文婷、陈姗姗：《研究生与导师关系的比较分析与改
　　进对策》，《教育与教学研究》2011 年第 25 卷第 12 期。

楚永全、陈文婷、陈姗姗：《研究生与导师关系类型的分析》，
　　《高校辅导员学刊》2011 年第 3 卷第 6 期。

樊军、蒋新：《导师在研究生创新教育中的角色探究》，《科协论
　　坛》（下半月刊）2009 年第 9 期。

范皑皑、沈文钦：《什么是好的博士生学术指导模式？——基于
　　中国博士质量调查数据的实证分析》，《学位与研究生教育》
　　2013 年第 3 期。

符新伟：《新时期研究生与导师新型关系构建研究》，《西安电子
　　科技大学学报》（社会科学版）2014 年第 24 卷第 2 期。

高鹏、李媛、张伟倩：《关于导师与研究生关系的调查和实证分

析》，《科学学与科学技术管理》2007 年第 4 期。

耿力伟：《硕士研究生对导师角色期望研究》，硕士学位论文，河南大学，2012 年。

龚丽、李志、刁黎：《硕士研究生与导师沟通的现状及对策》，《教育探索》2009 年第 6 期。

龚自珍：《定庵续集（第二卷）》。

古继宝、王茜、吴剑琳：《导师指导模式对研究生创造力的影响研究——基于内部—外部动机理论的分析》，《中国高教研究》2013 年第 1 期。

郭文娟：《高校研究生导师队伍建设研究》，硕士学位论文，湖南大学，2006 年。

郭欣、任增元、李芦钰：《研究生与导师和谐关系的内涵与构建》，《研究生教育研究》2012 年第 3 期。

何作井、李林、周震：《论研究生教育中师生关系的异化与重构》，《外国教育研究》2007 年第 6 期。

侯志军、何文军、王正元：《导师指导风格对研究生知识共享及创新的影响研究》，《学位与研究生教育》2016 年第 2 期。

胡保玲：《导师支持、同学支持对研究生创新行为的影响：积极情绪的中介作用》，《黑龙江高教研究》2017 年第 9 期。

黄海刚、金夷：《通往 PhD 之路：中国博士生入学动机的实证研究——兼论学术动机对博士生培养质量的意义》，《复旦教育论坛》2016 年第 14 卷第 5 期。

黄明福、王国玉：《新形势下工科研究生与导师的关系研究——以北京理工大学为例》，《学位与研究生教育》2015 年第 8 期。

黄学：《试论研究生导师的素质、职责及指导研究生的途径》，《广西大学学报》（哲学社会科学版）2004 年第 1 期。

黄兆龙:《现代教育管理学的发展趋势》,《教育评论》1995 年第 5 期。

计国菊、徐枞巍、伍李春:《我国研究生创新能力提升的思路与举措——基于大学文化的视角》,《江淮论坛》2015 年第 6 期。

季俊杰:《优秀研究生科研能力的影响因素与启示》,《研究生教育研究》2013 年第 2 期。

江利平、邓毅、卢勃《高校研究生学术不端行为影响因子调查研究》,《研究生教育研究》2015 年第 1 期。

《教育部关于全面落实研究生导师立德树人职责的意见》（教研〔2018〕1 号）。

解志韬、韩雨卿:《变革型导师风格对研究生创新行为的影响研究——领导成员交换的中介作用》,《工业工程与管理》2016 年第 21 卷第 3 期。

金永东、李侠:《研究生导师在研究生教育管理中角色转换探索》,《思想教育研究》2010 年第 4 期。

金中:《走改革之路面貌大改观——沈阳市电化教育馆改革情况简介》,《外语电化教学》1985 年第 1 期。

瞿海东、黄争舸:《研究生指导结构与绩效——基于学科的实证研究》,《学位与研究生教育》2003 年第 9 期。

康翠萍:《教育管理的归属与定位之我见》,《上海教育科研》2001 年第 2 期。

黎加厚:《中国高等教育需要什么样的现代教育技术机构》,《电化教育研究》1999 年第 6 期。

李凤兰、张俊:《如何构建研究生培养中的新型师生关系》,《咸宁学院学报》2008 年第 5 期。

李福鹏:《我国电化教育组织机构管理体制的沿革》,《西部教育参考》2007 年第 2 期。

李慧敏、胡成功、刘浩：《硕士研究生导师期望值研究——基于法学类硕士研究生对导师期望的调查分析》，《现代教育管理》2009 年第 2 期。

李捷枚：《研究生与导师关系调查及启示》，《求知导刊》2015 年第 11 期。

李晶：《研究生培养中的导师因素研究》，硕士学位论文，厦门大学，2009 年。

李全喜：《从导学逻辑到利益逻辑：研究生科研中师生关系异化的生成机理及本质变迁》，《学位与研究生教育》2016 年第 12 期。

李西灿、杜琳、丛康林、张爽：《我国研究生可持续创新能力培养影响因素调查与分析》，《河北农业大学学报》2017 年第 19 卷第 1 期。

李毅弘：《互动与对话：研究生德育中的师生关系》，《学位与研究生教育》2008 年第 12 期。

栗洪武：《孔子"师徒观"在当代研究生教育中的意义》，《学位与研究生教育》2015 年第 10 期。

林伟连、吴克象：《研究生教育中师生关系建设要突出"导学关系"》，《学位与研究生教育》2003 年第 5 期。

刘恒坤、程虎、张晓、李云钢：《关于正确处理研究生与导师关系的思考》，《高等教育研究学报》2012 年第 35 卷第 3 期。

刘军、廖振宇、高中华：《高校导师辱虐型指导方式对研究生自我效能的影响机制研究》，《管理学报》2013 年第 10 卷第 6 期。

刘平：《硕士生师生关系研究》，南京大学，2013 年。

刘姗、胡仁东：《博弈论视角下的导师与研究生关系探析》，《学位与研究生教育》2015 年第 5 期。

刘希山、石磊、房爱理、刘明明：《导师在研究生培养中的作用浅析》，《重庆科技学院学报》（社会科学版）2010 年第 15 期。

刘彦彦：《高校研究生导师绩效考核指标体系研究》，青岛大学2009 年。

刘影、吴玲：《论师生关系的异化与重构——以研究生教育为例》，《知与行》2017 年第 9 期。

刘泽江：《新闻框架理论探析》，《大学时代论坛》2006 年第3 期。

柳礼泉、张红明：《导师人格魅力：研究生教育不可或缺的因素》，《中国高教研究》2008 年第 7 期。

楼成礼、孟现志：《研究生导师非权力性影响力刍议》，《中国高教研究》2004 年第 10 期。

鲁铱、李晔：《研究生对导师负面评价的恐惧与师徒文化内隐观的关系》，《心理科学》2014 年第 37 卷第 6 期。

罗广波、邢岩、林彬：《研究生科研能力现状调查与分析》，《卫生软科学》2011 年第 25 卷第 5 期。

罗云、李姝蓉：《美国导师与研究生关系的特点及启示》，《理工高教研究》2010 年第 29 卷第 2 期。

骆兴山：《研究生导师素质是决定研究生质量的关键》，《理论界》2001 年第 4 期。

蒙艺、罗长坤：《学术导师领导力与研究生创造力：直线相关还是曲线相关?》，《复旦教育论坛》2015 年第 3 期。

蒙艺：《研究生—导师关系与研究生创造力：内部动机的中介作用及督导行为的决定作用》，《复旦教育论坛》2016 年第 14 卷第 6 期。

牟晖、武立勋、徐淑贤：《和谐视域下研究生导学关系构建浅析》，《思想教育研究》2014 年第 5 期。

南国农：《教育技术学科建设：中国道路》，电化教育研究 2006 年第 1 期。

南国农：《我国 22 年电教发展留下的三笔宝贵财富》，《电化教育研究》2000 年第 10 期。

潘忠党：《架构分析：一个亟需理论澄清的领域》，《传播与社会学刊》（香港）2006 年第 1 期。

全芬莲：《角色理论视角下导师与研究生关系研究》，江西师范大学 2012 年。

沙景荣、马志强：《中国电化教育（教育技术）事业创新扩散研究》，《中国电化教育》2008 年第 3 期。

施鹏：《论研究生教育中和谐师生关系及其构建路径》，《学位与研究生教育》2015 年第 5 期。

孙祯祥：《刍议高校教育技术中心的职能定位》，《当代教育论坛》（学科教育研究）2007 年第 6 期。

佟福锁：《导师在研究生德育工作中的地位与作用》，《南京林业大学学报》（人文社会科学版）2005 年第 4 期。

汪纪锋、文书生、潘艺林：《研究生指导过程中国际差异的成因与启示》，《学位与研究生教育》2000 年第 5 期。

王白石：《我心目中理想导师的形象——兼谈研究生论文选题》，《学位与研究生教育》1988 年第 3 期。

王长青、刘佳：《从研究生和导师关系探析研究生培养质量》，《南阳师范学院学报》2015 年第 14 卷第 6 期。

王根顺、陈蕾：《试论扩招后研究生教育中的导师制》，《当代教育论坛》2006 年第 9 期。

王海迪：《学术型博士生学术激情及其影响因素研究——基于我国研究生院高校的实证分析》，《学位与研究生教育》2018 年第 2 期。

王建军：《改善研究生与导师关系探讨》，《北京教育》（德育）2014 年第 11 期。

王进、彭好琪：《从"怠惰因循"到"力学笃行"——论研究生科研意识的唤醒》，《现代大学教育》2017 年第 1 期。

王雷、申从芳：《框架理论在新闻报道中的应用》，《东南传播》2009 年第 5 期。

王俐、邱曙东、仇国芳、闫小明：《研究生心目中理想导师的标准》，《中国高教研究》2005 年第 2 期。

王启梁：《导师的责任与研究生的自主性——与研究生同学的交流》，《学位与研究生教育》2016 年第 9 期。

王茜、古继宝、吴剑琳：《导师指导风格对研究生创造力培养的影响研究——学生个人主动性的调节作用》，《学位与研究生教育》2013 年第 5 期。

王青：《关于研究生导师指导行为的调查分析》，《扬州大学学报》（高教研究版），2009 年第 13 卷第 6 期。

王庆东、韩立新、王殿元：《研究生导师必须加强的几方面修养》，《辽宁教育研究》2004 年第 3 期。

王素月：《完善导师遴选，加强研究生导师队伍建设》，《高等农业教育》2009 年第 4 期。

王昕红、何茂刚、张俊峰、崔瑞锋：《长学制直博生培养的五个问题》，《学位与研究生教育》2014 年第 12 期。

王燕华：《从工具理性走向交往理性——研究生"导学关系"探

析》，《研究生教育研究》2018 年第 1 期。

乌云娜、宋彦涛、邸择雷：《高校研究生创新能力培养研究》，《教育教学论坛》2017 年第 46 期。

吴建祖、王欣然、曾宪聚：《国外注意力基础观研究现状探析与未来展望》，《外国经济与管理》2009 年第 31 卷第 6 期。

吴剑琳、王茜、古继宝：《导师自主性支持对研究生创造力影响机制研究》，《科研管理》2014 年第 35 卷第 7 期。

吴杨、韦艳玲、施永孝、李明磊：《主动性不同条件下导师指导风格对研究生创新能力差异性影响研究——基于九所大学的数据调查》，《复旦教育论坛》2018 年第 16 卷第 3 期。

武永江：《论导师与研究生情感共同体的构建》，《研究生教育研究》2014 年第 2 期。

席海峰：《硕士研究生对导师角色期望落差风险的研究》，《科学咨询》（科技·管理）2014 年第 8 期。

肖德武：《构建有利于创新能力提升的新型研究生与导师关系》，《齐鲁师范学院学报》2014 年第 29 卷第 6 期。

谢超林、郝海燕：《关怀理论视域下研究生与导师关系的建构》，《太原大学学报》2013 年第 14 卷第 2 期。

辛丽：《论高等学校研究生教育管理的信息化建设》，《中国职工教育》2013 年第 6 期。

熊新、周冀英、罗天友：《引入竞争和淘汰机制加强研究生导师队伍建设》，《重庆医学》2007 年第 2 期。

徐岚、陶涛、严弋：《师生关系的跨文化比较研究：基于过程的博士生培养质量》，《学位与研究生教育》2016 年第 10 期。

徐正林：《研究生师生关系网络舆情之管窥——基于搜索引擎搜索结果的分析》，《学园》2012 年第 12 期。

许克毅、叶城、唐玲：《导师与研究生关系透视》，《学位与研究生教育》2000 年第 2 期。

薛天祥：《科学方法论与〈研究生教育学〉理论体系探究》，《教育研究》2001 年第 6 期。

严纯华：《传道授业解惑守正立德垂范——如何当好研究生导师》，《学位与研究生教育》2016 年第 9 期。

严艳、潘华峰、赵自明、叶晓宪、王正、赖秋华、林钟宇、赵金媛：《不同类型师生关系对研究生的影响》，《中医教育》2016 年第 35 卷第 2 期。

尹奎、孙健敏、邢璐、杨夕瑾：《研究生科研角色认同对科研创造力的影响：导师包容性领导师门差错管理氛围的作用》，《心理发展与教育》2016 年第 32 卷第 5 期。

于晓敏：《高校研究生师生关系现状与影响的调查研究——基于 3 所高校的实证分析》，《天津大学学报》（社会科学版）2017 年第 3 期。

余红、韩淑英、郑冬、朱海文：《导师在研究生培养过程中的作用》，《河北联合大学学报》（医学版）2012 年第 14 卷第 5 期。

曾金容：《研究生学习动力机制探讨》，《中山大学学报论丛》2000 年第 4 期。

曾雅丽、钟向阳：《人本主义视阈下的研究生与导师关系的探索》，《前沿》2013 年第 9 期。

翟文艳、赵海琳：《我国高校研究生师生关系问题研究》，《徐州师范大学学报》（哲学社会科学版）2010 年第 36 卷第 6 期。

张东海、陈曦：《研究型大学全日制专业学位研究生培养状况调查研究》，《高等教育研究》2011 年第 32 卷第 2 期。

张洪忠：《大众传播学的议程设置理论与框架理论关系探讨》，

《西南民族学院学报》（哲学社会科学版）2001 年第 10 期。

张健、林伟连、许为民、张国昌：《高水平研究生导师队伍建设探析——美中比较的视角》，《清华大学教育研究》2005 年第 5 期。

张静：《导师与研究生之间的和谐关系研究》，《中国高教研究》2007 年第 9 期。

张军、韩佳彤、郭振：《以自主学习能力培养为主导拓展导师的角色扮演——研究生学位论文质量提高的根本解决之道》，《社科纵横》2012 年第 27 卷第 4 期。

张玮：《建设性后现代主义对研究生德育的启示》，《学位与研究生教育》2005 年第 3 期。

张永军、于瑞丽：《研究生导师指导研究及思考》，《教育与教学研究》2016 年第 30 卷第 9 期。

赵彩霞、眭依凡：《学术型硕士研究生学术创新影响因素探究——基于对学术型硕士研究生访谈的研究结果》，《学位与研究生教育》2017 年第 7 期。

赵丽、韩延明：《论大学理念的嬗变与研究生培养模式的拓展》，《临沂师范学院学报》2002 年第 2 期。

赵蒙成：《研究生核心素养的框架与培养路径》，《江苏高教》2018 年第 2 期。

郑杰：《研究生教育中导师与研究生关系研究》，硕士学位论文，华中农业大学，2006 年。

中国互联网络信息中心：《第 42 次中国互联网络发展状况统计报告》。

周利秋、吴玲：《研究生与导师关系异化的表象与本质》，《黑龙江畜牧兽医》2016 年第 4 期。

周蕾、冯亭、梁文：《网络时代研究生师生关系模式探索》，《学位与研究生教育》2011 年第 4 期。

周巧玲、柳铎：《博士研究生导师的角色与责任——概念框架的建构》，《学位与研究生教育》2008 年第 9 期。

周文辉、张爱秀、刘俊起、赵清华、周玉清：《我国高校研究生与导师关系现状调查》，《学位与研究生教育》2010 年第 9 期。

周晓芳：《现代中外研究生导师制度比较——兼论对我国研究生导师制度的启示》，《当代教育论坛》（综合版）2010 年第 3 期。

周晓丽：《影响研究生科研能力的因素及其对策研究》，《金陵科技学院学报》2011 年第 25 卷第 1 期。

周谊、叶峰：《论研究生教育中的师生冲突》，《新乡师范高等专科学校学报》2006 年第 2 期。

朱成康、董华青、范青明：《浅谈研究生培养中的师生关系》，《中国成人教育》2007 年第 23 期。

朱诚：《高校研究生导师角色的转变》，《黑龙江教育》（高教研究与评估）2006 年第 12 期。

朱莉：《研究生教育师生关系研究综述》，《学位与研究生教育》2011 年第 11 期。

转引自董守生《略论美国新保守主义的多元文化教育立场》，《外国教育研究》2011 年第 10 期。

邹海燕：《教育管理学理论范畴和理论逻辑的新探索——评孙绵涛教授的新作〈教育管理学〉》，《教育研究》2007 年第 6 期。

二 英文

Amabile，T. M.，"A Model of Creativity and Innovation in Organizations", *Research in Organizational Behavior*, 1982, 10 (10): pp. 123 – 167.

Amabile, T. M. , *Creativity in Context*, Boulder: West view Press, 1996.

Amabile, T. M. , Schatzel, E. A. , Moneta, G. B. et al. , "Leader behavior sand the work environment for creativity: Perceived leader support", *Leadership Quarterly*, 2004, 15 (1): pp. 5 – 32.

Anthonys, B. , Contextual Influence son Inquiries into Effective Teachingand Their Implications for Improving Student Learning. Harvard Educational Review, 2012 (1), pp. 83 – 106.

Bloombs, Hastingsht, Madausgf. Hand book on formative and summative evaluation of student learning, NewYork: McGrawHill, 1971.

Choryr, Mccroskeyjc. The Relationship Between Teacher Management Communication style and affective learning, Communication Quarterly, 1999, 47 (1): pp. 1 – 11.

Dietram A. Scheufele, "Framing as a Theory of Media Effects", *Journal of Communication*, Winter 1999.

Gavetti, G. , and Levinthal, D. , "Looking forward and Looking Backward: Cognitive and Experiential Search", *Administrative Science Quarterly*, 2000, 45 (1), pp. 113 – 137.

Johnson W. Brad, "Transformational Supervision: When Supervisors Mentor", *Professional Psychology: Research and Practice*, 2007, 38 (3): pp. 259 – 267.

Joshua, D. A. , Jonathang. , "Teacher Testing, Teacher Education and Teacher Characteristics", *American Economic Review*, 2004, (2): pp. 241 – 246.

Kathryn, N. K. , *A Constructiv it paradigm: a model for the early childhood program at Tuskagee University*. Discourse Processes. 1994, 24, pp. 6 – 12.

Lechuga, V. M. , Faculty—graduate Student Mentoring Relationships: Mentors', Perceived roles and responsibilities. Higher Education, 2011 (6), pp. 757 – 771.

Ocasio, W. , "Towards an attention – based view of the firm", *Strategic Management Journal*, 1997, 18 (1): pp. 187 – 206.

Pass, S. , The Employment Relationship: Examining Psychological and Contextual Perspectives – Edited by Jacqueline A – M. Coyle – Shapiro, Lynn M. Shore, M. Susan Taylor and Lois E. , Tetrick. Human Resource Management Journal, 2010, 44 (4): pp. 814 – 814.

Perry – Smith, J. E. , "Shalley C E. The Social Side of Creativity: A Static and Dynamic Social Network Perspective", *Academy of Management Review*, 2003, 28 (1): pp. 89 – 106.

Rawlins W. K. , Teaching as Amode of Friendship. International Communication Association. 2000, 10 (1): pp. 5 – 26.

Rose, L. , Group Differences in Graduate Students' Concepts of the Ideal Mentor. Researchin Higher Education. 2005 (2), pp. 73 – 81.

Scott, S. G. , Bruce, R. A. , "Determinants of Innovative Behavior: A Path Model of Individual Innovation in the Workplace", *Academy of Management Journal*, 1994, 37 (3): pp. 580 – 607.

Shepherd, D. A. , Mcmullen, J. S. , Ocasio, W. , "Is that an Opportunity? Anattention Model of Topmanagers'Opportunity Beliefs for

Strategic Action", *Strategic Management Journal*, 2017, 38 (33): pp. 5083 – 5094 (12).

Simon, H. A. , *Administrative Behavior: A Study of Decision – Making Processesin Administrative Organizations*, New York: Free Press, 1947.

Sternberg, R. J. , Lubart, T. I. , "Defying the crowd: Cultivating creativity in aculture of conformity", *American Journal of Psychotherapy*, 1995, 50.

Tepperb, J. , "Consequences of Abusive Supervision", *Academy of Management Journal*, 2000, 43 (2): pp. 178 – 190.

Tierney, P. , Farmer, S. M. , "CreativeSelf – Efficacy: Its Potential Antecedents and Relationship to Creative Performance", *Academy of Management Journal*, 2002, 45 (6): pp. 1137 – 1148.

Tierney, P. , Farmer, S. M. , "The Pygmalion Process and Employee Creativity", *Journal of Management*, 2004, 30 (3): pp. 413 – 432.

Vallerand, R. J. , Blanchard, C. , Mageau, G. A. , et al. , "Lespassionsdel'ame: on obsessive and harmonious passion", *Journal of Personality & SocialPsychology*, 2003, 85 (4): p. 756.

Woodman, R. W. , Sawyer, J. E. , Griffin, R. W. , "Toward a theory of organizational creativity", *Academy of Management Review*, 1993, 18 (2): pp. 293 – 321.

Wrech, J. S. , Advisee – advisor communication: An Exploratory Study Examining Interpersonal Communication Variables in the Graduate Advisee – advisor Relationship. Communication Quarterley, 2004. 52, pp. 224 – 241.